半澤誠司・武者忠彦・近藤章夫・濱田博之 編
Seiji Hanzawa, Tadahiko Musha, Akio Kondo, & Hiroyuki Hamada

Handbook of **Regional Analysis**
地域分析ハンドブック
Excelによる図表づくりの道具箱

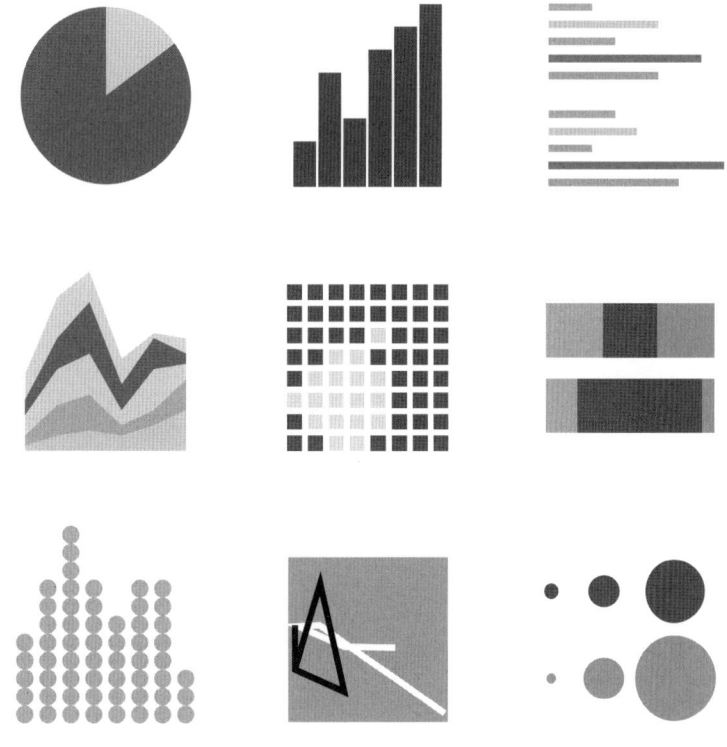

ナカニシヤ出版

はしがき

　本書は，地域分析の基本から応用まで，Excelの図表づくりを通して理解するための「ハンドブック」である。「ハンドブック」という言葉には，教科書的にはじめから順序よく読むだけでなく，手元において困ったときに必要な部分を参照し，より良い分析に結びつけてほしいという意味が込められている。
　近年，「地域を調べる」というニーズが高まっている。地域経済の停滞，地域社会の弱体化，地域間格差の拡大といった話題が連日のようにメディアで取り上げられる一方，行政やNPOなどをはじめ，さまざまな領域で「地域を活性化したい」「地域の問題を解決したい」と考える人が増えている。学問としても，地理学をはじめ社会学，経済学，社会福祉学，保健学など，さまざまな分野で地域を対象とした研究が活発になっている。
　地域の活性化を考えるにせよ，地域問題の解決を目指すにせよ，対象としている「地域」がどのような特徴を持っているのかを知ることが，その第一歩となる。ところが，地域に関する情報は，人口，農林漁業，商工業，行財政など多岐にわたるため，これらの情報を集めて整理するだけでも，それなりのスキルが必要となる。たとえば，膨大に存在する統計の中から適切なデータを選び出し，加工して，分かりやすく示すのは簡単なことではない。結果として，地域に関心を持ちながらも，地域分析の手法が身についていないために，地域の姿を十分に理解しないまま問題解決にあたるケースが少なくないと思われる。

　このような認識から，本書の構成は，地域を分析するにあたってどのような統計や手法を選ぶべきか，そしてどのように分析結果を見せるべきか，という点を重視したものとなっている。その前提として，扱う統計は誰にでもアクセス可能で，用いる手法もできるだけ簡便な手法に限定している。本書で用いている統計は，政府の統計ポータルサイト（e-Stat）をはじめ，そのほとんどがウェブで入手可能な統計となっている。また，分析手法についても記述統計的手法に限定し，推測統計的手法は分析結果の読み取り方の説明にとどめている。記述統計的手法は，推測統計的手法に比べて単純ではあるが，高度な統計解析ソフトなどを必要とせず，適切に用いれば非常に多くの情報を得られる。逆に，記述統計的な手法も十分に理解しないまま用いれば，安易に誤解を招く結果を生んでしまうのだが，このあたりを丁寧に解説した類書は意外と少ない。
　分析結果の見せ方については，特にこだわりを持って執筆した部分である。分析そのものが適切であっても，読みやすい図表にしなければ宝の持ち腐れとなる。従来，図表の見せ方に関する細かな知識や約束事は，Excelの上級者などから「口伝」で断片的に教えられてきたため，それらが体系立てて説明されることはほとんどなかったといってよいだろう。たとえば，論文やレポートの多くはモノクロ印刷が前提で，文書と図表が混在しているが，一般的なExcelの解説本には，「モノクロ印刷のための配慮」や「文書への図表の組み込み方」といった説明はあまり見かけない。結果として，世の中には分かりにくい図表が氾濫している。本書の副題にある「道具箱」という言葉には，そうした細かな知識や約束事など，図表づくりのさまざまなノウハウが詰まっているという意味を込めている。

　本書は，第1部準備編，第2部基本編，第3部実践編，第4部発展編という，4部構成となっている。冒頭にも書いたように，準備編から順に読んでもらってもよいし，理解している部分や難しい部分をとばして，必要な部分だけを読んでもらってもよい。いずれにせよ，地域分析

をする際，パソコンの傍らに置いて気軽に本書を手にとってほしい。

　第1部準備編では，地域分析の概念や公開統計の入手方法，さらには図表作成上の基本的な注意点と初歩的なExcelの操作法を説明している。地域分析やExcelに関して，基本的なことから身につけたい方は，ここから読んでほしい。

　第2部基本編では，Excelを用いた図表作成の基礎について，基本的な図表を取り上げて説明している。Excelによる図表作成法を知らない方はもとより，知っている方であっても，白黒のレポートや論文などで見やすく正しい図表のつくり方に自信がないのであれば，ここを読んでほしい。

　第3部実践編では，地域分析で用いられる手法について，それらを表現するための図表づくりを通じて説明している。本書のメインとなる部分であり，おもな記述統計的手法は網羅している。それぞれの分析手法は独立した項目となっているので，必要に応じて該当ページを読んでほしい。

　第4部発展編では，アンケート調査と，図表を文章の中で活用していくうえでの留意点について説明している。アンケート調査の場合，一般的に使用されるデータは公開されたものではなく，分析者が自ら調査を行って集めるものであるが，地域分析の手法としては一般的に行われている。アンケート調査の設計と高度な分析に関する詳細な説明は類書に譲り，本書ではそのような類書では省略されがちな，Excel上でアンケートデータを整理するための実践的な手法に焦点を当てている。公開されている地域統計を用いた手法だけでは物足りない方や，アンケート調査を企画しているものの自信がない方に読んでほしい。文章への図表の組み込み方は，本書で学んだ各種技法を十全に表現するための集大成としてまとめたものであり，地域分析によって明らかになった情報を伝える文章を書く際に読んでほしい。

　執筆者は，中堅から若手の地理学者であり，かつて東京大学人文地理学教室という同じ学舎で机を並べて学んでいた友人同士でもある。本書は，その教室で培われてきた手法などを下地に，それぞれが独自に工夫した知識を盛りこんでいる。友人であるがゆえに，忌憚のない意見を交換し，各自が地域分析手法を身につける際に苦労した体験などを踏まえて，類書にはない利便性を持った本になったと自負している。

　しかし，徹底的な議論を経て熟成した反面，編者の力不足から，企画から出版までに5年近い時間を要してしまった。ナカニシヤの編集者であるお三方，本書の企画を立ち上げてくださった吉田千恵さんと，何度も東京の編集会議へ足を運んでいただき大変な労力を割いて忍耐強く，未熟な編者達を本書の完成まで導いてくださった宍倉由高さん，さらには最終的な仕上げを担ってくださった米谷龍幸さんにも，篤く感謝を申し上げたい。

　なお，本書で使用しているExcelのバージョンは，Excel 2010である。恐らく，多くの教育・行政機関や企業などで使用されているExcelのバージョンは必ずしも最新版ではないと思われるうえに，地域分析を行うための基礎知識をExcel 2010で身につければ，それ以降の新しいバージョンのExcelで操作しても大きな問題はない。重要なのは，細かいExcelの操作法ではなく，地域分析の考え方と図表の見せ方なのである。

2015年1月
編者を代表して
半澤　誠司

目　　次

はしがき　i

準備編　　　　　　　　　　　　　　　　　　　　　　　　　　　　　　　1

準備編(1)　地域分析と統計　……………………………………………………… 2
1. 地域分析とは何か　2
2. 統計の種類①：一次統計と二次統計　3
3. 統計の種類②：基幹統計と一般統計　4
4. 集計の基準：産業分類と職業分類　6
5. 統計データの種類　9

準備編(2)　図表づくりの基本的作法　…………………………………………… 12
1. 説得力のある図表をつくろう　12
2. 信頼できるデータを集める　12
3. 必要な情報の提示　15

準備編(3)　最低限知っておきたいExcelの操作法　……………………………… 18
1. 画面構成を知る　18
2. ファイル・シートを管理する　21
3. セルにデータを入力する　23
4. データの表示を工夫する　24
5. 数式と関数の扱い方　25

基本編　　　　　　　　　　　　　　　　　　　　　　　　　　　　　　　27

基本編(1)　棒グラフのつくり方　………………………………………………… 28
基本編(2)　折れ線グラフのつくり方　…………………………………………… 36
基本編(3)　散布図のつくり方　…………………………………………………… 42
基本編(4)　表のつくり方　………………………………………………………… 48
基本編(5)　その他のグラフ　……………………………………………………… 56
1. 円グラフ　57
2. 面グラフ　58
3. ドーナツ図　59
4. バブル図　60
5. レーダーチャート　61

実践編　　　　　　　　　　　　　　　　　　　　　　　　　　　　　　　63

PART❶　基本的な図表　…………………………………………………………… 66
1. 集合棒グラフ　66
2. 積み上げ棒グラフ　68
3. 100％積み上げ棒グラフ　70
4. 3D棒グラフ　72

- 5　積み上げ折れ線グラフ　74
- 6　100%積み上げ折れ線グラフ　76
- 7　補助縦棒付き円グラフ　78
- 8　箱ひげ図　80
- 9　ヒストグラム　84
- 10　2軸の折れ線グラフ　86
- 11　棒と折れ線の複合グラフ　88
- 12　比例円グラフ　90
- 13　軌跡のある散布図　92
- 14　多重ドーナツ　94
- 15　円記号による主題図　96
- 16　記号を含んだ表　98

PART❷　応用的な図表　100

- 1　人口ピラミッド　100
- 2　対数グラフ　104
- 3　樹形図　106
- 4　OD表　108
- 5　流線図　110
- 6　バブルチャート　112
- 7　面積グラフ　114
- 8　暦図　116
- 9　変遷図　118
- 10　工程図　120

PART❸　指標・係数・モデル　122

- 1　特化係数　122
- 2　コーホート分析　124
- 3　ジニ係数　128
- 4　修正ウィーバー法　132
- 5　シフトシェア分析　134
- 6　B／N分析　136
- 7　重力モデル　138
- 8　ハフモデル　142

PART❹　多変量解析　144

- 1　基本統計量　144
- 2　相関係数　146
- 3　回帰分析　150
- 4　因子分析と主成分分析　152
- 5　クラスター分析　154
- 6　ネットワーク分析　156

発展編　159

発展編(1)　アンケート調査による地域分析 ……………………… 160
発展編(2)　図を活かした論文の執筆 ……………………… 177
  1 そもそも図か表か 177
  2 図の仕上げ 179
  3 Wordでの図表のレイアウト 180
  4 図表から論文のプロットを考える 183
  5 地図化のためのナビゲーション 186

ブックガイド──あとがきにかえて　189

 サムネイル出典リスト 193
 索　　引 195

☞コラム
 統計をめぐる新しい動き 11
 e-Statの使い方 13
 学術誌によって異なる図表の形式 17
 効率アップのためのショートカットキー 26
 グラフで表示される数値範囲の設定 31
 項目名を美しく見せるための工夫 33
 応用的な塗り分け方 34
 線を美しく見せるための工夫 39
 散布図を美しく見せるための工夫 45
 小数点の使い分け 50
 表を美しく見せるための工夫 53
 行幅の調整法 54
 罫線を引く位置 55
 「並び替え」 62
 社会の中のGIS 83
 オートフィルの使い方 141
 市町村合併には注意しよう！ 149
 重回帰分析結果の読み方 151
 データ個数の表示 172
 クロス表の貼り付け 172
 連続しているセルの同時選択 173
 ピボットテーブルでの計算方法 175
 アンケート調査に基づく論文執筆 176
 グラフオブジェクトと拡張メタファイルの違い 182
 論文の中での図表の説明方法 183

準備編

　準備編では，地域分析や図表の作成に必要な基本技術について学んでいく。まず，インターネット上で公開されている主要な統計データの入手法を取り上げる。今後もインターネットでの統計データの公開が進んでいくことは間違いないので，最低限のデータの入手法は知っておきたい。次に，Excelの初歩的な扱い方について取り上げる。あくまで基本的な部分のみなので，操作方法について理解している場合にはとばしてしまってもかまわない。

準備編(1) 地域分析と統計

1 地域分析とは何か

　私たちが住んでいる地域，仕事で関わっている地域にはどのような特徴があるのか。それは，他の地域と比較してどのような違いがあり，他の地域とどのような関係にあるだろうか。このような問題意識を日常生活で持つことは多くないだろうが，仕事や何らかの社会活動のなかで，こうした問題意識を抱えるケースは決して珍しいことではない。行政であれば，産業振興や福祉などの行政計画を立案する部門の担当者は，限られた予算を効率的に配分したり，問題のある地域に対処したりするために，地域の実態を踏まえた計画を立案する必要がある。企業であれば，マーケティングの担当者や営業部門の責任者は，利益が最大となるような店舗の立地や営業戦略を進めるために，地域の特徴を把握しておくことが必須である（そしてもちろん，将来的に行政や企業で活躍するであろう学生が，同様の問題意識を持って研究や分析にのぞむケースもある）。

　従来，そうした地域の実態や特徴は，客観的なデータに基づいて把握されていたとはいえない面もあり，結果的に立案された行政計画や企業戦略は，担当する人間の「経験」や「勘」に頼る部分が少なくなかった。しかし近年では，客観的なデータと手法を用いて，地域を「分析的」に捉えようとする傾向が強まっているように思われる。その背景には2つの理由があるだろう。

　第1に，行政の計画や政策を決定する場面において，あるいは企業の戦略や事業を決定する場面において，客観的な根拠に基づく意思決定（evidence-based decision making）が求められるようになっている。行政は住民に対して，企業は株主などに対して説明責任を果たすために，客観的な根拠である統計と適切な分析手法に基づいた意思決定をしようとする動きが強まっている。第2に，そうした動きを支える環境として，政府が管轄する公的統計の利用環境が整ったという事実がある。1990年代以降，公的統計を公開する体制が徐々に整備され，以下で説明するようなさまざまな統計が，今ではインターネット経由で簡単に入手できるようになっている。これによって，行政や企業，そして何よりも一般の市民や学生が，統計を利用しやすくなったのである。

　こうした地域を分析するための統計は，一般的には図1のように，都道府県や都市などの地域名を「行」の項目，人口や商品販売額など地域単位で集計される属性名を「列」の項目とした行列で表される。このような地域名と属性で構成される行列は「地理行列」とよばれる。地理行列として整理することで，さまざまな属性を地域間で比較しやすくなるため，国勢調査をはじめとする公的統計にも地理行列で表現された統計表が多い。この本では，こうした地理行列で表された統計を用

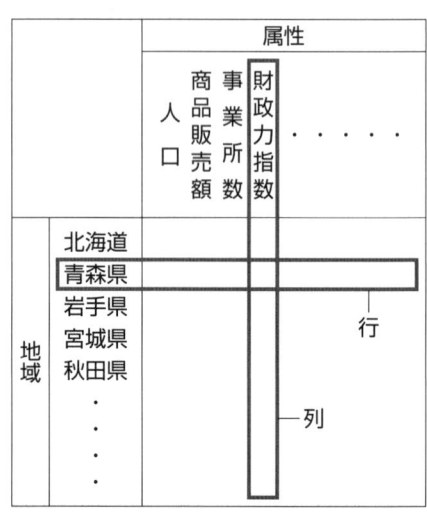

図1　地理行列

いて，地域の実態や特徴を把握するための分析のことを，ひとまず「地域分析」とよぶことにしよう。

2　統計の種類①：一次統計と二次統計

以上に述べたように，地域分析を進めるためには統計が欠かせない。しかし実際に使ってみようとすると，そのあまりの種類の多さに圧倒されることだろう。そこでまずは地域分析に使われている統計にはどのような種類があるのかをみていこう（図2）。

国などによって作成された統計の多くは，それぞれ独自の調査を行い，その結果をまとめることで作成されている。このようなオリジナルのデータによる統計を「一次統計」という。代表的なものに国勢調査があり，人口や年齢構成，住居の状況など，日本という国の現在の状況を知るために必要なさまざまな項目が調査されている。

それに対して独自の調査を行わない統計も存在しており，これを「二次統計」という。他の統計調査の結果を再集計して得られた統計，たとえば日本の経済状態について集計した国民経済計算などが知られている。これは一次統計の結果からだけでは把握しにくい経済の動きについて，より理解しやすいような形で示したもので，国の経済規模を表すGDP（国内総生産）も，国民経済計算の中で計算されている数値の1つである。このような他の統計の結果を加工して作成された統計を「加工統計」ともいう。

二次統計は計算の根拠となる元データを他の統計から得ているため，元データに誤りがあった場合には，いくら計算が間違いなくされていたとしても，誤った結果となってしまう。したがって統計の精度という面では，二次統計は一次統計よりも劣るといえる。また，さまざまな統計の結果をとりまとめた「統計書」も二次統計に分類される。市役所が市の概要を把握できるよう発行している統計書や，社会科の授業で使われることも多い『データブック』や『日本国勢図会』などがこれにあたる。こういった統計書は，本来はそれぞれの統計を参照しなくてはならないデータを手軽に閲覧でき，非常に利便性が高いという特徴がある。しかしこれらの統計書も独自の調査を行っていないため，精度は元となる統計よりも劣ることになる。二次統計の信頼性が一次統計よりも上がることはありえず，また転記の際にミスが発生している可能性も否定できない。そのため厳密に分析を行う場合には，二次統計は使用しないことが本来であれば望ましい。ただし授業の実習程度であれば，それほど問題ないだろう。

上であげた一次統計のことを，独自の調査に基づくことから「調査統計」ということがある。これ以外に，調査は行わず，他の統計の結果も利用しないで作成される一次統計も存在する。貿易統計などがその例で，毎日の業務で蓄積される通関書類を集計して作成されている。そのためこのような統計は「業務統計」と称される。調査こそ行っていないが，オリジナルなデータによる統計であり，広くは一次統計に分類される。

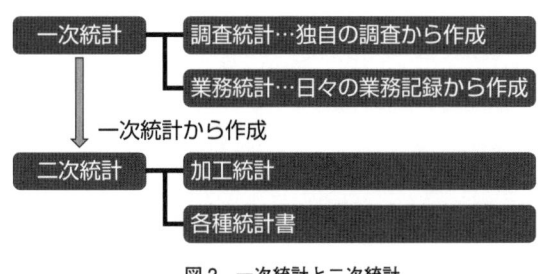

図2　一次統計と二次統計

3　統計の種類②：基幹統計と一般統計

　国や市町村などが作成する統計を「公的統計」というが，国が実施するもののうち特に重要なものは「基幹統計」に指定されている（表1）。国勢調査や農林業センサスなどが代表的な例で，2015年3月現在では55の統計がこれにあたる。基幹統計は国の概況を把握するために欠かせないものであることから，調査の対象となった人や企業には統計法において正確に回答する義務が課せられており，信頼性の高い統計といえる。

表1　基幹統計

内閣府

国民経済計算
日本の経済の全体像を国際比較可能な形で体系的に記録することを目的に，国連の定める国際基準に準拠しつつ，国民経済計算（SNA）の作成基準及び作成方法に基づき作成（加工統計）

総務省

国勢統計
日本に住んでいるすべての人を対象とする国の最も基本的な調査で，国内の人口や世帯の実態を明らかにする

住宅・土地統計
日本の住宅とそこに居住する世帯の居住状況，世帯の保有する土地等の実態を把握し，その現状と推移を明らかにする

労働力統計
日本の15歳以上人口について，就業時間・産業・職業等の就業状況，失業・求職の状況など，月々の就業・失業の状態を把握することにより，就業者数，完全失業者数，完全失業率などの景気判断や雇用対策等の基礎資料となる結果を提供する

小売物価統計
消費生活において重要な商品の小売価格やサービスの料金を全国規模で毎月調査して，月々の価格の変化を明らかにするとともに，物価水準の変動を測定するための消費者物価指数を作成し，消費生活に関する経済施策の基礎資料とする

家計統計
世帯を対象として，家計の収入・支出，貯蓄・負債などを毎月調査し，日本の景気動向の把握，生活保護基準の検討，消費者物価指数の品目選定及びウェイト作成などの基礎資料として利用される

個人企業経済統計
個人で「製造業」，「卸売業，小売業」，「宿泊業，飲食サービス業」または「サービス業」を営んでいる事業所において，事業主による業況判断や営業収支，事業主の年齢，後継者の有無，事業経営上の問題点などを把握することにより，個人経営の事業所（個人企業）の経営実態を明らかにし，個人企業の所得の推計資料や個人経営の事業所に関する施策立案のための基礎資料を提供する

科学技術研究統計
日本の企業，非営利団体・公的機関及び大学等について，研究費，研究関係従業者など，毎年の研究活動の実態を把握することにより，科学技術振興に必要な基礎資料となる結果を提供する

地方公務員給与実態統計
地方公務員の給与の実態を明らかにし，あわせて地方公務員の給与に関する制度の基礎資料を得る

就業構造基本統計
就業及び不就業の実態を詳細に把握し，国や都道府県などの雇用政策，経済政策など各種行政施策の基礎資料を提供する

全国消費実態統計
世帯を対象として，家計の収入・支出及び貯蓄・負債，耐久消費財，住宅・宅地などの家計資産を5年ごとに総合的に調査し，全国及び地域別，世帯属性別に世帯の消費・所得・資産に係る水準，構造，分布などの実態を把握することにより，調査結果は，税制・年金・福祉政策の検討などの基礎資料として利用される

社会生活基本統計
日々の生活における「時間のすごし方」と1年間の「余暇活動」の状況など，国民の暮らしぶりを調査し，高齢社会対策，少子化対策，男女共同参画に関する施策等の基礎資料として利用される

経済構造統計
事業所の経済活動及び企業の経済活動の状態を調査し，すべての産業分野における事業所及び企業の活動からなる経済の構造を全国的及び地域別に明らかにするとともに，各種統計調査実施のための事業所及び企業の名簿を得る

産業連関表
国内経済において一定期間（通常1年間）に行われた財・サービスの産業間取引を1つの行列（マトリックス）に示した統計表（加工統計）

財務省

法人企業統計
わが国における法人の企業活動の実態を明らかにし，あわせて法人を対象とする各種統計調査のための基礎となる法人名簿を整備する

国税庁

民間給与実態統計
毎年の民間給与の実態を明らかにし，あわせて租税収入の見積り，租税負担の検討など，租税に関する制度及び税務行政の運営の基本資料とする

文部科学省

学校基本調査
学校教育行政に必要な学校に関する基本的事項を明らかにする

学校保健統計
学校における幼児，児童，生徒，学生及び職員の発育及び健康の状態並びに健康診断の実施状況及び保健設備の状況を明らかにする

学校教員統計
　学校の教員構成並びに教員の個人属性，職務態様及び異動状況等を明らかにする

社会教育調査
　社会教育行政に必要な社会教育に関する基本的事項を明らかにする

厚生労働省

人口動態統計
　日本の人口動態事象を把握し，人口及び厚生労働行政施策の基礎資料を得る

毎月勤労統計
　雇用，給与及び労働時間について，全国調査にあってはその全国的な変動を毎月明らかにする

薬事工業生産動態統計
　医薬品，医薬部外品及び医療機器に関する毎月の生産の実態等を明らかにする

医療施設統計
　医療施設の分布及び整備の実態を明らかにするとともに，医療施設の診断機能を把握し，医療行政の基礎資料を得る

患者統計
　医療施設を利用する患者について，その傷病の状況等の実態を明らかにする

賃金構造基本統計
　労働者の雇用形態，就業形態，職種，性，年齢，学歴，勤続年数，経験年数等と，賃金との関係を明らかにする

国民生活基礎統計
　保健，医療，福祉，年金，所得など，国民生活の基礎的事項を調査し，厚生労働省の所掌事務に関する政策の企画及び立案に必要な基礎資料を得るとともに，各種関連の調査客体を抽出するための親標本を設定する

生命表
　日本の死亡状況が今後変化しないと仮定したときに，各年齢の者が1年以内に死亡する確率や平均してあと何年生きられるかの期待値などを指標（生命関数）によって表す（加工統計）

社会保障費用統計
　国の社会保障全体の規模や政策分野ごとの構成を明らかにする（加工統計）

農林水産省

農林業構造統計
　農業及び林業の基礎的事項を明らかにし，農林行政の基礎資料を整備する

牛乳乳製品統計
　牛乳及び乳製品の生産に関する実態を明らかにし，畜産行政の基礎資料を整備する

作物統計
　耕地及び作物の生産に関する実態を明らかにし，農業行政の基礎資料を整備する

海面漁業生産統計
　海面漁業の生産に関する実態を明らかにし，水産行政の基礎資料を整備する

漁業構造統計
　漁業の基礎的事項を明らかにし，水産行政の基礎資料を整備する

木材統計
　素材の生産，木材製品の生産・出荷等に関する実態を明らかにし，林業行政の基礎資料を整備する

農業経営統計
　農業経営体の経営及び農産物の生産費の実態を明らかにする

経済産業省

工業統計調査
　工業の実態を明らかにし，工業に関する施策の基礎資料を得る

経済産業省生産動態統計
　鉱工業生産の動態を明らかにし，鉱工業に関する施策の基礎資料を得る

ガス事業生産動態統計
　ガス事業の生産の実態を明確にする

石油製品需給動態統計
　石油製品の需給の実態を明らかにする

商業統計
　国内における商業活動の実態を明らかにする

商業動態統計
　商業を営む事業所及び企業の事業活動の動向を明らかにする

特定サービス産業実態統計
　サービス産業の実態を明らかにし，サービス産業に関する施策の基礎資料を得る

経済産業省特定業種石油等消費統計
　工業における石油等の消費の動態を明らかにし，石油等の消費に関する施策の基礎資料を得る

経済産業省企業活動基本統計
　企業の活動の実態を明らかにし，企業に関する施策の基礎資料を得る

鉱工業指数
　鉱工業製品を生産する国内の事業所における生産，出荷，在庫に係る諸活動，製造工業の設備の稼働状況，各種設備の生産能力の動向，生産の先行き2か月の予測の把握を行う（加工統計）

国土交通省

港湾統計
　港湾の実態を明らかにし，港湾の開発，利用及び管理の基礎資料を得る

造船造機統計
　造船及び造機の実態を明らかにする

建築着工統計
　全国における建築物の着工動態を明らかにし，建築及び住宅に関する基礎資料を得る

鉄道車両等生産動態統計
　鉄道車両，鉄道車両部品，鉄道信号保安装置及び索道搬器運行装置の生産の実態を明らかにする

建設工事統計
　建設工事及び建設業の実態を明らかにする

船員労働統計
　船員の報酬，雇用等に関する実態を明らかにする

自動車輸送統計
　自動車による貨物及び人の輸送の実態を明らかにする

内航船舶輸送統計
　船舶による国内の貨物の輸送の実態を明らかにする

法人土地・建物基本統計
　法人が所有する土地の所有及び利用の状況を明らかにし，全国及び地域別の土地に関する基礎資料を得る

（総務省統計局ウェブサイトなどにより作成）.

数々の統計調査の中でも国勢調査は特に重要とされており，統計法でも国勢調査に関する条項（第五条）が設けられている。そこでは，「日本に居住する全ての人と世帯を対象に調査を行い，これに基づく統計を作成しなければならない」と定められている。法的には10年ごとに実施し，5年ごとに簡易な方法による調査を行うことになっているが，事実上は5年ごとにほぼ同等の内容の調査が行われている。人口や住居，通勤・通学の動向などが詳細に把握されており，まさに日本の国勢を把握するための最も重要な統計といえるだろう。

国が作成する統計のうち，基幹統計以外で総務大臣の承認を受けたものを「一般統計」という。工場立地動向調査や家計消費状況調査などがこれにあたる。法的な位置づけでは基幹統計よりも下位に置かれているが，狭い分野に特化し詳細な調査がなされている。必要とする分野がはっきりと定まっている場合には，これら一般統計のデータが重要となってくる場合も多い。

ここまでみたように，国による統計は基幹統計と一般統計に大きく分けられるが，いずれも総務大臣の承認を受けている。これはいくつもある統計調査の間で項目が重複することを避け，回答者の負担を軽減させるほか，統計を体系的に整備するための調整を目的としているためである。なお統計法は2007年に全面改正され，統計種別も大幅に変更された。旧統計法では指定統計・承認統計・届出統計といった区分があった。大まかには指定統計は新統計法の基幹統計に相当し，承認統計・届出統計は新統計法の一般統計にあてはまる。

これら国による統計の他に，県や市などの地方公共団体も独自の統計調査を行うことがある。多くは県内・市内の産業動向や人口流動など，地域の状況を明らかにするためのものだが，これも実施にあたっては総務大臣への届出が必要となる。そのため届出統計と称されることもある。

また民間の企業や研究機関によって実施されている統計調査も存在する。統計法によらず自由に実施される調査のため，サンプル数や継続性など公的統計に比べると精度が落ちることは否定できない。しかし公的統計の目が行き届かない項目について集計されている場合もあり，公的統計に劣らず利用されているものもある。たとえばオフィスの需給動向についてまとめた不動産白書などは，オフィスについて集計した公的統計がないということもあり，利用されることも多い。

4　集計の基準：産業分類と職業分類

統計調査で回答される項目は，地域や年齢など絶対的な基準があるものばかりではない。製品の種類や，勤務している人の職種など，調査の回答そのままでは集計できない項目の場合にはどのように扱えばよいのだろうか。たとえば自動車工場とテレビ工場は同じ業種とみなしてもよいのだろうか。

広く考えればどちらも製造業であるから同じ業種とみなせる。しかし，細かく見れば輸送用機械と家庭用電気機械であるから別業種ともいえる。このような判断をその場その場で行っていては，他の年次や他の統計と比較するうえで問題が生じてしまう。そこであらかじめ製品や職業を分類するための枠組みを定義しておき，回答がどれに該当するかを判断していかなくてはならない。

調査対象となる人や事業所がどの産業に該当するのか，その判断の基準となるのが日本標準産業分類である。これは大分類・中分類・小分類・細分類という4つの段階で分類されている。

大分類は「A農業，林業」「B漁業」から，「S公務（他に分類されるものを除く）」「T分類不能の産業」まで20の産業に分類される。日本で行われているあらゆる産業活動は，この20のうちのどれかに必ず分類される。

中分類は大分類を細かくしたものである（表2）。大分類「E製造業」に含まれる中分類を見てみると，「09食品製造業」「10飲料・たばこ・飼料製造業」から，「31輸送用機械器具製造業」

表2　日本標準産業分類（大分類と中分類，2007年11月改訂版）

大分類A　農業，林業
　01　農業
　02　林業
大分類B　漁業
　03　漁業（水産養殖業を除く）
　04　水産養殖業
大分類C　鉱業，採石業，砂利採取業
　05　鉱業，採石業，砂利採取業
大分類D　建設業
　06　総合工事業
　07　職別工事業（設備工事業を除く）
　08　設備工事業
大分類E　製造業
　09　食料品製造業
　10　飲料・たばこ・飼料製造業
　11　繊維工業
　12　木材・木製品製造業（家具を除く）
　13　家具・装備品製造業
　14　パルプ・紙・紙加工品製造業
　15　印刷・同関連業
　16　化学工業
　17　石油製品・石炭製品製造業
　18　プラスチック製品製造業（別掲を除く）
　19　ゴム製品製造業
　20　なめし革・同製品・毛皮製造業
　21　窯業・土石製品製造業
　22　鉄鋼業
　23　非鉄金属製造業
　24　金属製品製造業
　25　はん用機械器具製造業
　26　生産用機械器具製造業
　27　業務用機械器具製造業
　28　電子部品・デバイス・電子回路製造業
　29　電気機械器具製造業
　30　情報通信機械器具製造業
　31　輸送用機械器具製造業
　32　その他の製造業
大分類F　電気・ガス・熱供給・水道業
　33　電気業
　34　ガス業
　35　熱供給業
　36　水道業
大分類G　情報通信業
　37　通信業
　38　放送業
　39　情報サービス業
　40　インターネット附随サービス業
　41　映像・音声・文字情報制作業
大分類H　運輸業，郵便業
　42　鉄道業
　43　道路旅客運送業
　44　道路貨物運送業
　45　水運業
　46　航空運輸業
　47　倉庫業
　48　運輸に附帯するサービス業
　49　郵便業（信書便事業を含む）

大分類I　卸売業，小売業
　50　各種商品卸売業
　51　繊維・衣服等卸売業
　52　飲食料品卸売業
　53　建築材料，鉱物・金属材料等卸売業
　54　機械器具卸売業
　55　その他の卸売業
　56　各種商品小売業
　57　織物・衣服・身の回り品小売業
　58　飲食料品小売業
　59　機械器具小売業
　60　その他の小売業
　61　無店舗小売業
大分類J　金融業，保険業
　62　銀行業
　63　協同組織金融業
　64　貸金業，クレジットカード業等非預金信用機関
　65　金融商品取引業，商品先物取引業
　66　補助的金融業等
　67　保険業（保険媒介代理業，保険サービス業を含む）
大分類K　不動産業，物品賃貸業
　68　不動産取引業
　69　不動産賃貸業・管理業
　70　物品賃貸業
大分類L　学術研究，専門・技術サービス業
　71　学術・開発研究機関
　72　専門サービス業（他に分類されないもの）
　73　広告業
　74　技術サービス業（他に分類されないもの）
大分類M　宿泊業，飲食サービス業
　75　宿泊業
　76　飲食店
　77　持ち帰り・配達飲食サービス業
大分類N　生活関連サービス業，娯楽業
　78　洗濯・理容・美容・浴場業
　79　その他の生活関連サービス業
　80　娯楽業
大分類O　教育，学習支援業
　81　学校教育
　82　その他の教育，学習支援業
大分類P　医療，福祉
　83　医療業
　84　保健衛生
　85　社会保険・社会福祉・介護事業
大分類Q　複合サービス事業
　86　郵便局
　87　協同組合（他に分類されないもの）
大分類R　サービス業（他に分類されないもの）
　88　廃棄物処理業
　89　自動車整備業
　90　機械等修理業（別掲を除く）
　91　職業紹介・労働者派遣業
　92　その他の事業サービス業
　93　政治・経済・文化団体
　94　宗教
　95　その他のサービス業
　96　外国公務
大分類S　公務（他に分類されるものを除く）
　97　国家公務
　98　地方公務
大分類T　分類不能の産業
　99　分類不能の産業

（総務省統計局ウェブサイトなどにより作成）．

「32 その他の製造業」までの24に分類されている（空き番号があるので番号と項目数は一致しない）。この項目数は大分類によって異なっており，大分類「A 農業, 林業」の中には「01 農業」と「02 林業」の2つしか中分類は含まれない。上の例で考えると，自動車工場は「31 輸送用機械器具製造業」，テレビ工場は「30 情報通信機械器具製造業」に分類される。したがって自動車工場とテレビ工場は大分類では同業種といえるが，中分類では異なる業種と判断される。

小分類と細分類はさらに詳細な分類で，より狭い範囲で業種の動向を把握したいときに利用される。たとえば自動車工場の小分類は「311 自動車・同附属品製造業」であり，その中には細分類「3111 自動車製造業（二輪自動車を含む）」「3112 自動車車体・附随車製造業」「3113 自動車部分品・附属品製造業」が含まれている。

細分化されるごとに分類番号の桁が増えていることで分かるように，分類番号さえ明らかとなれば，それがどのスケールにおける分類なのか，また上位スケールでは何に分類されているのかがすぐに分かるよう工夫されている。たとえば細分類でのデジタルカメラ製造業の番号は3022だが，この番号が分かっていれば小分類では「302 映像・音響機械器具製造業」，中分類では「30 情報通信機械器具製造業」，大分類では「E 製造業」に分類される産業であることがすぐに分かる（表3）。

産業は時代とともに移り変わっていくもので，産業分類も改訂が繰り返されている。ここまでの説明に用いた現行の産業分類は2007年11月に改定された第12回改定のものである。この

表3　産業分類細分類の具体例（2007年11月改訂版）

大分類	中分類	小分類	細分類
⋮			
E　製造業			
⋮	⋮		
	30　情報通信機械器具製造業		
	⋮		
		300　管理, 補助的経済活動を行う事業所	
			3000　主として管理事務を行う本社等
			3009　その他の管理, 補助的経済活動を行う事業所
		301　通信機械器具・同関連機械器具製造業	
			3011　有線通信機械器具製造業
			3012　携帯電話機・PHS電話機製造業
			3013　無線通信機械器具製造業
			3014　ラジオ受信機・テレビジョン受信機製造業
			3015　交通信号保安装置製造業
			3019　その他の通信機械器具・同関連機械器具製造業
		302　映像・音響機械器具製造業	
			3021　ビデオ機器製造業
			3022　デジタルカメラ製造業
			3023　電気音響機械器具製造業
		303　電子計算機・同附属装置製造業	
			3031　電子計算機製造業（パーソナルコンピュータを除く）
			3032　パーソナルコンピュータ製造業
			3033　外部記憶装置製造業
			3034　印刷装置製造業
			3035　表示装置製造業
			3039　その他の附属装置製造業

（総務省統計局ウェブサイトなどにより作成）．

改訂は大分類の大幅な改訂を含むものであるため，以前の統計と時系列の比較をする際には，分類の変更について十分に注意する必要がある。

　産業分類と同時に職業分類を用いることも多い。これは事業所や企業単位ではなく調査対象となる個人が，どのような業務に従事しているのかを表している。たとえば産業分類では製造業に分類される電機メーカーだからといって，実際に工場で製品を組み立てている者ばかりが勤務しているわけではない。新製品の研究開発を担当する者，人事や経理などの事務を担当する者，経営管理を担当する者など，その業務内容はさまざまである。これらを製造業という括りで把握しようとするのには無理があり，どのような業務を担当しているかによる分類，すなわち職業分類が必要となってくるのである。

　職業分類も産業分類と同様に大分類・中分類・小分類と段階的に区分されている。大分類は「A管理的職業従事者」「B専門的・技術的職業従事者」から，「K運搬・清掃・包装等従事者」「L分類不能の職業」までの12種類に分類される。メーカーの研究所の立地について検討したい場合には，「E製造業」の従業者のうち，「B専門的・技術的職業従事者」の数値を使用すればよい。これによりメーカーに勤務する研究開発担当者がどれくらい存在し，どのような地域に分布しているのかを把握することが可能となる。

5　統計データの種類

　統計のデータは，一般に数字として集計される。しかし同じ数字であっても，それらが意味するものが厳密には異なっていることがあるので注意しなくてはならない。これらはデータの質によって分類され，以下のようなさまざまな尺度として表現される。

(1) 名義尺度
　数字そのものは意味を持たず，便宜的に割り当てられた数字でデータを管理する。産業分類などは典型的な例で，鉄鋼業の産業中分類番号が22だったとしても，この数字自体に特に意味はない。したがって平均や分散といった統計的な処理はまったく意味をなさない。これは22（鉄鋼業）と62（銀行業）の分類番号の数の算術平均が42になるからといって，42の鉄道業とは何の関係もないと考えれば容易に理解できる。また，電話番号なども数字自体は意味を持たず，名義尺度の例といえる。

(2) 順序尺度
　順序に従ってつけられた番号で，各データの大小を比較することができる。都道府県人口ランキングなどの順位が典型的な例としてあげられる。この場合，並び順は数字の大小によって決定されるので意味を持つが，たとえ同じ1位差だからといっても同じ意味を持つとは限らない。1位の東京都1,316万人と2位の神奈川県905万人の差が，46位の島根県72万人と47位の鳥取県59万人の差と同じ価値を持つかといえばそうではない。あくまで大小の比較ができるのみであって，順位の数字そのものを統計的な検討の対象とはできないのである。

(3) 間隔尺度
　各データを表す数字が等間隔になっている。西暦などの年号が典型的な例で，西暦1000年と西暦1010年の差も，西暦2000年と西暦2010年の差も同じ価値を持つ。また順序尺度の概念も含んでいて，値そのものから順位や大小を検討することも可能である。したがって値を平均すれば意味のある結果が求められる。西暦2000年と西暦2010年を平均すれば中間年の西暦2005年が求まるのは計算の通りである。ただし，西暦のような例では，基準となる点（西暦元年）自体は意味を持たないため，加算減算はできるものの（したがって平均は可能），比率

としては意味を持たない。つまり西暦2000年が西暦1000年の倍の価値やエネルギーを持っているわけではなく，値の取り扱いには注意が必要である。またアンケートなどでよく用いられる「1良い・2普通・3悪い」といった尺度も（各選択肢が等間隔と設定すれば）間隔尺度として扱われる。したがって回答の平均値も意味を持ち，男性の平均が1.25，女性の平均が1.90であれば両者を比較して「より男性に好まれている」という解釈も可能となる。

(4) 比率尺度

間隔尺度のうち基準となる点（ゼロ）が定まっているデータで，加算減算，乗算除算も自由に行うことができる。したがって厳密な意味で統計的な処理を自由に行えるデータは，比率尺度で示されるデータのみといえる。人口や面積，金額など統計で得られるデータの多くが比率尺度に該当する。東京都の人口1,316万人は鳥取県の人口59万人の22.3倍であり，愛知県741万人と兵庫県559万人を合計したものよりも多い。

これら4つの尺度は，後に書いたもの（上位の尺度）ほど先のもの（下位の尺度）の条件を含んでいる。したがって，比率尺度のデータを加工して間隔尺度のデータを作成はできるが，その逆はできない。間隔尺度を順序尺度に，順序尺度を名義尺度に変換することはできるが，その逆はできない。それゆえ後の利用を考えると，より上位の尺度でデータを作成していくほうが望ましい。また名義尺度と順序尺度を，質的データやカテゴリカルデータとよぶことがある。これに対して間隔尺度と比率尺度は，量的データとよぶ。

☞ 統計をめぐる新しい動き

　統計法の全体にわたる改定や，産業分類の大改訂，統計情報のインターネットを利用した公開など，統計をめぐる動きが近年活発になっている。これは統計が現実を数字から把握しようとするものであることを考えると，現実の社会が大きく変貌している時期にあることの1つの証左ともいえるだろう。

(1) 経済センサスの開始

　基幹統計にも含まれる経済関係の統計調査のうち，主要なものが「経済センサス」として統合された。これまでは業種によって対象となる統計調査が異なっていたため，調査周期や調査項目に差があるなど，業種間で単純には比較できなかった。そのため，すべての産業を統一して把握できる統計調査が必要とされたのである。また日本の産業がサービス業など第三次産業を中心としたものに変化しているにもかかわらず，既存の統計調査は農業など第一次産業に手厚かったことから，第三次産業の統計データを体系的に整備するためにも，経済関係の統計のあり方を大幅に見直す必要が生じてきた。

　そのため，2005年に閣議決定された「経済財政運営と構造改革に関する基本方針2005」(いわゆる「骨太の方針」第5弾)において，経済センサスの実施が提言された。これを受けて経済産業省を中心とする関係府省間で調整が行われ，これまで個別に行われてきた経済関係の統計調査を統合し，合理化・簡素化したうえで経済センサスとして実施されるようになった。

　第1回の経済センサスは2009年に基礎調査として実施され，対象となる事業所や企業の捕捉など基本情報が収集された。第2回は2011年に活動調査として実施され，売上高などの経理項目についても収集されている。これにともない重複する分野の統計が廃止もしくは中止されている。「事業所・企業統計調査」「サービス産業基本調査」「本邦鉱業のすう勢調査」は廃止が決まっており，「平成21年商業統計調査」「平成23年工業統計調査」「平成23年特定サービス産業実態調査」は中止されるなど，経済センサスの登場によって日本の統計体系が大幅に組み替えられることになる。これまでに蓄積されてきた統計との間で，どこまでの継続性が保証できるのかは明らかではないが，利用にあたって十分な注意を求められることは間違いない。

(2) オーダーメイド集計・匿名データの提供

　これまで統計といえば公表されているデータが全てであった。仮に，項目を市町村別に集計した結果が欲しいと感じても，都道府県別の集計しか公表されていなければ，いくら望んだとしてもそのようなデータを入手することは不可能だった。

　しかし，2007年に統計法が改訂された際，利用者の求めに応じた集計データを提供する「オーダーメイド集計」が解禁された。また集計されたデータではなく回答された個票そのものの利用にも道が開かれた。個人が特定されることのないよう匿名化の処理が施された「匿名データ」ではあるが，独自に集計することで必要なあらゆる項目を検討することが可能となるほか，調査対象個々の動向についても詳細な検討を加えることが可能となる。学術研究目的など公益性の認められる場合に限られるとはいえ，これまでは不可能だった視点からの分析が期待される。

準備編(2) 図表づくりの基本的作法

1 説得力のある図表をつくろう

　図表とは，文章だけでは表現しきれないさまざまな情報を見やすく表現したもので，作成の際には，一定の「作法」がある。というと，堅苦しく感じるかもしれないが，「作法」というよりも，図表を見やすく，利用しやすくするための工夫と捉えると分かりやすい。図表を読み慣れている（つくり慣れている）人からすれば，これから説明する「作法」はいわば常識として頭に入っているべきものである。それが守られていない図表は，分かりにくいと思われたり，説得力が不十分と思われたりしてしまう。

　覚えること自体はそれほど多くなく，図表をつくっているうちに自然と覚えられるものであり，本章で最低限の「作法」を身につけて欲しい。むしろ問題は，覚える量ではなく，少し面倒と思ってしまい，この「作法」を守らない人が少なくないことである。「作法」には，守らなければいけない理由がきちんと存在しているので，手を抜いてはいけない。

　図表づくりで忘れてならないのは，「美しさ」である。情報の表示に統一感があり，線や数字がゴチャゴチャしておらず，さりとてスカスカで間が抜けている訳でもなく，色使いや文字の大きさにも気が配られた図表は，美しいだけでなく読みやすく，説得力も高い。本章で説明していることも実は，この「美しさ」を実現するために最低限気をつけるべき要素であると思ってほしい。

2 信頼できるデータを集める

　図表の見た目は大切であるものの，信頼性が高いデータを用いてこそ，美しさが生きてくる。データの信頼性がないのに見た目だけ誤魔化しても意味はない。

　それでは，データの信頼性は何で決まるのだろうか。統計学的には，測定結果が偶然性に左右されず，測定対象の特徴を安定的かつ正確に表しているデータであればあるほど，信頼性が高いといえる。たとえばある地域の企業活動を調査対象にした時に，恣意的要素が入り込まない客観的な測定手法で，全ての企業を測定対象にできれば，そのデータの信頼性はかなり高いといえる。恣意的要素を減少させるためには，データを量的に充実させるなどの対策が考えられる。しかし，個人や少人数で全ての企業を調査するのは，労力や資金力，企業側が協力的であるとは限らないといった問題から非常に難しい。つまり，信頼性の高いデータを確保するためには，調査側が大きな労力や資金力を負担でき，なおかつ調査対象から協力を得やすい立場にあることが極めて重要になる。このような条件を満たすデータの多くは，公的統計の形で存在している。この公的データを加工・分析することで，地域はもちろんさまざまな対象についての深い理解が可能になる。

　国や地方自治体が実施した統計調査は，基本的に冊子や報告書というかたちで結果がまとめられているため，それらを利用すれば問題ない。大学や都道府県などの大きな図書館には所蔵されていることが多いが，専門的な統計であるほど所蔵している図書館は少ない。蔵書検索（OPAC）などを利用して上手に探していきたい。

　また総務省統計図書館はその名の通り，多くの統計資料を所蔵している。他の図書館では得

られない細かい集計などのデータを提供していることもあるので，統計を扱う立場としては一度は訪ねておきたい。

しかし近年では，冊子という紙媒体よりも，インターネットやCD-ROMを利用して，直接データを公開することが主流となっている。ユーザーの声に応えてきめ細やかに集計を進めた結果として，その結果をまとめた冊子は膨大な量になってしまっている。たとえば1回の国勢調査でも本棚1つを埋め尽くすほどの量が刊行される。これですら市町村ごとの集計でしかなく，町丁字（ちょうちょうあざ）ごとのような細かい集計となると，総務省統計図書館に出掛けて閲覧するしかなかった。

これは利用者にとって不便きわまりない事態である。膨大な冊子の中から目的のデータを探すために労力を費やし，さらにはそれを分析するためにはコンピュータに数字を手入力していかなくてはならなかったのである。特に，膨大なデータを必要とする研究では，データ入力に追われるあまり分析がおろそかになるという，本末転倒な事態も往々にしてあった。

インターネットなどでデータが公開されたことにより，これらの問題点は解消されてきている。たとえば統計センターが運用している「e-Stat（政府統計の総合窓口）」(http://www.e-stat.go.jp) というサイトからは，政府が実施している主要な統計のデータをダウンロードすることができる。ダウンロードはExcel形式となっているものが多く，そのまま表計算ソフトに取り込んで，分析やグラフを描画できる。またGISなどのソフトに取り込めば，全国数千の市町村ごとに色分けした地図を描くことも容易にできる。

やや専門的な統計の中には，e-Statからでは入手できないものも多くある。それらは統計を実施している官庁が，独自にデータを公開していることもあるため，実施官庁のサイトもチェックしておきたい。たとえば工業統計はe-Statでは1997年のデータまでしか遡ることができないが，経済産業省のサイトでは「工業統計アーカイブス」として調査開始の1909年のものまで，インターネット上で閲覧することができる。ただしあまりにも古いものについてはPDF形式（冊子をスキャンした画像）となっており，そのまま表計算ソフトに取り込むことはできないので注意を要する。

☞ e-Statの使い方

前ページに示したe-Statの冒頭画面から，必要なデータへのたどり着き方を簡単にみてみよう。一見するとリンクがたくさんあって分かりにくいかもしれないが，□で囲った項目「統計データを探す」に記載されている3つのリンク先「主要な統計から探す」，「政府統計全体から探す」，「キーワード検索（条件指定）」を使えば，おおよその用は足りる。それぞれの使い分けは以下の通りである。

「主要な統計から探す」：基本的な統計は網羅されているので，どのような統計が存在するのかを知るのに適している。掲載されている統計だけでも，十分に地域の概観は把握できる。
「政府統計全体から探す」：担当省庁あるいは分野別に統計が整理されているため，調べたい項目に関連して，どのような統計が存在するかが分かる。
「キーワード検索（条件指定）」：使うべき統計の名称や担当官庁が分からなければ，調べたい分野のキーワードなどから探すことができる。

　また，調べたい地域がはっきりしている場合には，「地図や図表で見る」の項目にある「都道府県・市区町村のすがた」も利用できる。以下には，市町村別に地域分析をする場合によく用いられるデータの場所を示している（ただし，データの場所は変わることがあるので注意）。実践編で学ぶ分析を自分でやってみる場合の参考にしてほしい。

（1）地理行列を作成する場合
① 　トップページ＞地図や図表で見る＞都道府県・市区町村のすがた＞地域別統計データベースの順に進む
② 　データ種別から「市区町村データ」を選んで「地域選択へ進む」
③ 　必要な地域を選んで「項目選択へ進む」（地域選択の方法は「地図から」「地域名一覧から」など，探しやすい方法を選ぶ）
④ 　データの「分野」「データ種別」を選択し，「項目候補」の中から項目を選んで「項目選択」（複数同時に選択したい場合は，［Ctrl］キーを押しながら項目をクリック）して，「統計表表示」
⑤ 　表示された統計表（＝地理行列）は，「表レイアウト・年度変更」で調査期間やレイアウトを調整する

（2）年齢階級別の人口を調べる場合
　トップページ＞統計データを探す＞主要な統計から探す＞国勢調査＞○○年国勢調査＞人口等基本集計（男女・年齢・配偶関係，世帯の構成，住居の状態など）＞都道府県結果の＋ボタンをクリック＞○○県＞男女・年齢・配偶関係のうち，市町村ごとの年齢別人口が掲載されたExcelまたはCSVのボタンをクリック

（3）農産物の作付面積を調べる場合
　トップページ＞統計データを探す＞主要な統計から探す＞農林業センサス＞○○年世界農林業センサス＞第1巻都道府県別統計書の「＋ボタン」をクリック＞○○県＞「販売農家」の「販売目的の作物別作付（栽培）農家数と作付（栽培）面積」のExcelボタンをクリック

（4）工業の従業者数や製造品出荷額を調べる場合
　トップページ＞統計データを探す＞主要な統計から探す＞工業統計調査＞確報の○○年＞市区町村編のデータのExcelボタンをクリック

（5）商業の従業者数や商品販売額を調べる場合
　トップページ＞統計データを探す＞主要な統計から探す＞商業統計調査＞○○年商業統計の確報＞統計表の第3巻産業編（市区町村表）のデータのExcelボタンをクリック

3 必要な情報の提示

　図表を提示する時には，必ず「題名」と「出所」をつけなければならない。また，表示する内容によっては不要な場合もあるが，大抵は不可欠なのが「凡例」と「単位」である。これら4つの情報は，図表作成に慣れていないと抜け落ちがちであるため，気をつけなければいけない。また，図の場合は「題名」と「出所」を下につけて，表の場合は「題名」を上に，「出所」を下につけるのが基本である（リンク　図と表の違いは177ページ）。

　なお，ここで説明する情報の記載規則には，学術雑誌によって若干の相違があり，書籍や報告書などにおける状況も同様である。しかし，少なくともそれぞれの書籍・論文・レポートの中で，記載規則は一貫したものでなければならない。この本では，学術雑誌『地理学評論』の規則に準拠しているが（英文表記は省略している），これが絶対の規則とはいえない点には留意して欲しい。別の学術雑誌に投稿する場合などには，記載規則の指定があるはずなので，必ずそれに従わなければならない（リンク　17ページ　学術誌によって異なる図表の形式）。ただ，特に指定がない場合には，本書が用いる記載規則に一貫して従っておけば，問題はない。

（1）　図における題名・出所・注の書き方と情報のレイアウト例

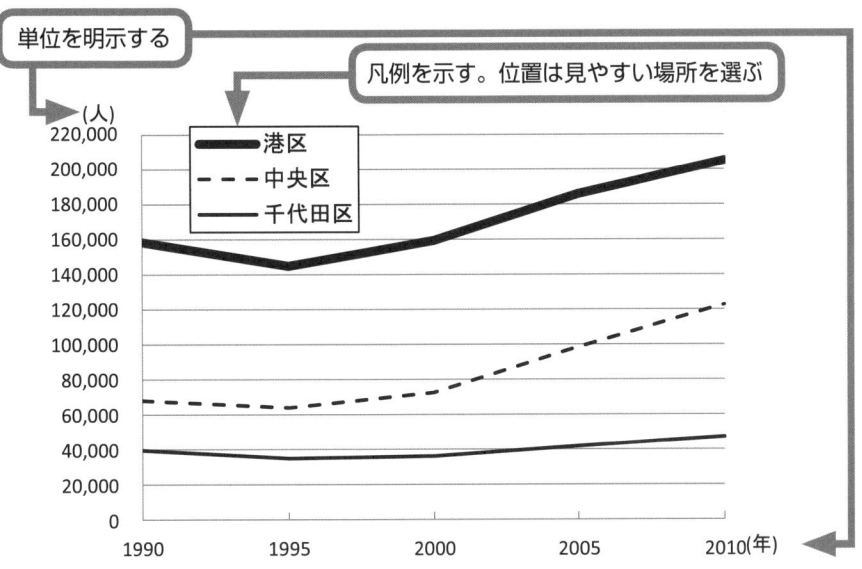

図1　東京都心3区の人口推移
「都心3区」は，東京都も使用する慣例的な地域範囲である。
（国勢調査各年版）

(2) 表における題名・出所・注の書き方と情報のレイアウト例

図と同じく通しで表番号をつけ（図の通し番号とは別にする），そこから1文字空けて簡潔な題名をつける。表番号と題名の縦位置は図の上，横位置は表の中央

表1　2010年度の1都3県の人口・人口密度・世帯数

地　域	人　口 （人）	人口密度 （1km²当たり）	世帯数 （軒）
埼玉県	7,194,957	1,894	2,842,662
千葉県	6,217,119	1,206	2,515,220
東京都	13,161,751	6,017	6,403,219
神奈川県	9,049,500	3,746	3,843,424

東京都には島嶼部も含んでいる。

（国勢調査2010年版）

単位を明示する

図と同じく必要に応じて注をつけるが，なくてもよい。注の縦位置は表の下で出所の上，横位置は表の左端に寄せる

出所に表示すべき情報は図と同じだが，その縦位置は注（ない場合は表）の下，横位置は表の右端に寄せる

☞ 学術誌によって異なる図表の形式

　この本では，『地理学評論』に準拠した記載規則を採用しているが，題名や出所などの情報の表示法は雑誌によっても異なり多様である。それら全てを網羅して例示することは現実的ではないが，比較的よく使われる表示法を示しておく。とはいえ大切なのは，作成した文書内で一貫性があることである。

第1表　2010年度の1都3県の人口・人口密度・世帯数

地　域	人　口 （人）	人口密度 （1km²当たり）	世帯数 （軒）
埼玉県	7,194,957	1,894	2,842,662
千葉県	6,217,119	1,206	2,515,220
東京都	13,161,751	6,017	6,403,219
神奈川県	9,049,500	3,746	3,843,424

資料：国勢調査平成22年版

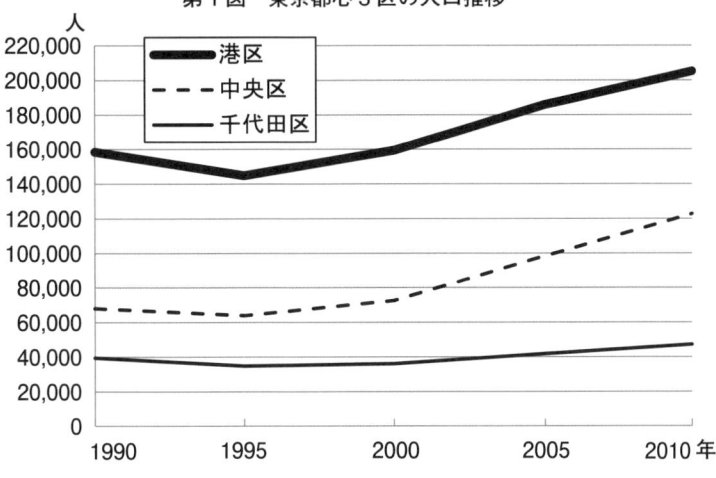

第1図　東京都心3区の人口推移

資料：国勢調査各年版

準備編(3)　最低限知っておきたいExcelの操作法

1　画面構成を知る

　本書ではMicrosoft社の「Excel 2010」を使っていく。ファイルを開くと以下の画面になる。各部の名称について覚えておこう。

「タブ」をクリックすると各種の機能が下に「グループ」として表示される。「タブ」のうち最初は「ホーム」がデフォルト

実際に作業する「ワークシート」。行列で表示される。1，2，3，……が行で，A, B, C,……が列を表している。行列の1つ1つの要素を「セル」といい，画面上では「A1」のセルにカーソルがある（これを「アクティブセル」という）

Excelの機能は多岐にわたり，「タブ」で機能が「グループ」化されている。どのような機能があるか，チェックしておこう。

(1)「ファイル」タブ （リンク 詳細は21ページからの「ファイル・シートを管理する」）

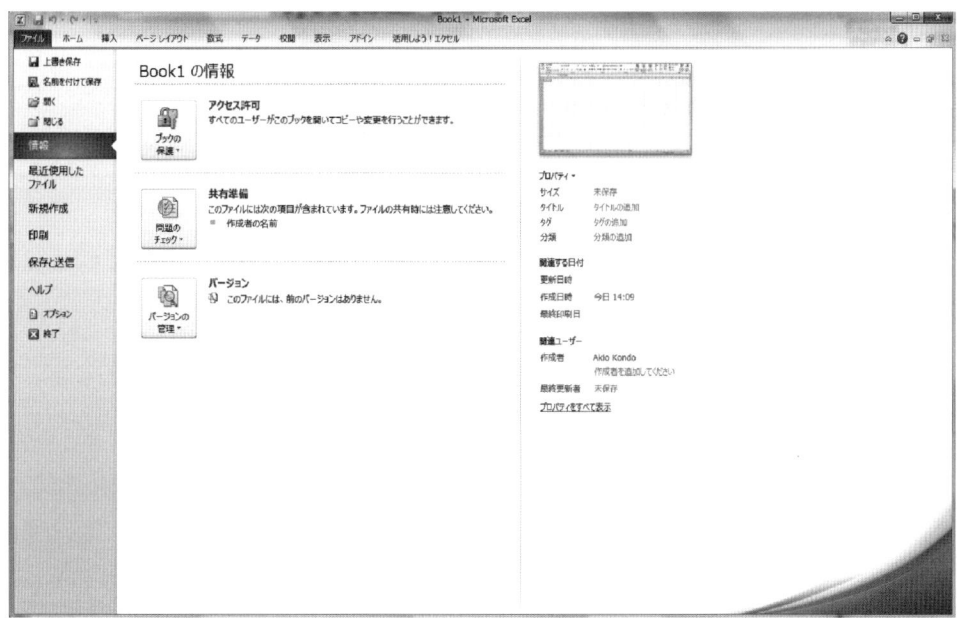

(2)「ホーム」タブの機能グループ

起動したときのデフォルト（標準状態）。セルの書式に関するボタンなど，使用頻度の高いものが配置される。

(3)「挿入」タブの機能グループ

グラフの作成や写真の貼り付けなど，図表の作成には主にこのタブのグループを用いる。

(4)「ページレイアウト」タブの機能グループ

印刷する際の用紙設定などに用いるボタンが配置されている。

(5)「数式」タブの機能グループ

主に関数に関するボタンが配置されている。(リンク 詳細は25ページからの「数式と関数の扱い方」)。

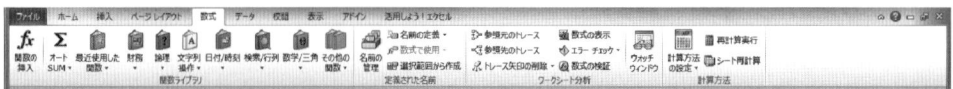

(6)「データ」タブの機能グループ

並べ替え（ソート）やフィルタなど，データの管理に関わるボタンが配置されている。

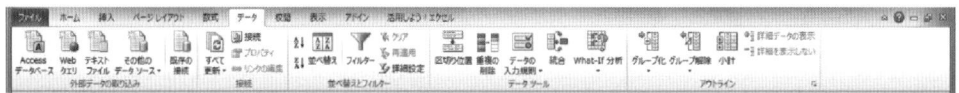

(7)「校閲」タブの機能グループ

コメントの設定や英文のスペルチェックなどが配置されている。

(8)「表示」タブの機能グループ

ズーム（表示倍率）や複数ウィンドウを開いたときの配置などが設定できる。

(9)「アドイン」タブの機能グループ

ユーザーがインストールしたExcelと連動するアプリケーションが表示される。そのため環境によっては表示されないこともある。その他，インストールしているソフトによって独自のタブが表示されることもある。

（例）開発，データ解析ソフト，翻訳ソフト，地図ソフトなど

2 ファイル・シートを管理する

　Excel ファイルのことを「ブック（Book）」といい，行列表の単位を「シート（Sheet）」という（特に作業しているシートのことを「ワークシート」という）。1つのブックで複数のシートを管理することができる。

　ブック（Excel ファイル）の管理は「ファイル」タブで行う。Excel 2010 で扱えるファイル形式は23種類あるが，Excel のバージョンによっても変わる。他のソフトとの連携の際に必要となるので，主にどのような形式があるのかは憶えておきたい。

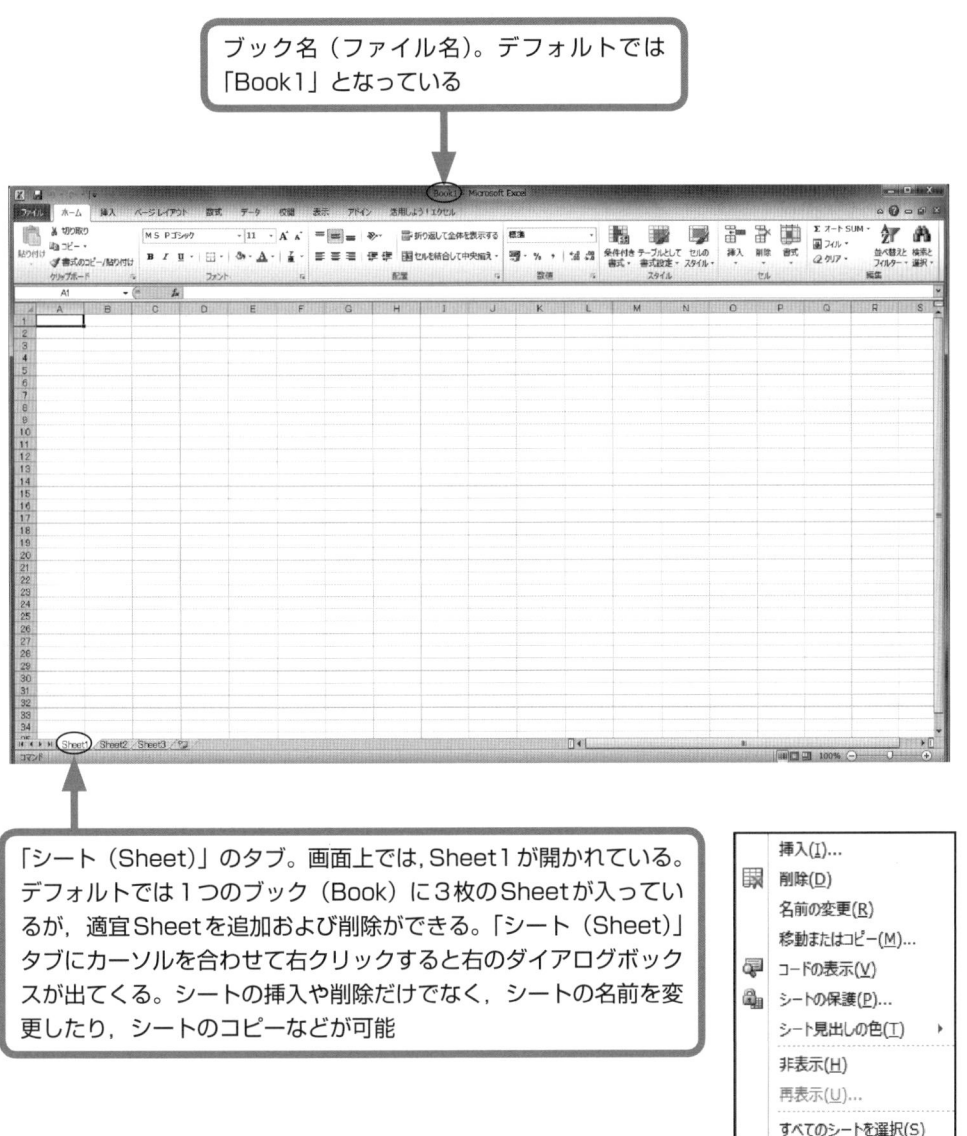

ブック名（ファイル名）。デフォルトでは「Book1」となっている

「シート（Sheet）」のタブ。画面上では，Sheet1 が開かれている。デフォルトでは1つのブック（Book）に3枚の Sheet が入っているが，適宜 Sheet を追加および削除ができる。「シート（Sheet）」タブにカーソルを合わせて右クリックすると右のダイアログボックスが出てくる。シートの挿入や削除だけでなく，シートの名前を変更したり，シートのコピーなどが可能

「ファイル」タブでブックを管理する。ファイルの保存，印刷，新規作成などはこのタブで行う。

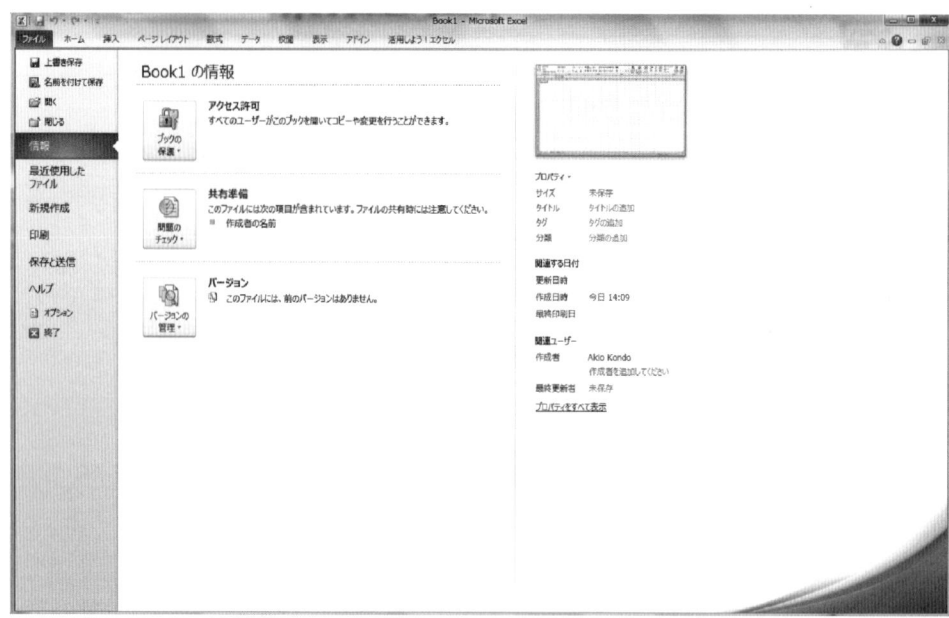

「名前を付けて保存」を開くと，保存場所・ファイル名・ファイルの種類を指定するダイアログボックスが開く。保存可能なファイル形式は右下の23種類だが，通常はExcel 2007以降で用いる「Excelブック（.xlsx）」か「Excel 97-2003ブック（.xls）」で保存する。

このうち「Excelブック（.xlsx）」形式はExcel 2007から登場した多機能な保存形式だが，Excel 2003以前のバージョンでは通常は開くことができない。そのため他人にファイルを受け渡す際には注意する必要がある。

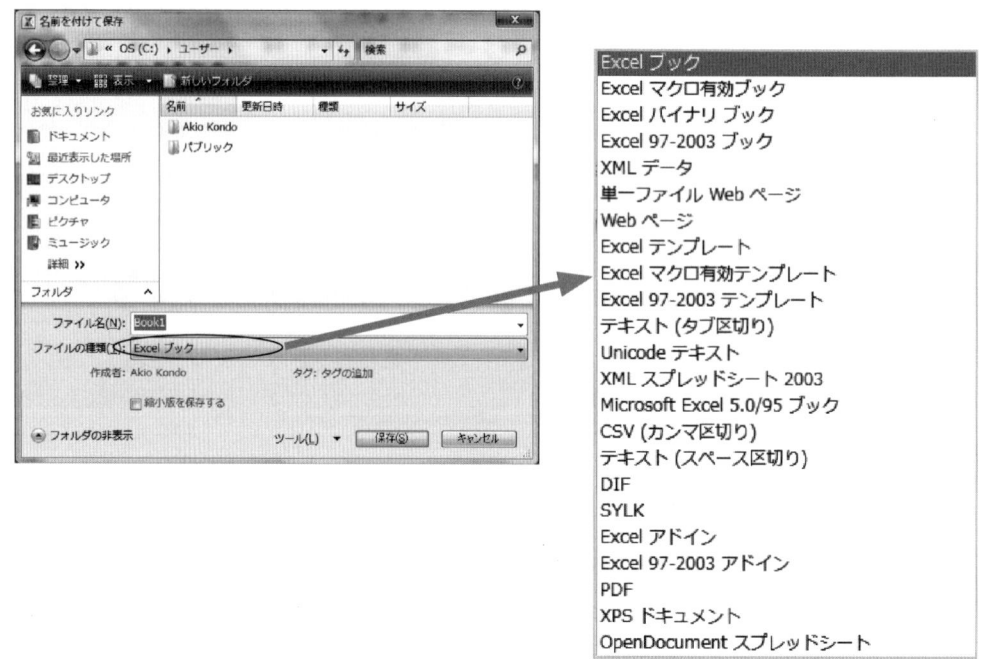

3 セルにデータを入力する

　下の画面にある「日本の都道府県ランキング」表を作成してみよう。入力・編集手順は次の通りとなる。

①それぞれのセルにデータ（文字・数値）を入れる。
②フォントの大きさや種類は「ホーム」タブの「フォント」グループの機能で選択できる。
③入力したデータをセル内で縦横に整えるには「ホーム」タブの「配置」グループの機能を用いる。
④最後に罫線を引く。罫線は「ホーム」タブの「フォント」グループを選択しても可能だが，罫線を引きたいデータの範囲をドラッグで指定し，右クリックすると下のようなダイアログボックスが出てくる。その中で「セルの書式設定」を選択し，「罫線」タブを開くとさまざまな種類の罫線を引くことができる。

※シート上で右クリックするとダイアログボックスが出てくるが，編集作業を行ううえで非常に有益である。それぞれの機能を使いこなせるようにしたい。

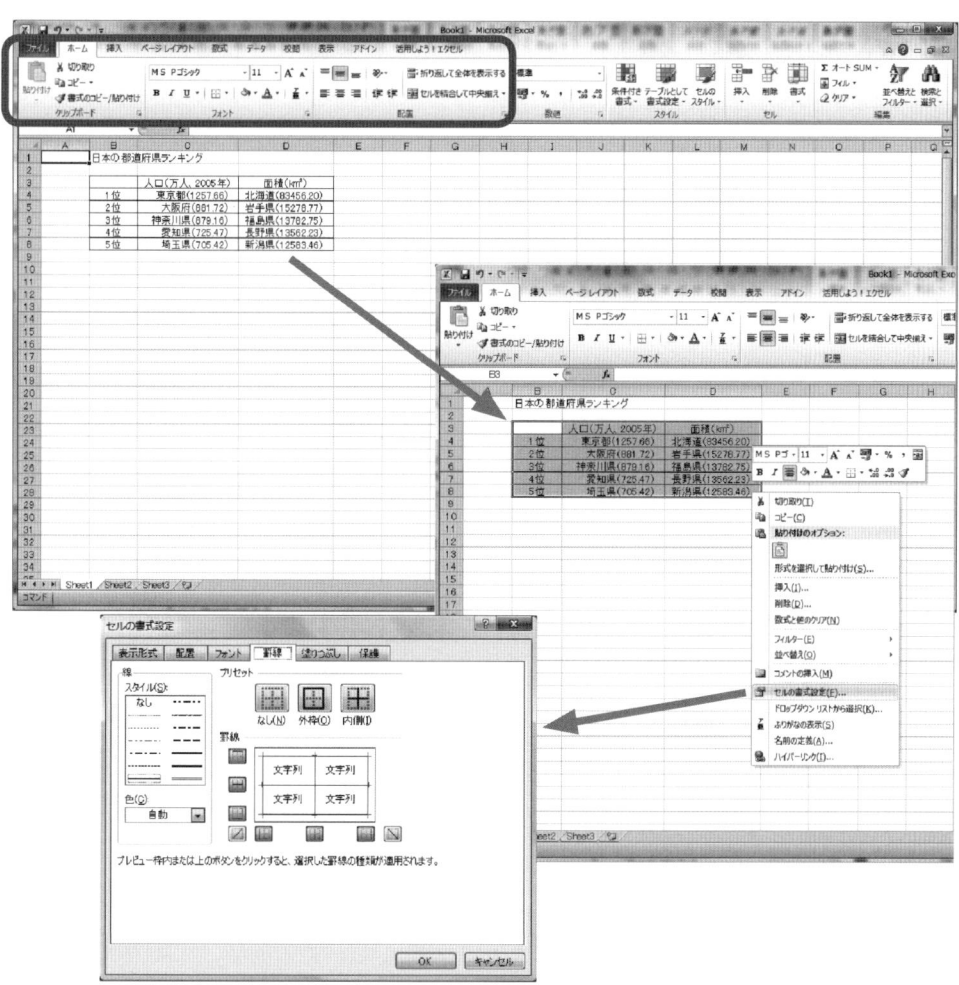

4 データの表示を工夫する

ワークシート作業を効率的に行うテクニックを紹介する。下記の表（例：国勢調査）のように行列が多く，画面におさまらない表を表示・整理するコツを覚えておこう。

①表の属性（下の属性では人口，世帯など）を固定しておくと，下方向にスクロールしてデータを表示したときに便利。その場合は，「表示」タブの「ウインドウ枠の固定」を使う。行と列で指定して固定できる。下の図では点線の行列が固定されている。

②また「ズーム」でデータが読み取りにくい場合は拡大することも可能。

③データの並び替えやフィルタオプションも同様に有益。大量のデータを整理する際にはよく使う機能なので，覚えておきたい。「ホーム」タブの右側にある。

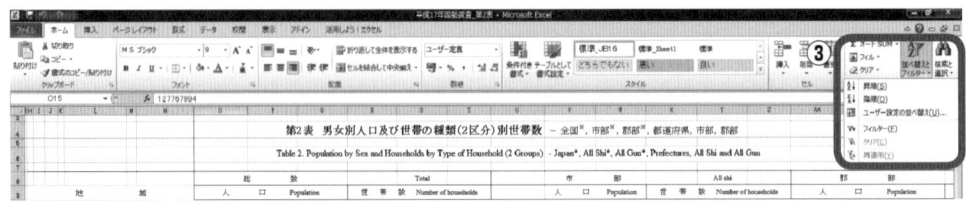

5 数式と関数の扱い方

Excelのワークシートの特徴の1つはセルで数式処理（計算）することができる点である。数式処理をする場合は，セルの入力で「＝」を入れ，そのあとに続けて数式を入力する。全て半角入力である。

例　加 算：セルへの入力「＝7+3」→出力「10」
　　減 算：セルへの入力「＝56−96」→出力「−40」
　　乗 算：セルへの入力「＝15＊6」→出力「90」
　　除 算：セルへの入力「＝100/20」→出力「5」
　　冪乗（べきじょう）：セルへの入力「＝3^2」（3の2乗）→出力「9」

データの範囲を指定するだけで数式処理してくれる便利なツールが関数である。関数は全部で400種類以上あり，さまざまな機能が用意されている。ここではよく使われるものとして「合計」と「平均」を紹介する。

①合計を出すには「＝SUM（データの範囲）」を入力する。下の図ではC10のセルに東北6県の人口の合計値が出力されており，その式は「＝SUM（C4：C9）」となっている。青森県の人口がC4セル，岩手県がC5，宮城県がC6，秋田県がC7，山形県がC8，福島県がC9なので，C4からC9までが範囲となる。実際には合計したいデータの範囲をドラッグすれば自動的に数式に取り込まれる。

②平均値は「＝AVERAGE（データ範囲）」になる。これらのよく使う関数は「ホーム」タブの右側にある「オートSUM」機能にある。出力したいセルをアクティブにし，「オートSUM」機能をクリックすれば自動的に数式が呼び出される。

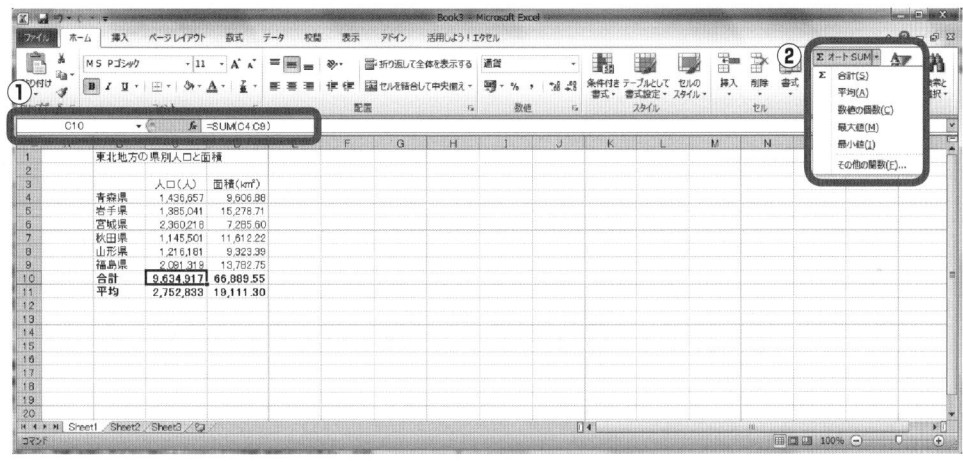

その他の関数は「数式」タブで「関数ライブラリ」として種類別にグループ化されている。関数で出力したいセルをアクティブにしたうえでクリックすると，関数が呼び出され，数式処理の手順に自動的に進む。

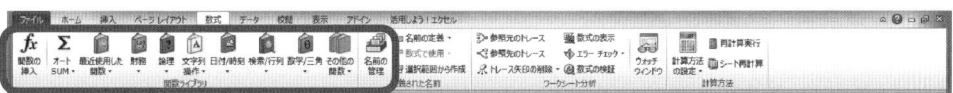

> ☞ 効率アップのためのショートカットキー

　Excelによる図表づくりの能率を上げるために，よく使用するショートカットをまとめておく。実際にExcel上で試してみて，どのような挙動になるか確かめてみよう。

```
[Ctrl]+C：データのコピー
[Ctrl]+X：データの切り取り
[Ctrl]+V：データの貼り付け
[Ctrl]+A：全範囲選択
[Ctrl]+S：データの保存
[Ctrl]+F：データの検索
[Ctrl]+H：データの置換

[Alt]+[Enter]：セル内で改行
[Shift]+[↑/↓/←/→]：選択範囲の拡大
[Ctrl]+[↑/↓/←/→]：データの端まで移動
[Ctrl]+[Shift]+[↑/↓/←/→]：データの端まで選択範囲拡大
```

基本編

　基本編では，基本的な図表づくりの作法として，Excelの操作法および，図表の見せ方やつくり方に共通する注意点を学んでいく。例として取り上げる図表は，基本的なものばかりであるが，複雑な図表を作成したり読み取ったりするためにも必要な基礎的要素が全て含まれている。ここで説明した要素を前提に，実践編では，より複雑で多様な図表を取り上げる。図表づくりの基本が身についている人は基本編をとばしてかまわないが，自信がない人は実践編の前に一通り読んでおきたい。

基本編(1)　棒グラフのつくり方

　「棒」の長短で値を表すグラフを,「棒グラフ」という。本節で説明しているものは,棒グラフの中でも最も基本的な「単純棒グラフ」であり,各項目の値を比較するのに適している。

●修正前

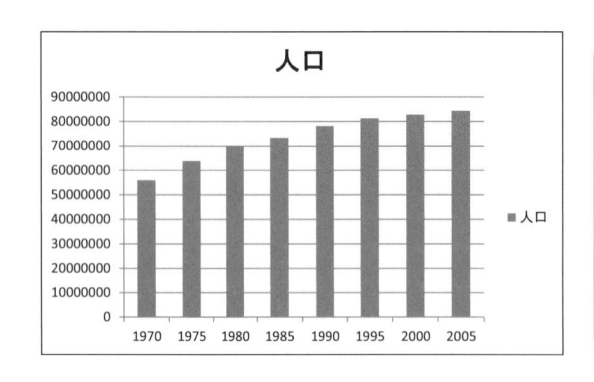

人口（修正前のグラフ：縦軸 0〜90000000、横軸 1970〜2005）

修正の手順
Step① データの範囲指定をする
Step② グラフエリアの枠を削除する
Step③ 題名と凡例を削除する
Step④ 縦軸（横軸）の表示を整える
Step⑤ 縦軸（横軸）に単位をつける
Step⑥ 棒の色を変更する
Step⑦ 各要素の大きさを調整し,全体のバランスを取る

●修正後

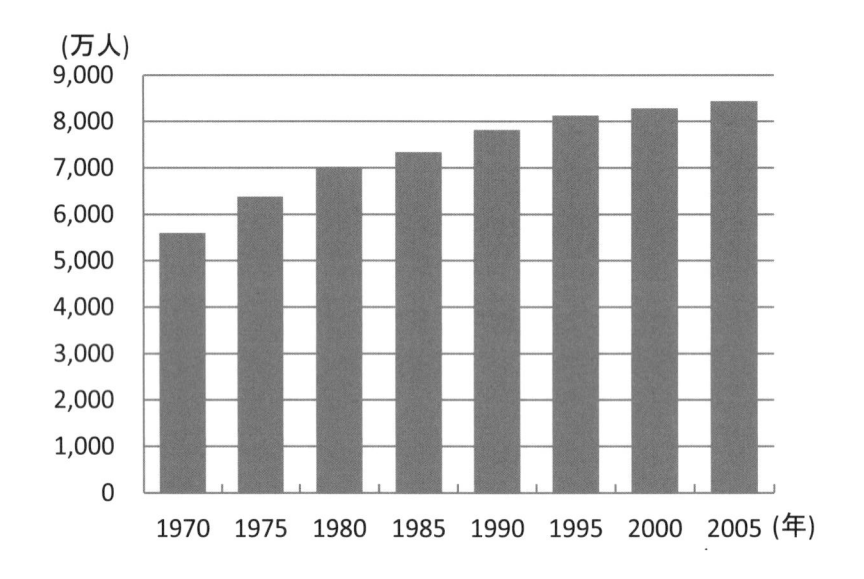

（万人）縦軸 0〜9,000、横軸 1970〜2005（年）

基本編（1）棒グラフのつくり方　29

Step① データの範囲指定をする

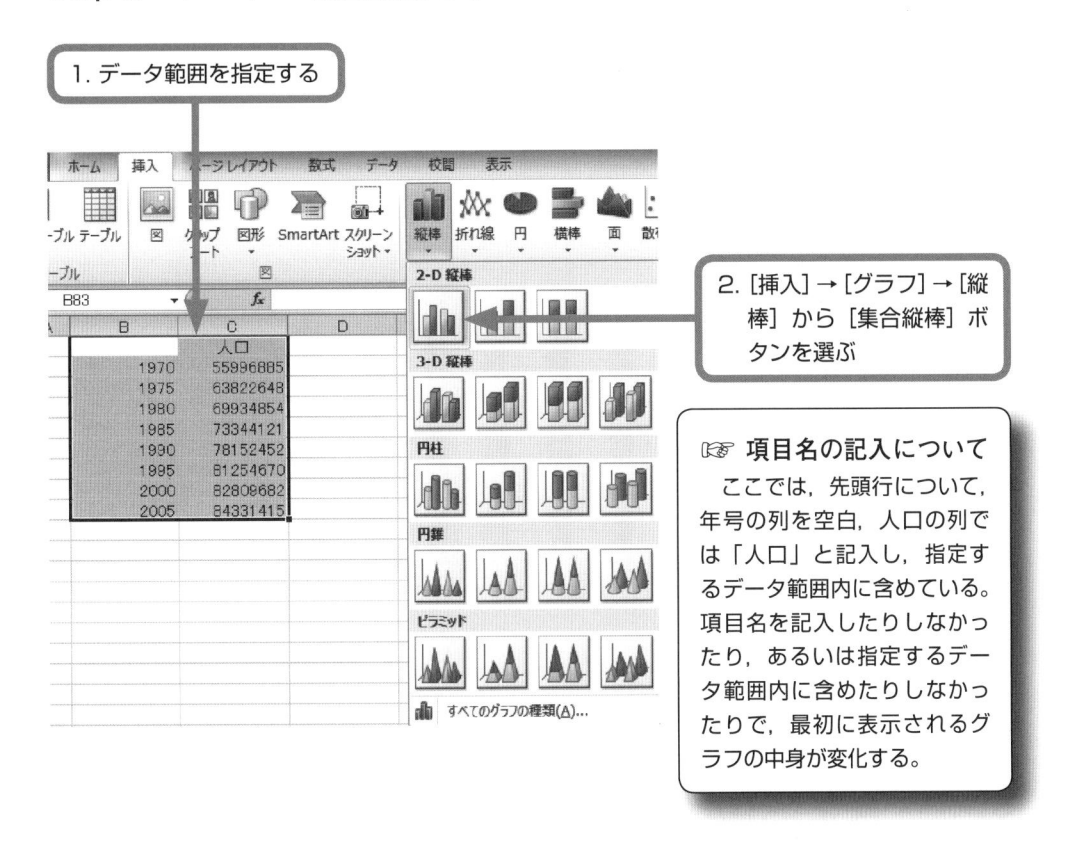

1. データ範囲を指定する

2. [挿入]→[グラフ]→[縦棒]から[集合縦棒]ボタンを選ぶ

☞ **項目名の記入について**
　ここでは，先頭行について，年号の列を空白，人口の列では「人口」と記入し，指定するデータ範囲内に含めている。項目名を記入したりしなかったり，あるいは指定するデータ範囲内に含めたりしなかったりで，最初に表示されるグラフの中身が変化する。

Step② グラフエリアの枠を削除する

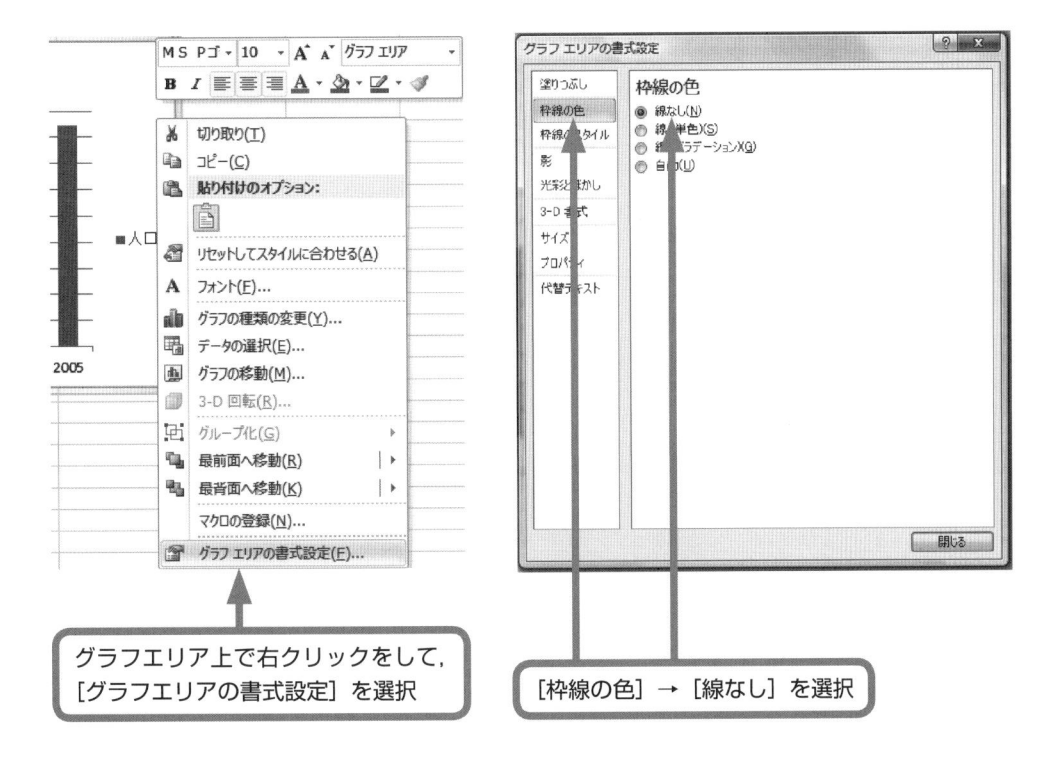

グラフエリア上で右クリックをして，[グラフエリアの書式設定]を選択

[枠線の色]→[線なし]を選択

Step③ 題名と凡例を削除する

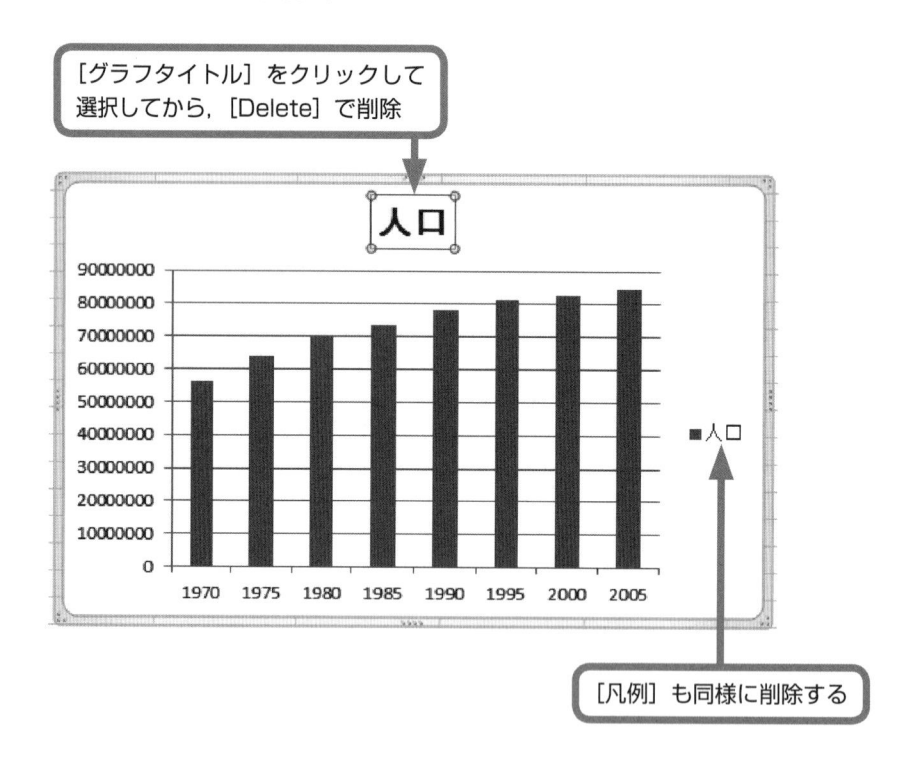

［グラフタイトル］をクリックして選択してから，［Delete］で削除

［凡例］も同様に削除する

Step④ 縦軸（横軸）の表示を整える

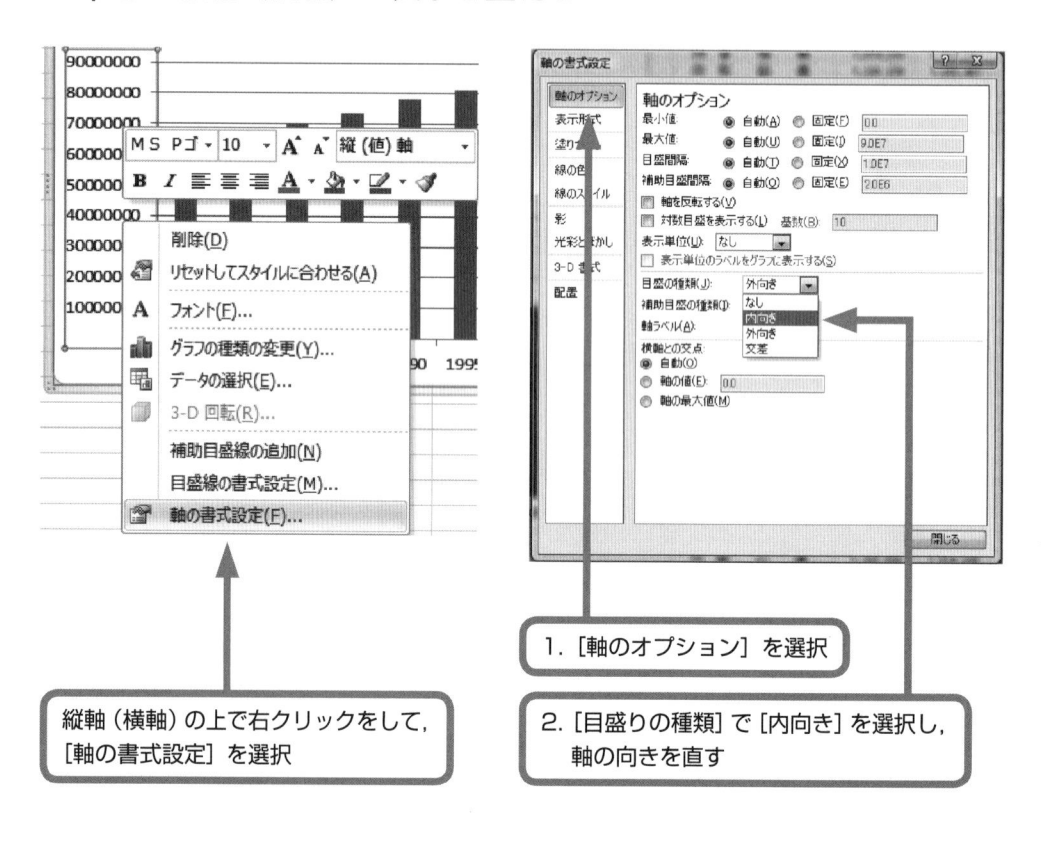

縦軸（横軸）の上で右クリックをして，［軸の書式設定］を選択

1. ［軸のオプション］を選択

2. ［目盛りの種類］で［内向き］を選択し，軸の向きを直す

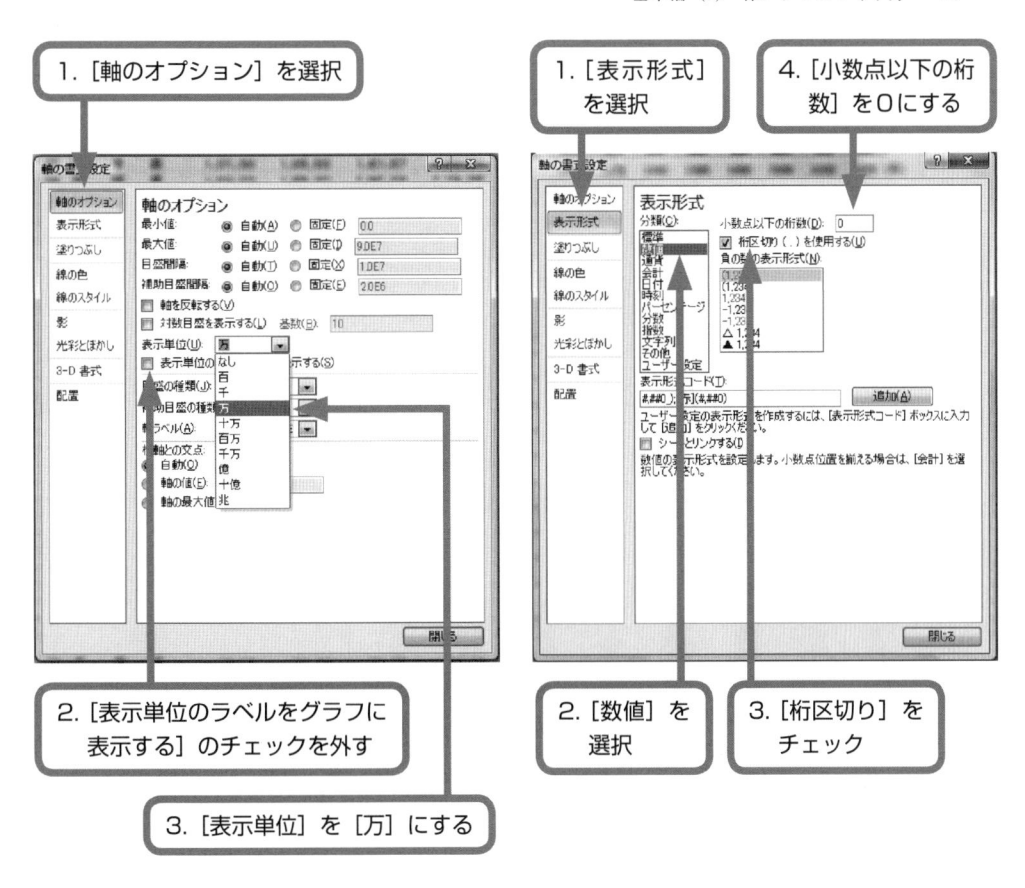

基本編（1）棒グラフのつくり方　31

1. ［軸のオプション］を選択

2. ［表示単位のラベルをグラフに表示する］のチェックを外す

3. ［表示単位］を［万］にする

1. ［表示形式］を選択

2. ［数値］を選択

3. ［桁区切り］をチェック

4. ［小数点以下の桁数］を0にする

☞ グラフで表示される数値範囲の設定

今回の作図では不要であるため行っていないが，［軸の書式設定］では，軸に表示される数字の最大値と最小値を自由に設定できる。［軸のオプション］を選択し，初期設定では［自動］になっている［最小値］もしくは［最大値］を［固定］にして，設定したい数字を入力する。

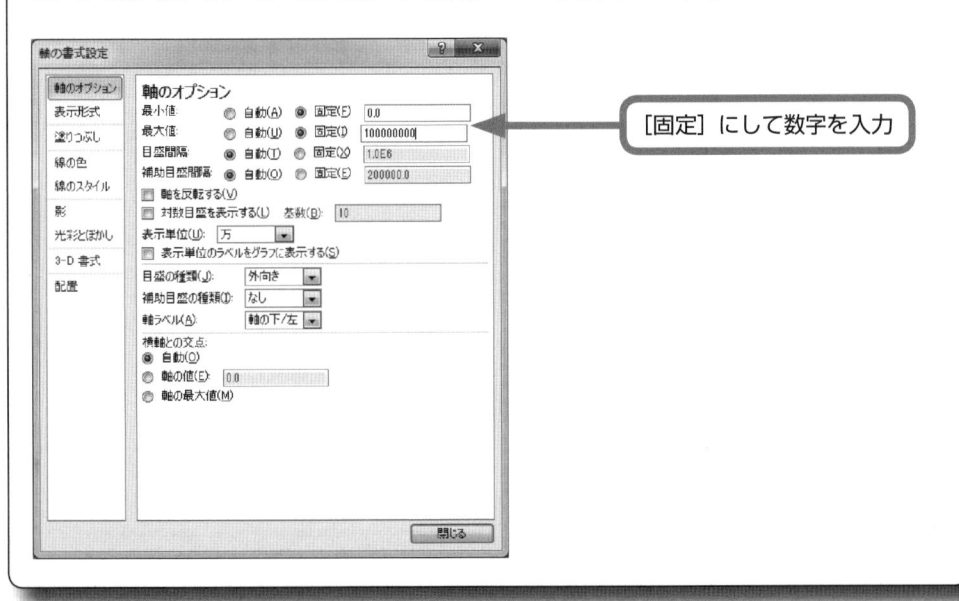

［固定］にして数字を入力

Step⑤ 縦軸（横軸）に単位をつける

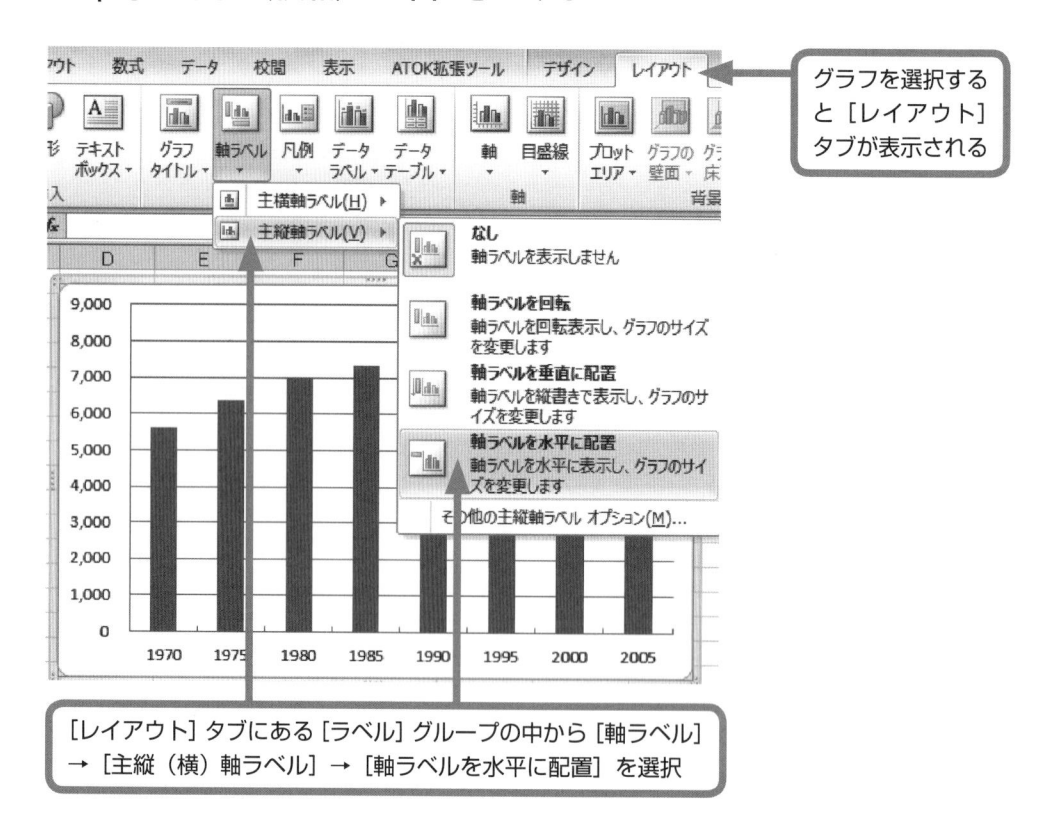

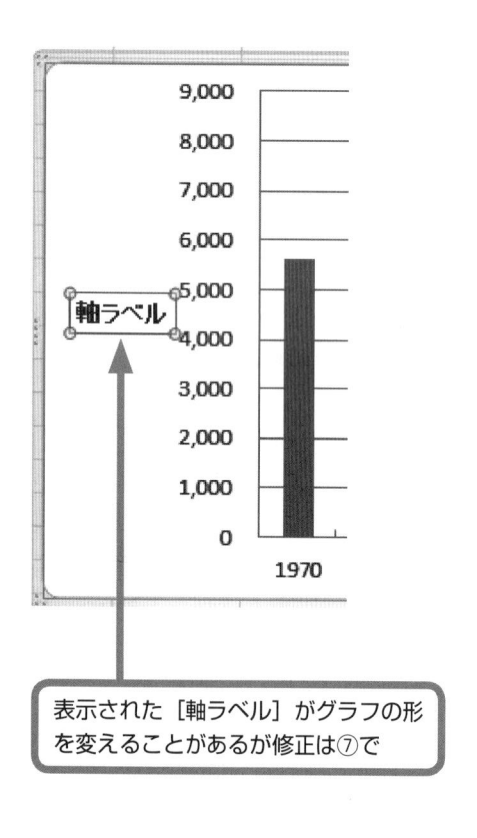

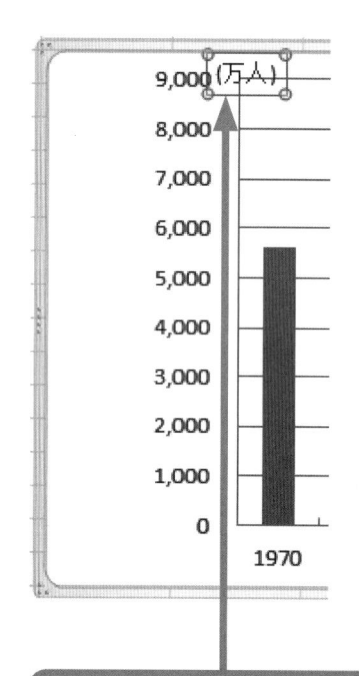

グラフを選択すると［レイアウト］タブが表示される

［レイアウト］タブにある［ラベル］グループの中から［軸ラベル］→［主縦（横）軸ラベル］→［軸ラベルを水平に配置］を選択

表示された［軸ラベル］がグラフの形を変えることがあるが修正は⑦で

縦軸（横軸）の数字を表す単位に［軸ラベル］を書き換え（例では「万人」）移動

☞ 項目名を美しく見せるための工夫

　グラフの横幅が足りないと，普通の横書きでは項目名が重なってしまい，表記がおかしくなる時がある。基本的には，横幅を増やせばよいのだが，紙幅などの制限からそれができない場合の対処法には次のような手段がある。

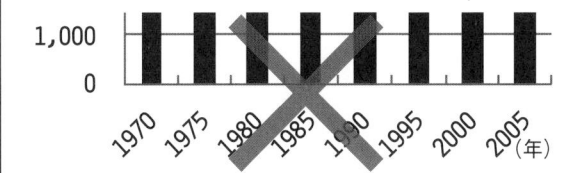

横幅が足りないと自動で斜めに表記されるが，避けるべき表記法

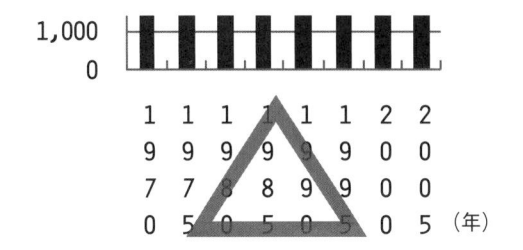

縦書きにすると場所を節約できるが，美しいとはいえないので，避けたい

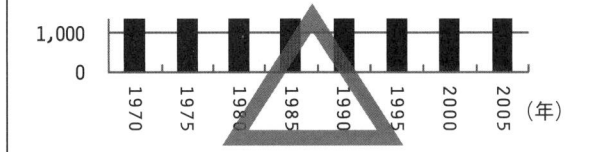

横書きを縦にする方法もあるが，見やすいとはいいがたいので，やはり避けたい

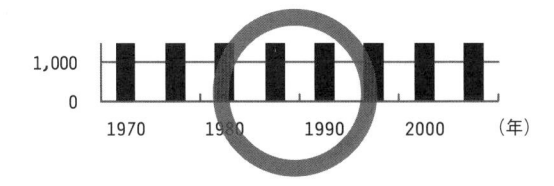

表示される項目名をいくつか省略しても分かる場合は，省略を行う

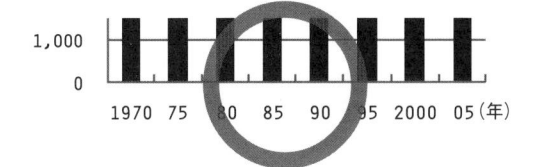

西暦であれば，基準となる年以外は下2桁で表す手段もある

34　基本編

Step⑥　棒の色を変更する

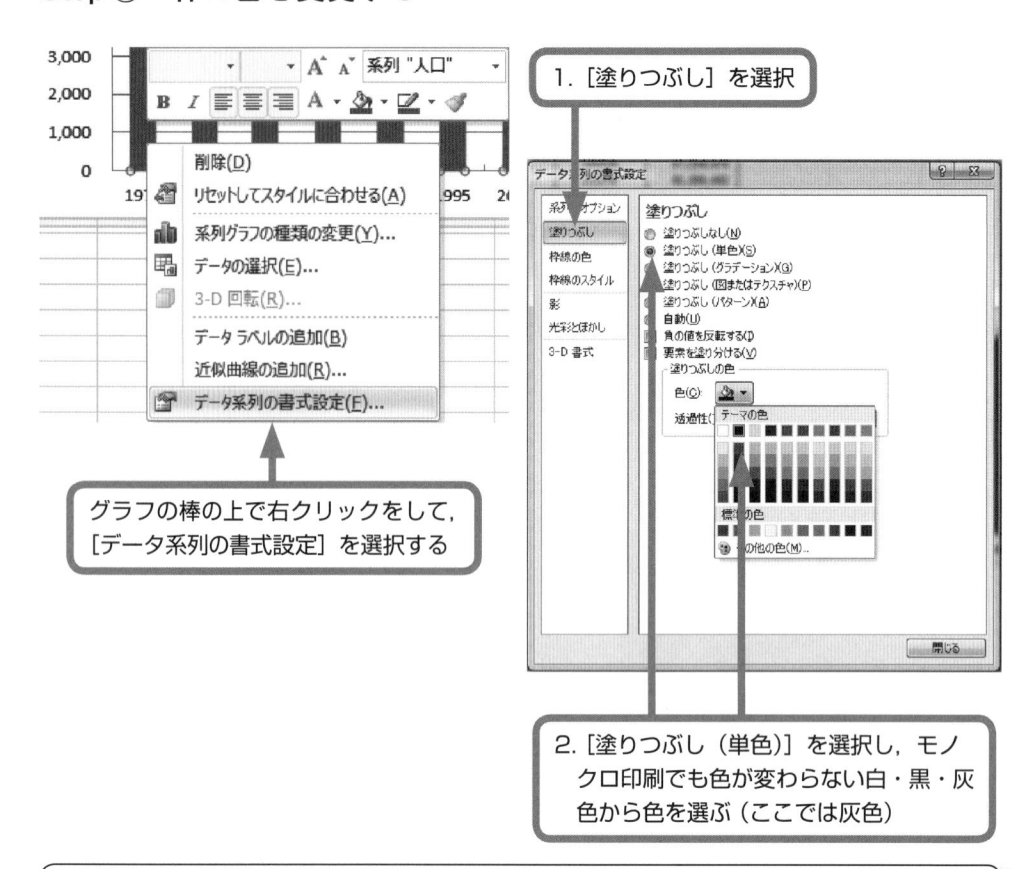

グラフの棒の上で右クリックをして，[データ系列の書式設定]を選択する

1.[塗りつぶし]を選択

2.[塗りつぶし（単色）]を選択し，モノクロ印刷でも色が変わらない白・黒・灰色から色を選ぶ（ここでは灰色）

☞ 応用的な塗り分け方

　色をつけたい対象が増えた場合，単に白黒の濃淡で塗り分けても見にくい。その時は，塗りつぶしのパターンを変更して対応する。[データ系列の書式設定]から[塗りつぶし]を選択し，[塗りつぶし（パターン）]を選択し，パターンを選ぶ。

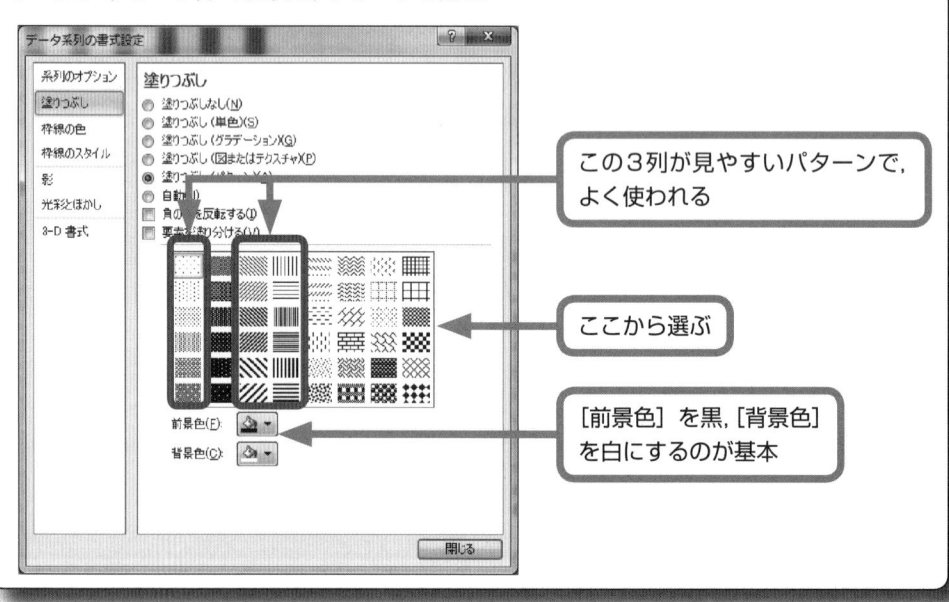

この3列が見やすいパターンで，よく使われる

ここから選ぶ

[前景色]を黒,[背景色]を白にするのが基本

基本編（1）棒グラフのつくり方　35

Step⑦　各要素の大きさを調整し，全体のバランスを取る

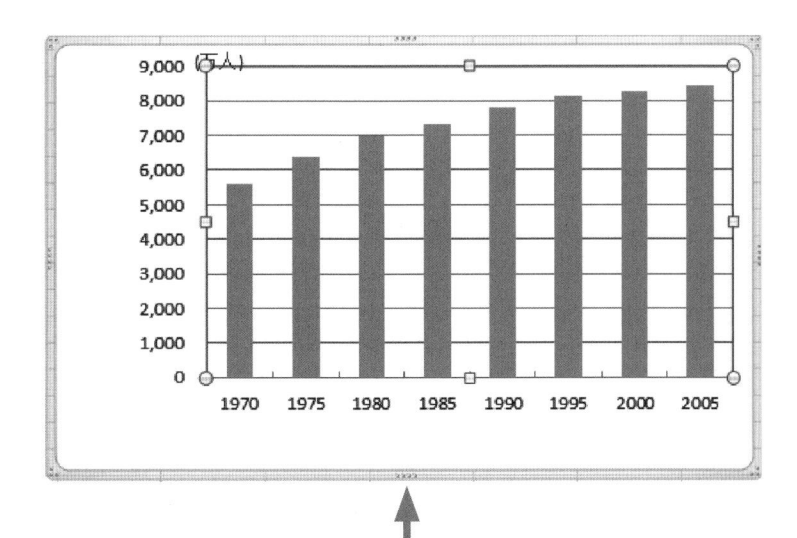

先に［グラフエリア］（グラフの外枠）の大きさを決めてから，［プロットエリア］（グラフの内枠）の大きさを調整し，最後に［軸ラベル］の位置を調整すると，一番手間がかからない

1. Step⑥と同じように，［データ系列の書式設定］ウインドウを呼び出し，［系列のオプション］を選択する

2. ［要素の間隔］のバーをスライドさせるか，適当な数字を入力するかして，全体の見栄えを整える

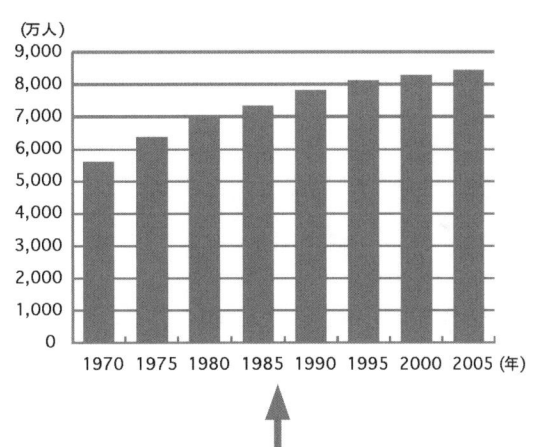

最後は感覚的な問題になるが，棒をあまり太くしすぎず，棒の間隔は広げすぎないように，［要素の間隔］を調整する

基本編(2) 折れ線グラフのつくり方

　折れ線グラフは，複数の時点における値を線で結ぶことにより，それぞれの項目の推移を表現する際に用いられる。時系列データなど連続的に変化する値の推移を見ることが多い。線で表現されるため，複数の値を同時に表しても重なり合わずに示すことができる。

●修正前

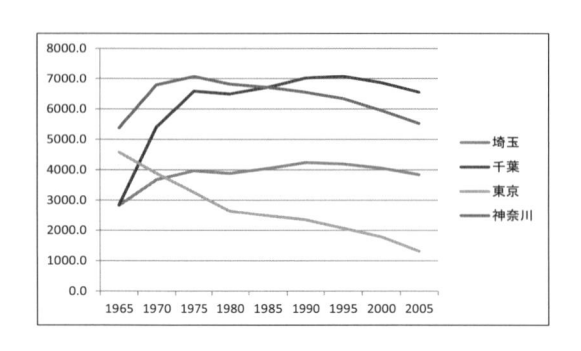

```
修正の手順
Step①　データの範囲指定をする
Step②　グラフエリアの枠を削除する
Step③　線種を整える
Step④　縦軸（横軸）の表示を整える
Step⑤　縦軸（横軸）に単位をつける
Step⑥　凡例を変更する
Step⑦　各要素の大きさを調整し，
　　　　全体のバランスを取る
```

●修正後

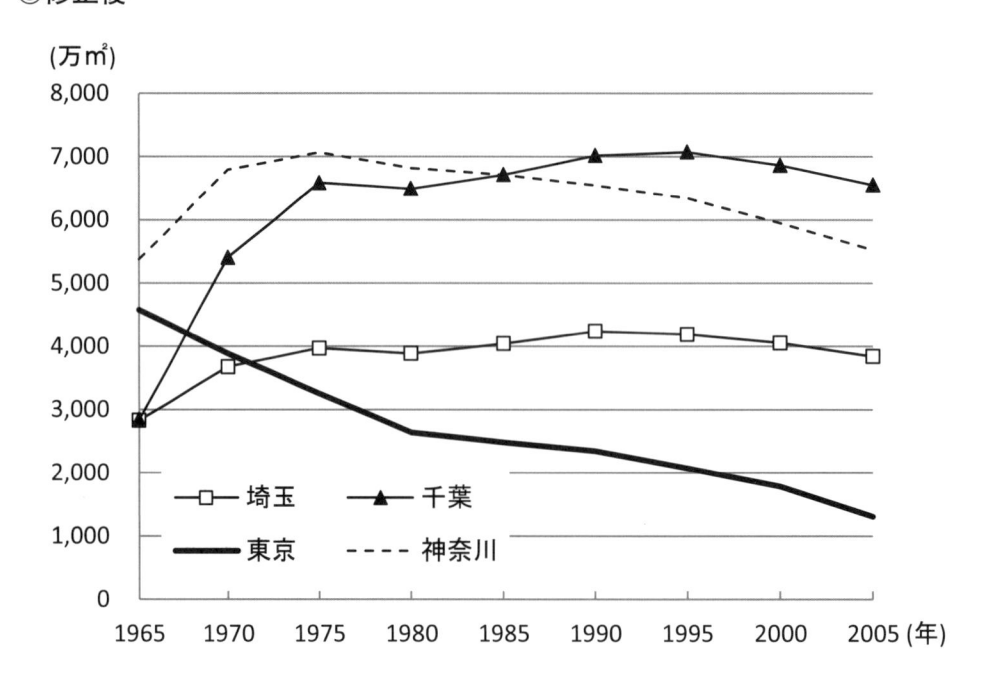

Step① データの範囲指定をする

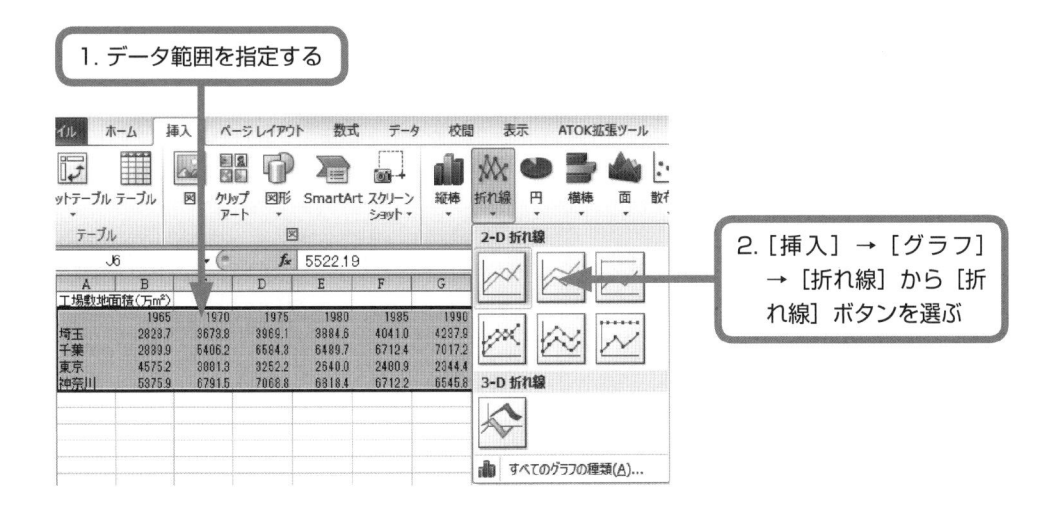

1. データ範囲を指定する

2. [挿入]→[グラフ]→[折れ線]から[折れ線]ボタンを選ぶ

Step② グラフエリアの枠を削除する

リンク 29ページ「基本編(1) Step②」

Step③ 線種を整える

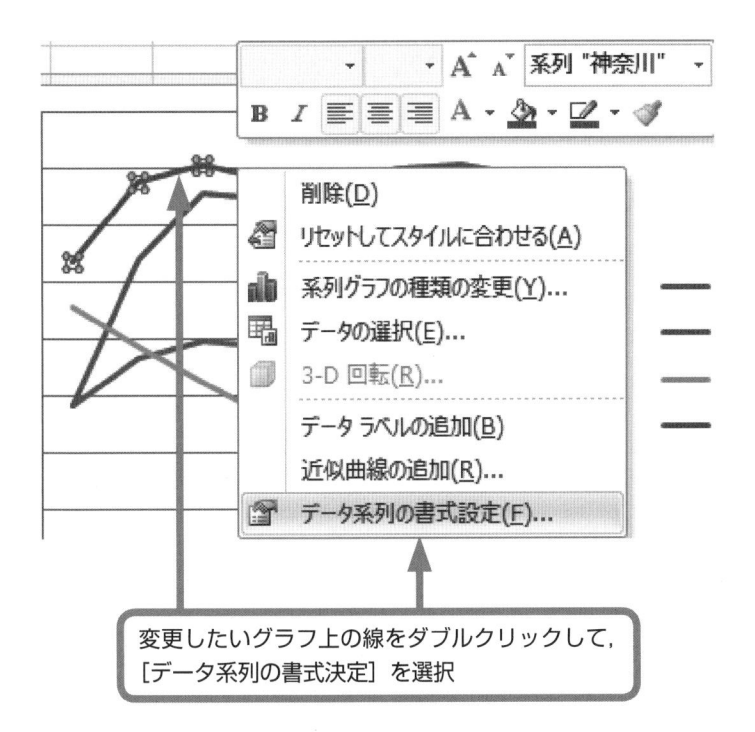

変更したいグラフ上の線をダブルクリックして，[データ系列の書式決定]を選択

1. [マーカーのオプション] を選択

2. [組み込み] を選択し, [種類] と [サイズ] を適当なものにする（ここでは [種類] を▲にして [サイズ] を5にしている）

1. [マーカーの塗りつぶし] を選択

2. [塗りつぶし（単色）] を選択し, [色] は黒にする

1. [線の色] を選択

2. [線（単色）] を選択し, [色] は黒にする

1. [線のスタイル] を選択

2. [幅] を変更し, [実線/点線] を適当なものに変更する（ここでは [幅] を1ptにして [実線／点線] から破線を選択している）

1. ［マーカーの色］を選択

2. ［線（単色）］を選択し，［色］は黒にする

☞ **線を美しく見せるための工夫**

(1) 白黒でも区別がつくようにするためには，線種（破線，太線など）を変更するか，マーカーを用いる。
(2) 線の幅は1pt程度を標準として，初期設定の2.25ptは太線にしたい時に用いると見た目が良い。
(3) 系列の数が多く，線種だけでは表現しきれない場合には，線上の各点に○や△などのマーカーを置き，他の線との区別をつけやすくする。
(4) マーカー内側の色は［マーカーの塗りつぶし］，外側の色は［マーカーの色］で決める。したがって，両方を黒にすると▲になり，前者を白にして後者を黒にすると△になる。色の組み合わせによっては，マーカーの大きさも違って見えるので，注意しながら色を選択する。

Step④　縦軸（横軸）の表示を整える
リンク 30ページ「基本編（1）Step④」

横軸の［軸の書式設定］で，［軸位置］を［目盛］にして，目盛の間ではなく目盛の下に数値が表示されるようにする

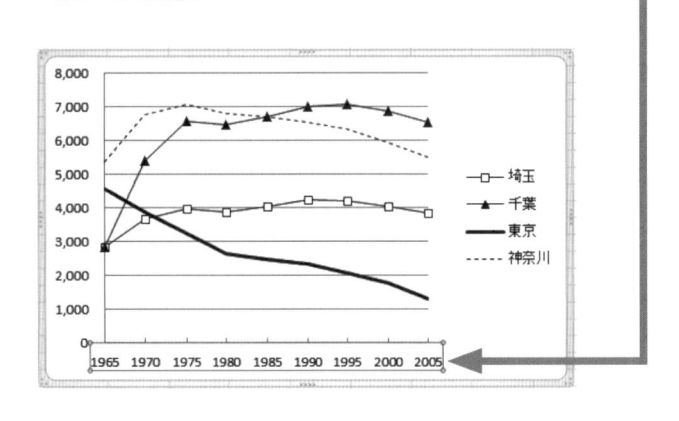

Step⑤　縦軸（横軸）に単位をつける
リンク 32ページ「基本編（1）Step⑤」

Step⑥　凡例を変更する

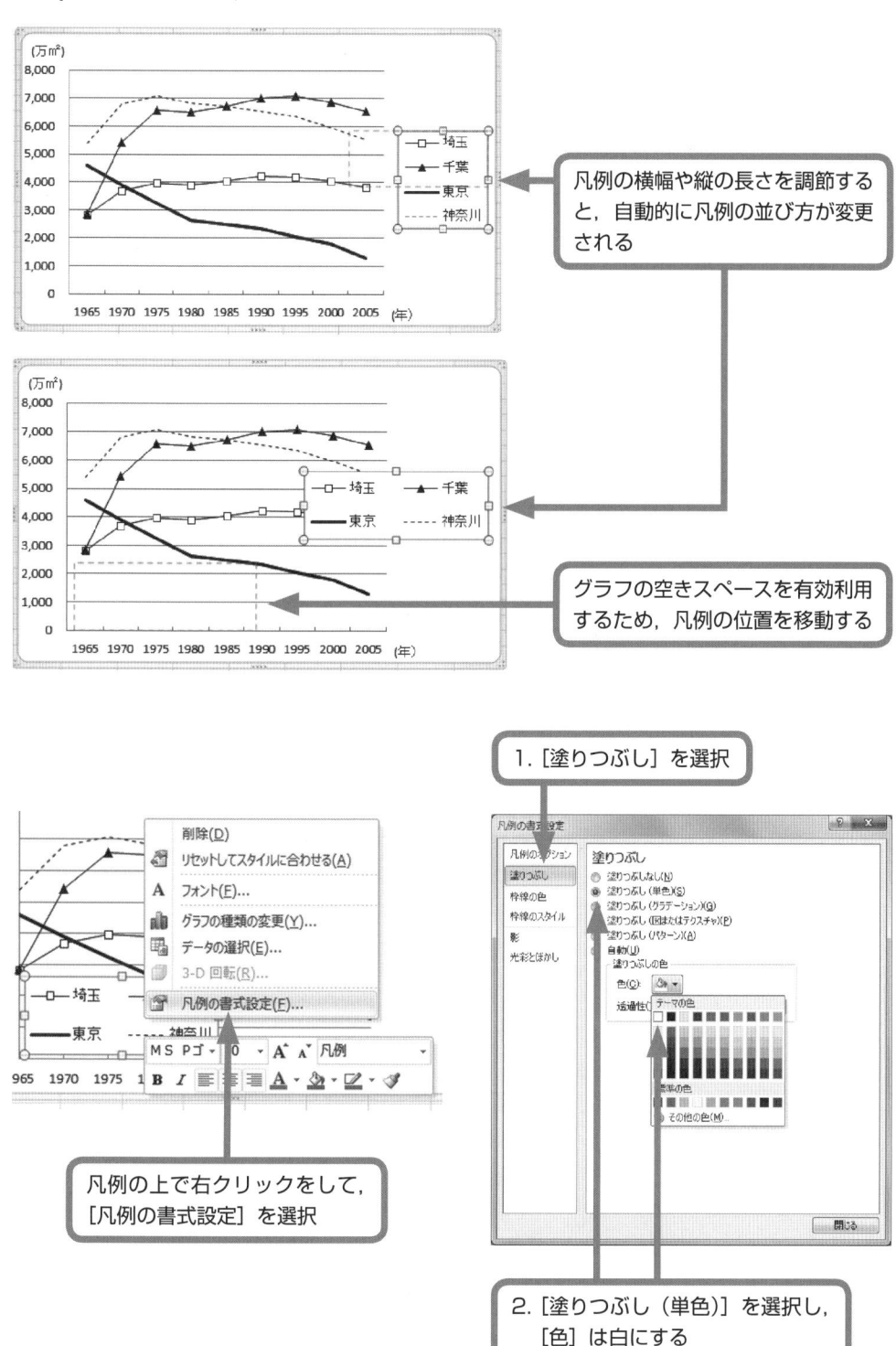

凡例の横幅や縦の長さを調節すると，自動的に凡例の並び方が変更される

グラフの空きスペースを有効利用するため，凡例の位置を移動する

凡例の上で右クリックをして，[凡例の書式設定]を選択

1. [塗りつぶし] を選択

2. [塗りつぶし（単色）] を選択し，[色] は白にする

Step⑦　各要素の大きさを調整し，全体のバランスを取る

リンク　35ページ「基本編(1)　Step⑦」

基本編(3) 散布図のつくり方

　2つの指標を縦軸と横軸にとって，双方の指標を点によって表すグラフを「散布図」という。2指標間の関係を把握するのに適している。

●修正前

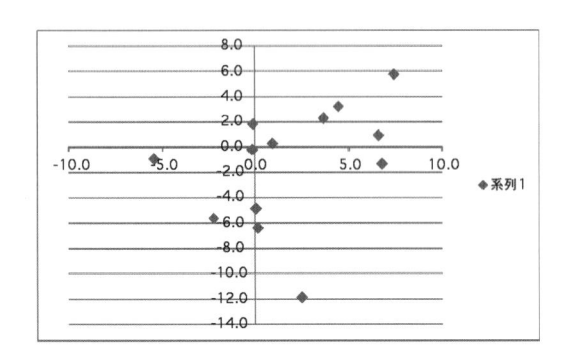

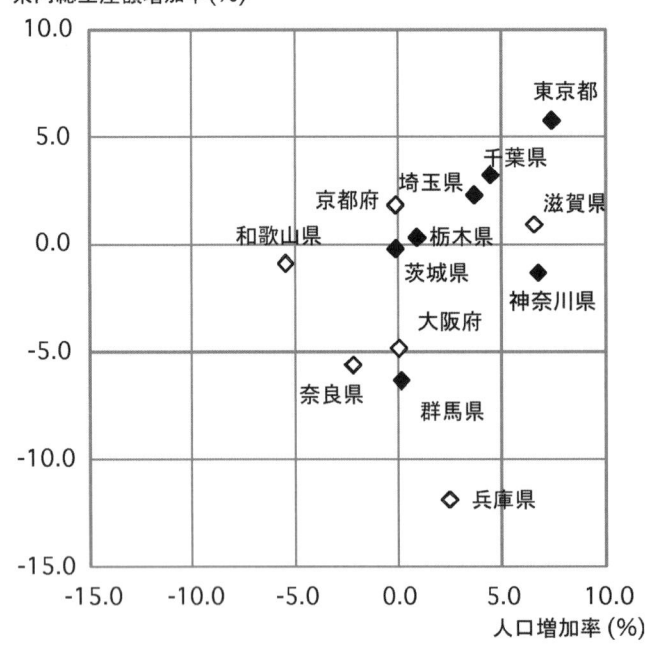

```
修正の手順
Step①　データの範囲指定をする
Step②　グラフエリアの枠を削除する
Step③　凡例を削除する
Step④　プロットエリアの枠をつける
Step⑤　縦軸（横軸）の表示を整える
Step⑥　マーカーの表示を整える
Step⑦　データラベルを設定する
Step⑧　縦軸（横軸）に単位をつける
Step⑨　各要素の大きさを調整し，
　　　　全体のバランスを取る
```

●修正後

Step① データの範囲指定をする

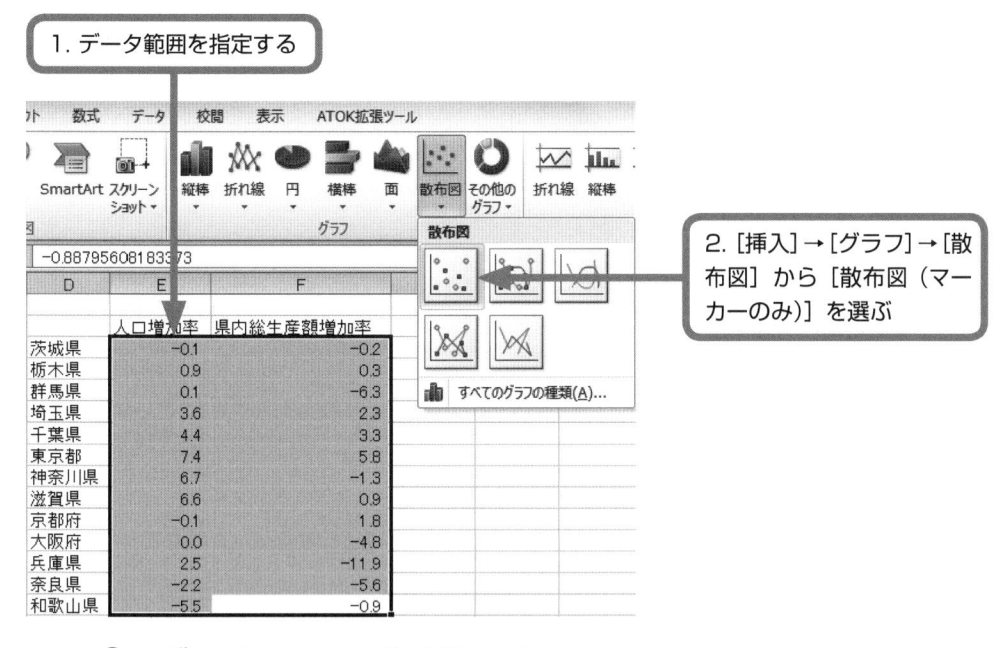

1. データ範囲を指定する

2. [挿入]→[グラフ]→[散布図]から[散布図（マーカーのみ）]を選ぶ

Step② グラフエリアの枠を削除する
リンク 29ページ「基本編(1) Step②」

Step③ 凡例を削除する
リンク 30ページ「基本編(1) Step③」

Step④ プロットエリアの枠をつける

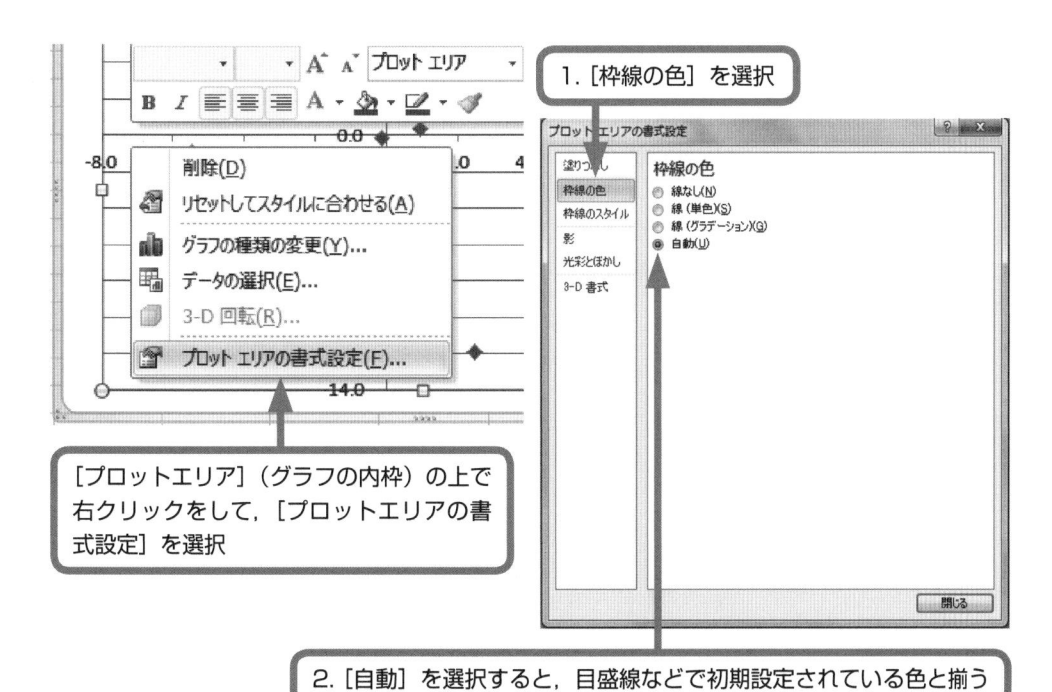

［プロットエリア］（グラフの内枠）の上で右クリックをして，［プロットエリアの書式設定］を選択

1. ［枠線の色］を選択

2. ［自動］を選択すると，目盛線などで初期設定されている色と揃う

Step⑤　縦軸（横軸）の表示を整える

リンク 30ページ「基本編(1)　Step④」

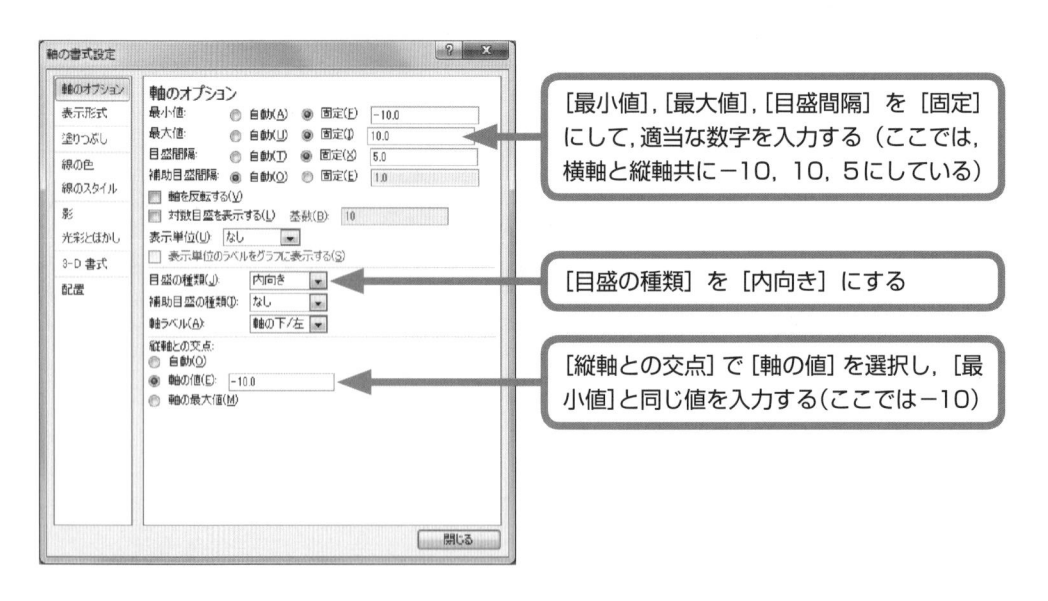

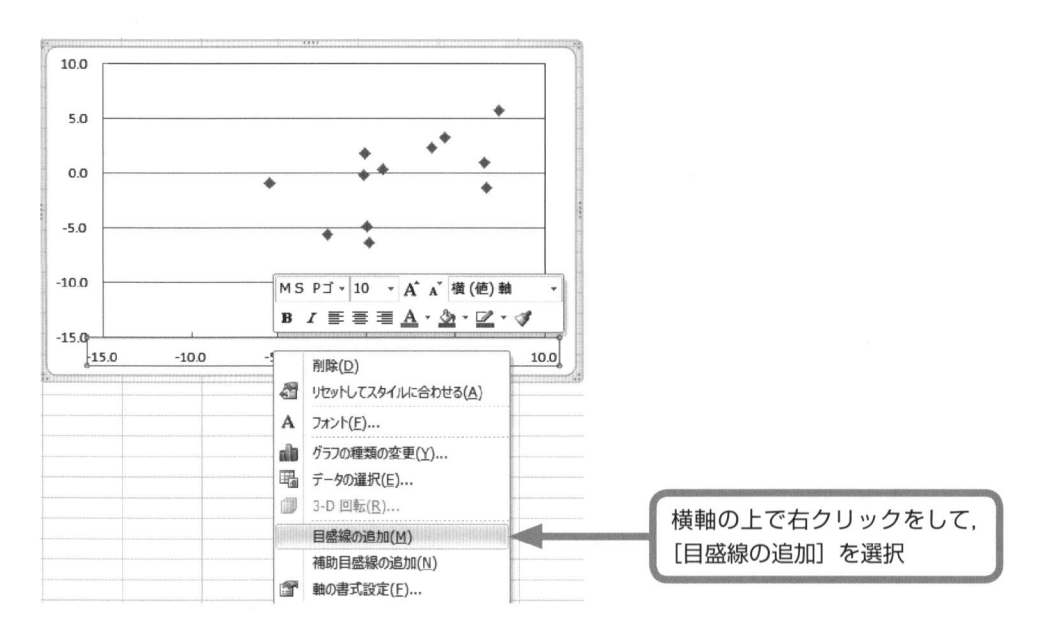

[最小値]，[最大値]，[目盛間隔]を[固定]にして，適当な数字を入力する（ここでは，横軸と縦軸共に−10，10，5にしている）

[目盛の種類]を[内向き]にする

[縦軸との交点]で[軸の値]を選択し，[最小値]と同じ値を入力する（ここでは−10）

横軸の上で右クリックをして，[目盛線の追加]を選択

☞ 散布図を美しく見せるための工夫

(1) 散布図では，軸の長さと目盛の有無を横軸と縦軸で同一にすることが多く，グラフの形は正方形が一般的である。
(2) 初期設定では，縦軸と横軸の交点が0同士になるため，修正前のグラフのように軸が中心部で交差することになり，数字が見にくいうえに散布図として一般的な形ではない。そのため，以下のように［縦（横）軸との交点］を［最小値］と同じ値にすることで，横軸を下，縦軸を左に配置し直している。
(3) ここで作成している散布図は，個々の点（マーカー）の位置関係の区別を重視しているため，Step⑥で地域別にマーカーの形を変えて，Step⑦で個別にマーカーを識別するためのラベル名を表示しており，それぞれの値が分かりやすいように目盛線を入れている。
(4) しかし散布図は，点の集合全体での形を見るものでもあるので，下図のように点の数が多い時などは，細かい数字にそれほど意味がなく，横軸・縦軸共に目盛線をなしにする。

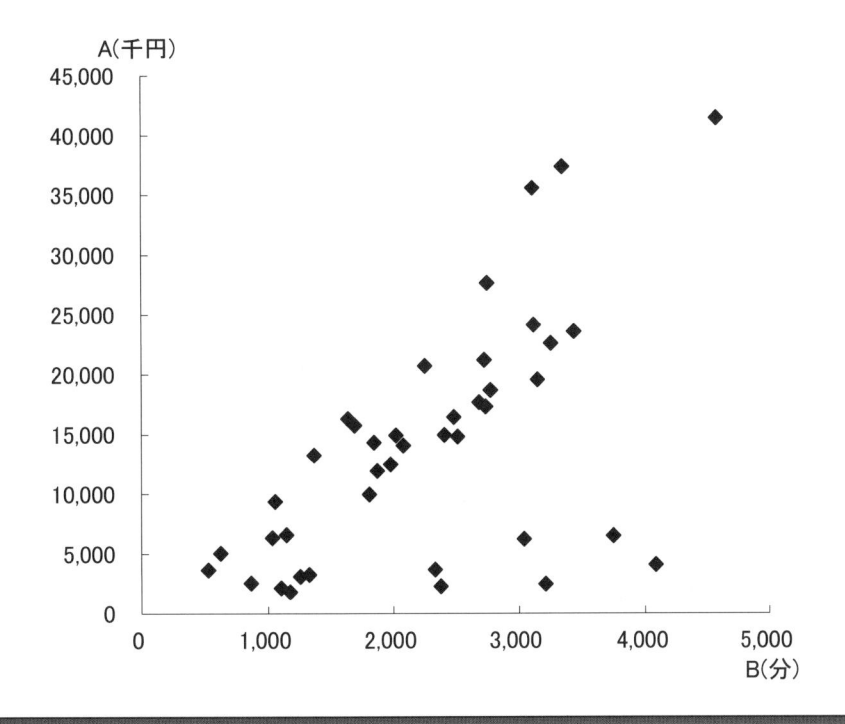

Step⑥ マーカーの表示を整える

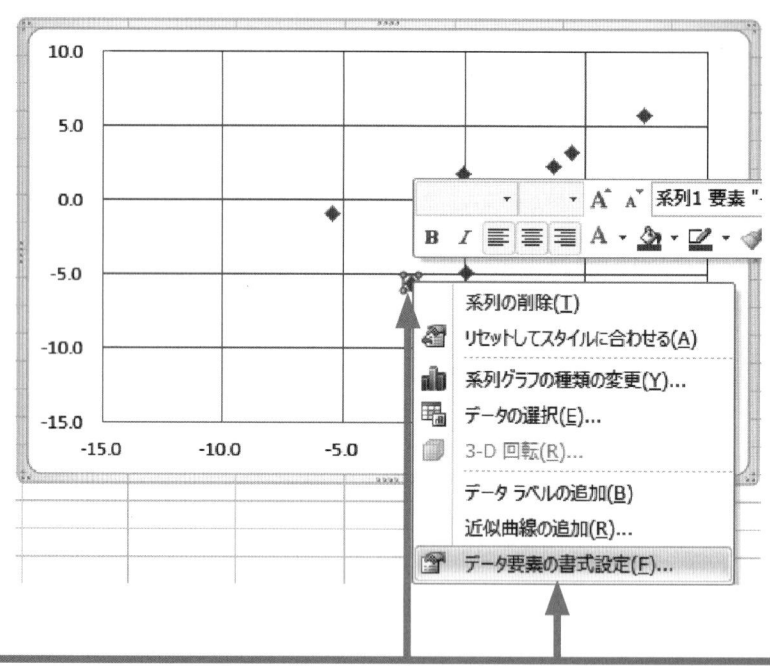

変更したいマーカーを1回クリックすると全てのマーカーが選択されるため，そのままもう1回クリックをして，1つだけ選択された状態にし，そのマーカーの上で右クリックをして，[データ系列の書式決定]を選択（ここでは関東地方のデータを◆，近畿地方のデータを◇にしている　リンク 39ページ「☞線を美しく見せるための工夫」）

基本編（3） 散布図のつくり方　47

Step⑦　データラベルを設定する

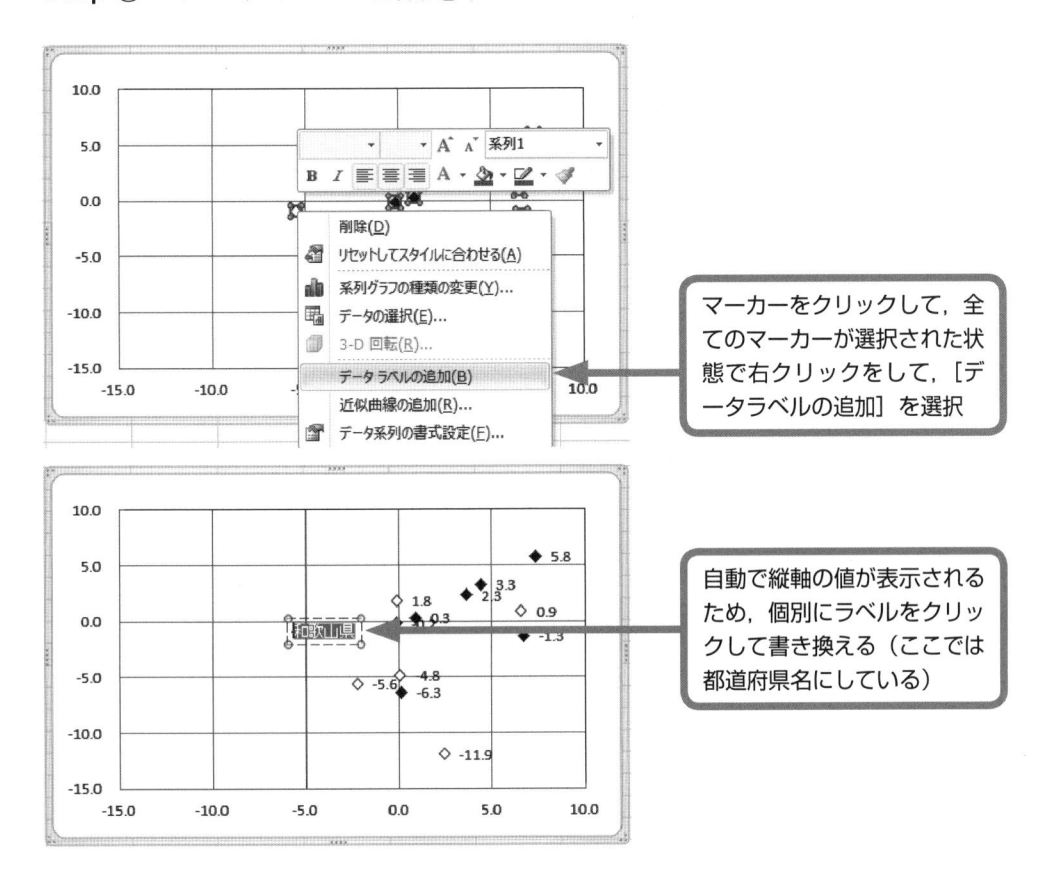

> マーカーをクリックして，全てのマーカーが選択された状態で右クリックをして，[データラベルの追加]を選択

> 自動で縦軸の値が表示されるため，個別にラベルをクリックして書き換える（ここでは都道府県名にしている）

Step⑧　縦軸（横軸）に単位をつける

リンク　32ページ「基本編（1）　Step⑤」

Step⑨　各要素の大きさを調整し，全体のバランスを取る

リンク　35ページ「基本編（1）　Step⑦」

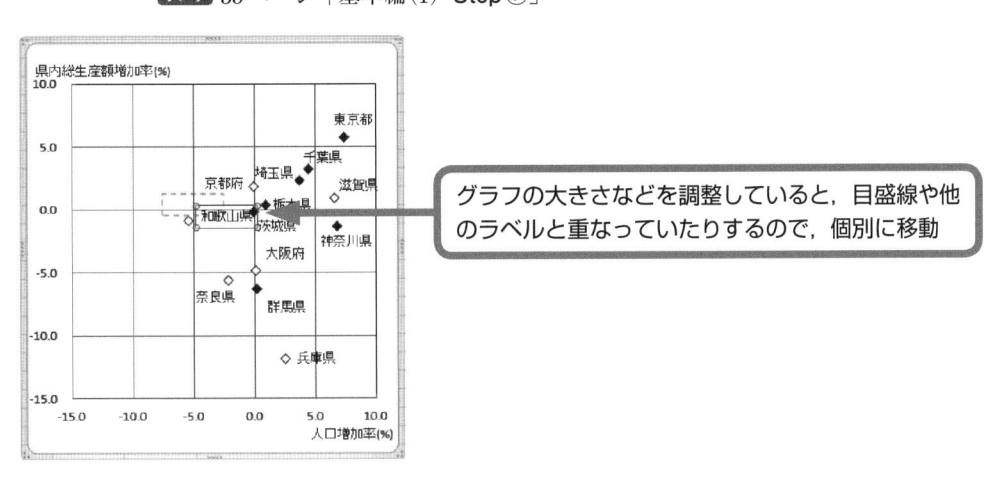

> グラフの大きさなどを調整していると，目盛線や他のラベルと重なっていたりするので，個別に移動

基本編(4)　表のつくり方

　表は，棒グラフや折れ線グラフのような図よりも細かい数値を示したい場合に用いられる（リンク 177ページ「そもそも図か表か」）。そのため，小数点や桁区切り，パーセント表示など，数値を適切な形式で表すこと，見えやすい配置にすることなどが重要になってくる。

```
─────────── 作成の手順 ───────────
Step①　データを入力する
Step②　［桁区切り］を入れる
Step③　小数点以下の桁数を表示する
Step④　パーセント表示にする
Step⑤　セル内の配置を整える（センタリングとセル内改行）
Step⑥　セル内の配置を整える（縦書きのセル）
Step⑦　セル内の配置を整える（数値の位置調整）
Step⑧　列（行）幅を調整する
Step⑨　罫線を引く
```

		ごみ総排出量（トン／年)		人口	1人あたり排出量（グラム／日）	排出量の増減指数	所属する広域連合
		2005年	シェア	2005年	2005年	2005年	
人口増加都市	長野市	151,258	19.1%	378,512	1,095	113.0	長野
	松本市	110,649	14.0%	227,627	1,332	111.1	松本
	諏訪市	24,765	3.1%	53,240	1,274	108.4	諏訪
	駒ヶ根市	8,921	1.1%	34,417	710	73.4	上伊那
	茅野市	23,221	2.9%	57,099	1,114	118.9	諏訪
	塩尻市	33,800	4.3%	68,346	1,355	144.1	松本
	佐久市	27,615	3.5%	100,462	753	81.4	佐久
	千曲市	21,941	2.8%	64,022	939	138.9	長野
	東御市	8,011	1.0%	31,271	702	120.7	上田
	安曇野市	31,448	4.0%	96,266	895	141.1	松本
人口減少都市	上田市	56,797	7.2%	163,651	951	83.9	上田
	岡谷市	20,637	2.6%	54,699	1,034	107.4	諏訪
	飯田市	32,955	4.2%	106,624	831	92.2	南信州
	須坂市	17,351	2.2%	53,668	886	101.2	長野
	小諸市	13.991	1.8%	45,499	842	100.1	佐久
	伊那市	21,716	2.7%	71,788	829	111.7	上伊那
	中野市	17,239	2.2%	46,788	1,009	152.6	北信
	大町市	10,450	1.3%	32,145	891	81.1	北アルプス
	飯山市	7,651	1.0%	24,960	840	84.6	北信
	長野県	790,265	100.0%	2,196,114	986	105.3	

基本編（4）表のつくり方　49

Step① データを入力する

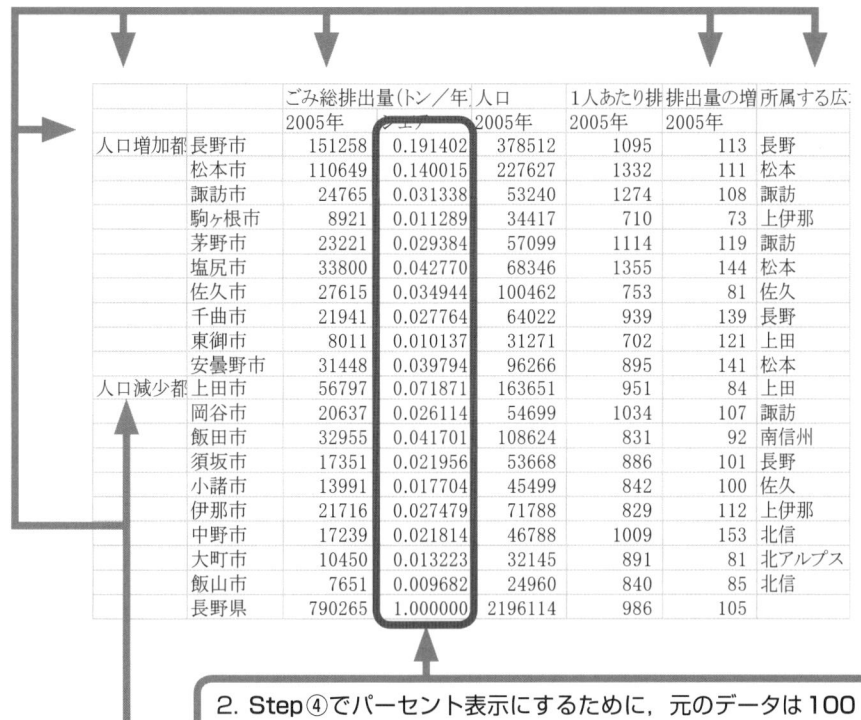

		ごみ総排出量(トン／年		人口	1人あたり	排出量の増	所属する広
		2005年	シェア	2005年	2005年	2005年	
人口増加都	長野市	151258	0.191402	378512	1095	113	長野
	松本市	110649	0.140015	227627	1332	111	松本
	諏訪市	24765	0.031338	53240	1274	108	諏訪
	駒ヶ根市	8921	0.011289	34417	710	73	上伊那
	茅野市	23221	0.029384	57099	1114	119	諏訪
	塩尻市	33800	0.042770	68346	1355	144	松本
	佐久市	27615	0.034944	100462	753	81	佐久
	千曲市	21941	0.027764	64022	939	139	長野
	東御市	8011	0.010137	31271	702	121	上田
	安曇野市	31448	0.039794	96266	895	141	松本
人口減少都	上田市	56797	0.071871	163651	951	84	上田
	岡谷市	20637	0.026114	54699	1034	107	諏訪
	飯田市	32955	0.041701	108624	831	92	南信州
	須坂市	17351	0.021956	53668	886	101	長野
	小諸市	13991	0.017704	45499	842	100	佐久
	伊那市	21716	0.027479	71788	829	112	上伊那
	中野市	17239	0.021814	46788	1009	153	北信
	大町市	10450	0.013223	32145	891	81	北アルプス
	飯山市	7651	0.009682	24960	840	85	北信
	長野県	790265	1.000000	2196114	986	105	

2. Step④でパーセント表示にするために，元のデータは100を掛けない値を入力する（1%ならば0.01）

1-1. Step⑤で，セル同士を結合して，複数のセルにまたがった項目表示をするため，結合したいセルのうち最も左上にあるセルに項目を入力しておく（セルの大きさは後で調整するので，最初は表示しきれていなくても問題ない）

1-2. 列ラベルの属性のうち，必要なものには単位を明記する（属性名の後に括弧で単位をつける方法のほかに，Step④のようにセル内に表示する方法もある）

Step② ［桁区切り］を入れる

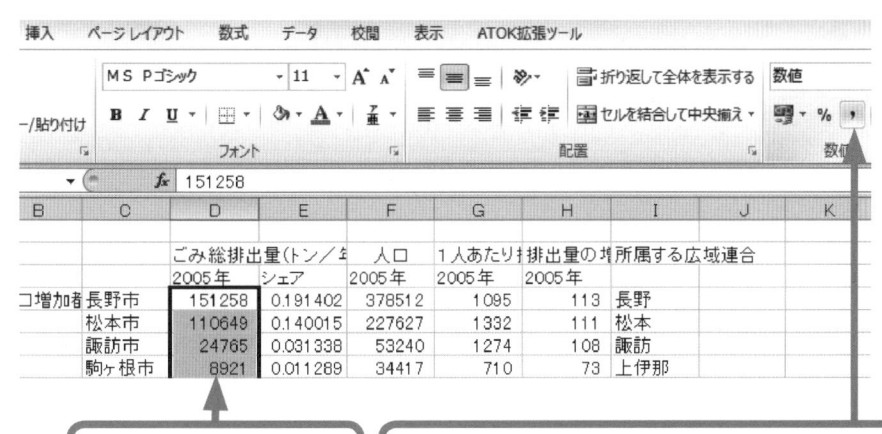

1. データ範囲を指定する

2. ［ホーム］→［数値］から［桁区切りスタイル］ボタンをクリックし，3桁ごとに区切りを入れる（ただし，西暦年を表示する際には桁区切りをしない）

Step③ 小数点以下の桁数を表示する

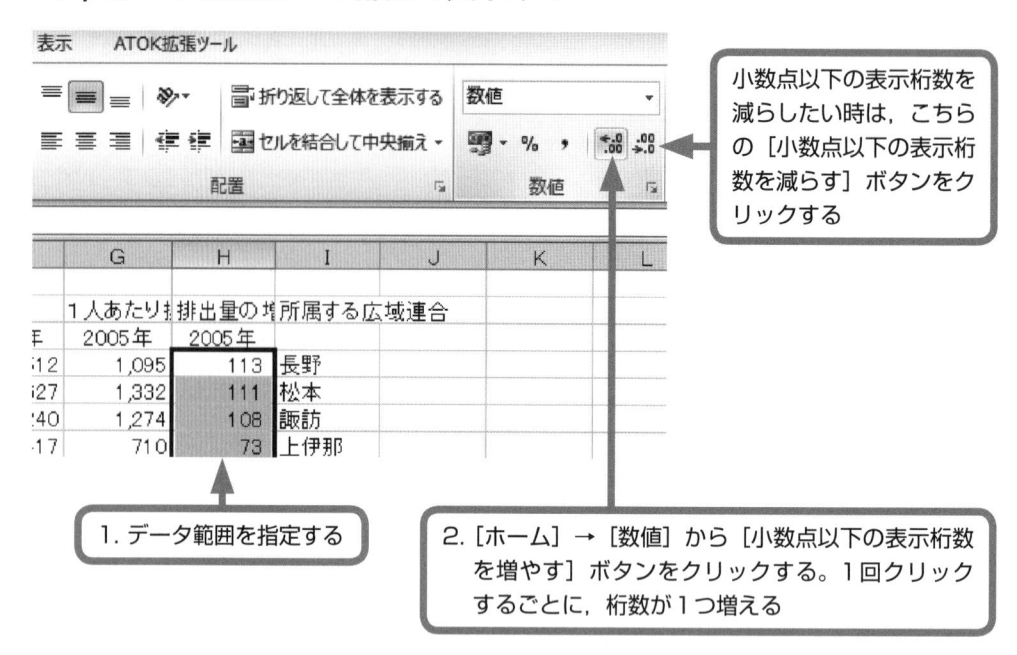

小数点以下の表示桁数を減らしたい時は，こちらの［小数点以下の表示桁数を減らす］ボタンをクリックする

1. データ範囲を指定する

2. ［ホーム］→［数値］から［小数点以下の表示桁数を増やす］ボタンをクリックする。1回クリックするごとに，桁数が1つ増える

Step④ パーセント表示にする

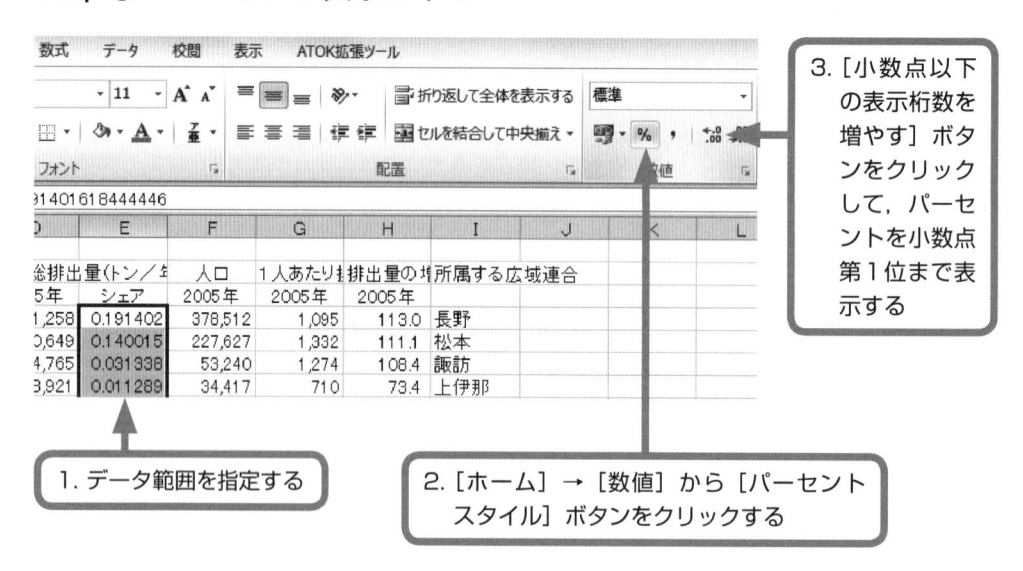

3. ［小数点以下の表示桁数を増やす］ボタンをクリックして，パーセントを小数点第1位まで表示する

1. データ範囲を指定する

2. ［ホーム］→［数値］から［パーセントスタイル］ボタンをクリックする

☞ **小数点の使い分け**

（1）人口のように，小数点以下にはならない数字の場合，「100.0」のように小数点以下を表示せず，「100」というように表示する。
（2）小数点以下になりうる数字の場合は，小数点第1位まで表示するのが一般的である。

基本編（4）表のつくり方　51

Step⑤　セル内の配置を整える（センタリングとセル内改行）

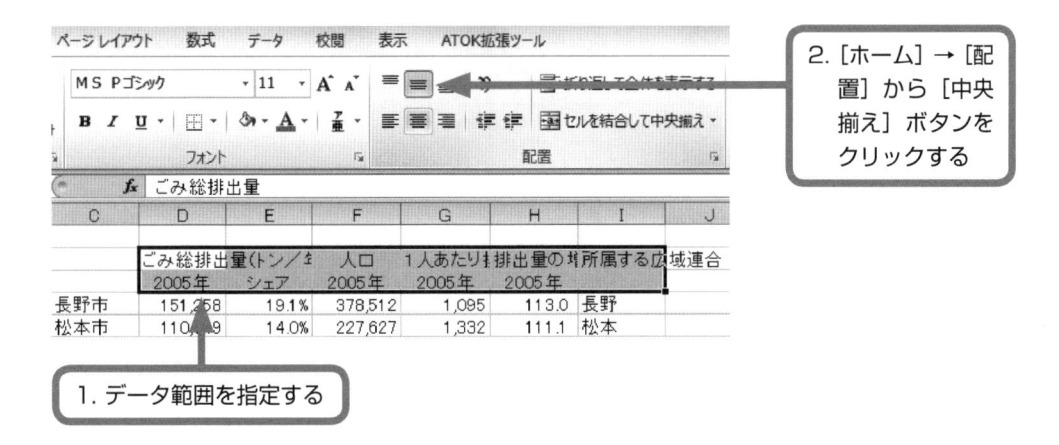

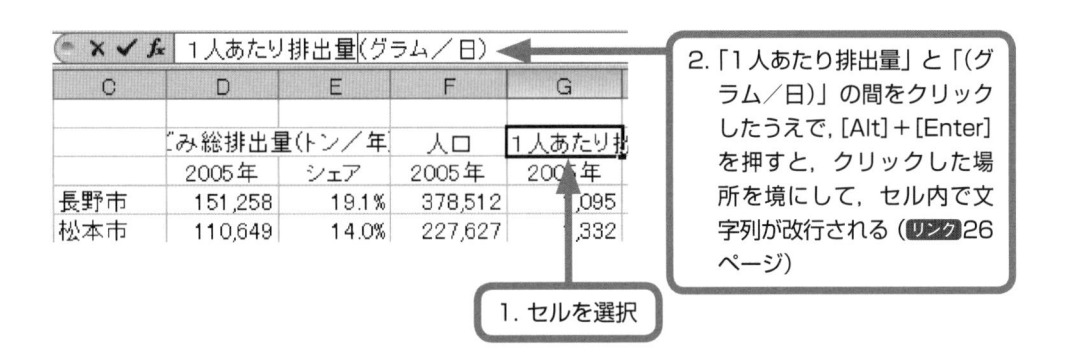

1. データ範囲を指定する

2. ［ホーム］→［配置］から［中央揃え］ボタンをクリックする

2.「1人あたり排出量」と「（グラム／日）」の間をクリックしたうえで，［Alt］＋［Enter］を押すと，クリックした場所を境にして，セル内で文字列が改行される（リンク 26ページ）

1. セルを選択

Step⑥　セル内の配置を整える（縦書きのセル）

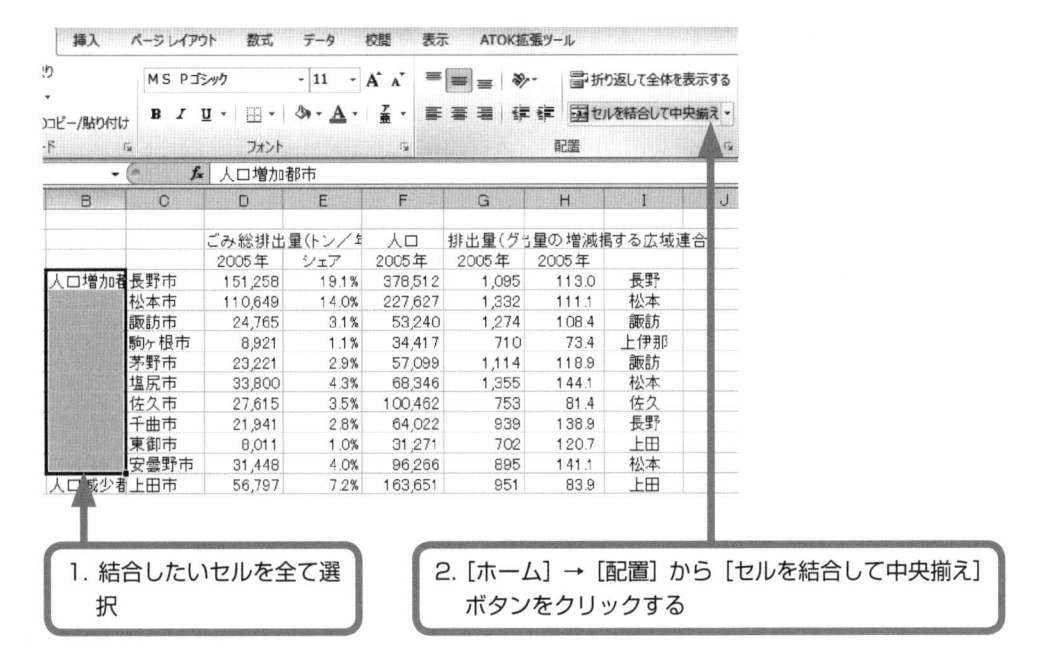

1. 結合したいセルを全て選択

2. ［ホーム］→［配置］から［セルを結合して中央揃え］ボタンをクリックする

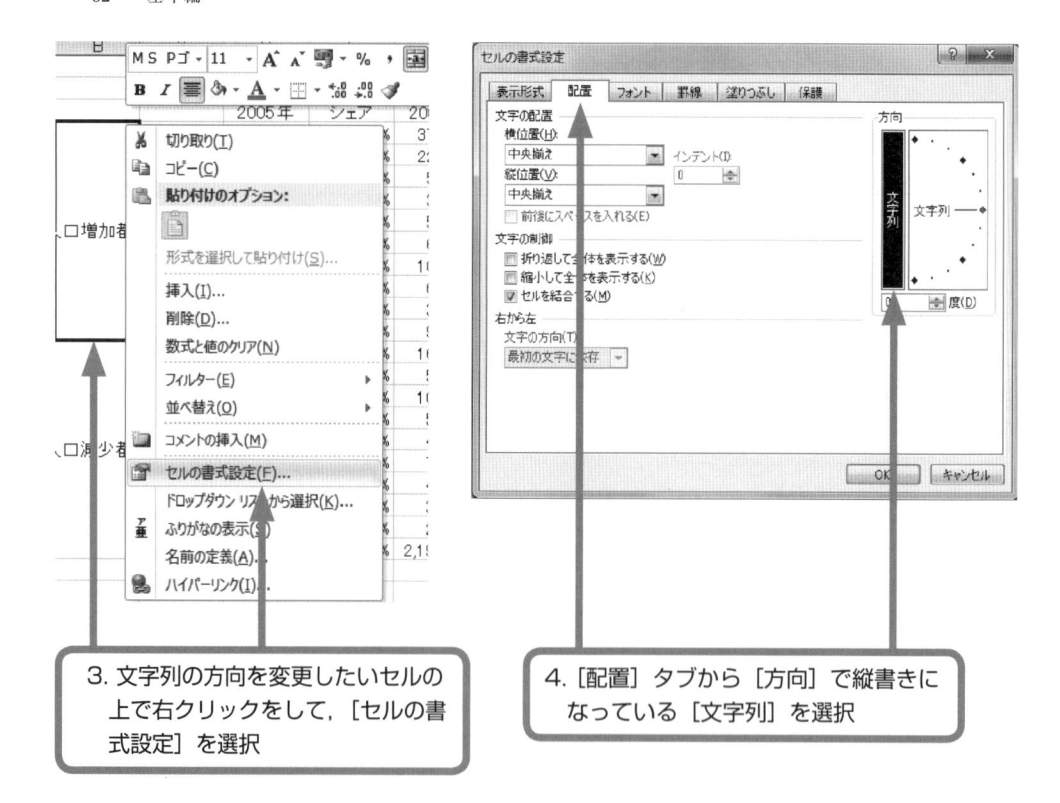

3. 文字列の方向を変更したいセルの上で右クリックをして，[セルの書式設定] を選択

4. [配置] タブから [方向] で縦書きになっている [文字列] を選択

Step⑦ セル内の配置を整える（数値の位置調整）

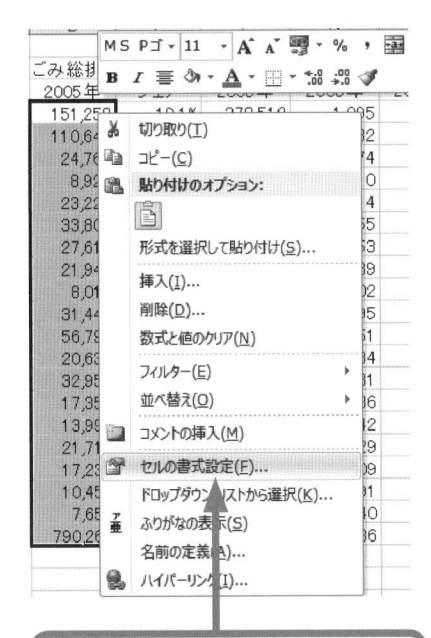

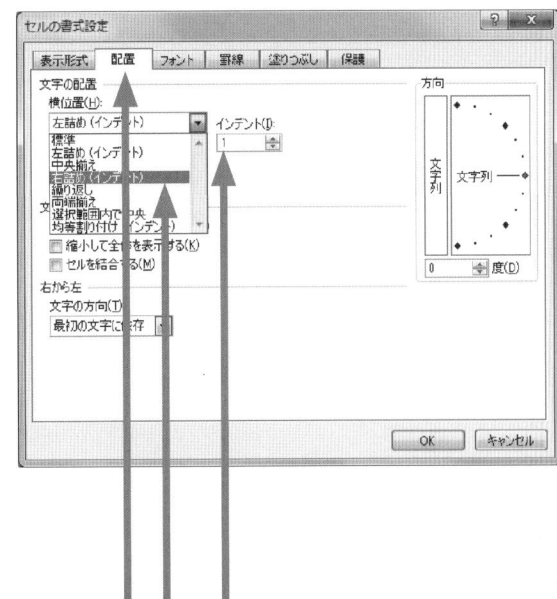

1. 数値の位置を変更したいセルの上で右クリックをして，[セルの書式設定] を選択

2. [配置] タブから [文字の配置] の [横位置] で [右詰め（インデント）] を選択し，[インデント] を「1」にする（初期値は0）

☞ 表を美しく見せるための工夫

(1) 列の項目名（ここでは各種の属性）は [中央揃え] に，行の項目名（ここでは市町村名）は [左揃え] にすると見やすくなる。
(2) データについては，文字を [中央揃え]，数値データを [右揃え] にすると見やすくなる。
(3) あまりに項目名が横長になると全体のバランスが崩れるため，適度にセル内で改行する。
(4) 数値データは右揃えにすると，場合によっては中央揃えした列の項目名と位置がずれて見えにくくなるので，その場合は上の図のように，インデントを用いて位置を調整する。

Step⑧　列（行）幅を調整する

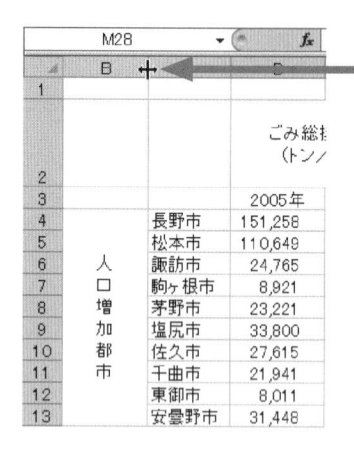

列番号（A, B, C……）の間にマウスカーソルを移動すると，両側矢印が表示されるので，この状態でダブルクリックをすると，両側矢印の左側の列（ここではB列）の幅が，この列にあるセルに含まれる文字の幅に合わせて自動で調整される

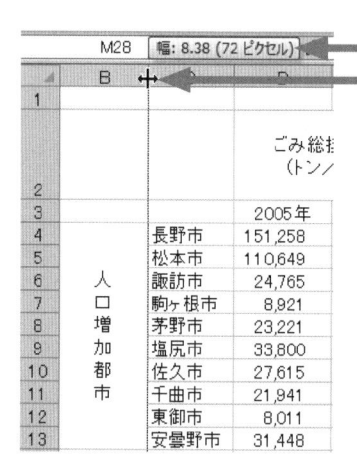

自動ではなく，手動で列幅を変更したい場合，両側矢印が表示された状態でクリックをすると，その右上に列幅の長さ（ここでは8.38（72ピクセル））が表示されるので，この状態でカーソルを左右にドラッグすると，両側矢印左側の列（ここではB列）の幅が伸縮する

☞ 行幅の調整法

　行幅を変更する際の操作も，列幅を変更する操作に準じる。この場合，両側矢印の上側の行（ここでは第3行）が操作対象になる。

操作したい行番号の下にマウスカーソルを合わせる

基本編（4）表のつくり方　55

Step⑨　罫線を引く

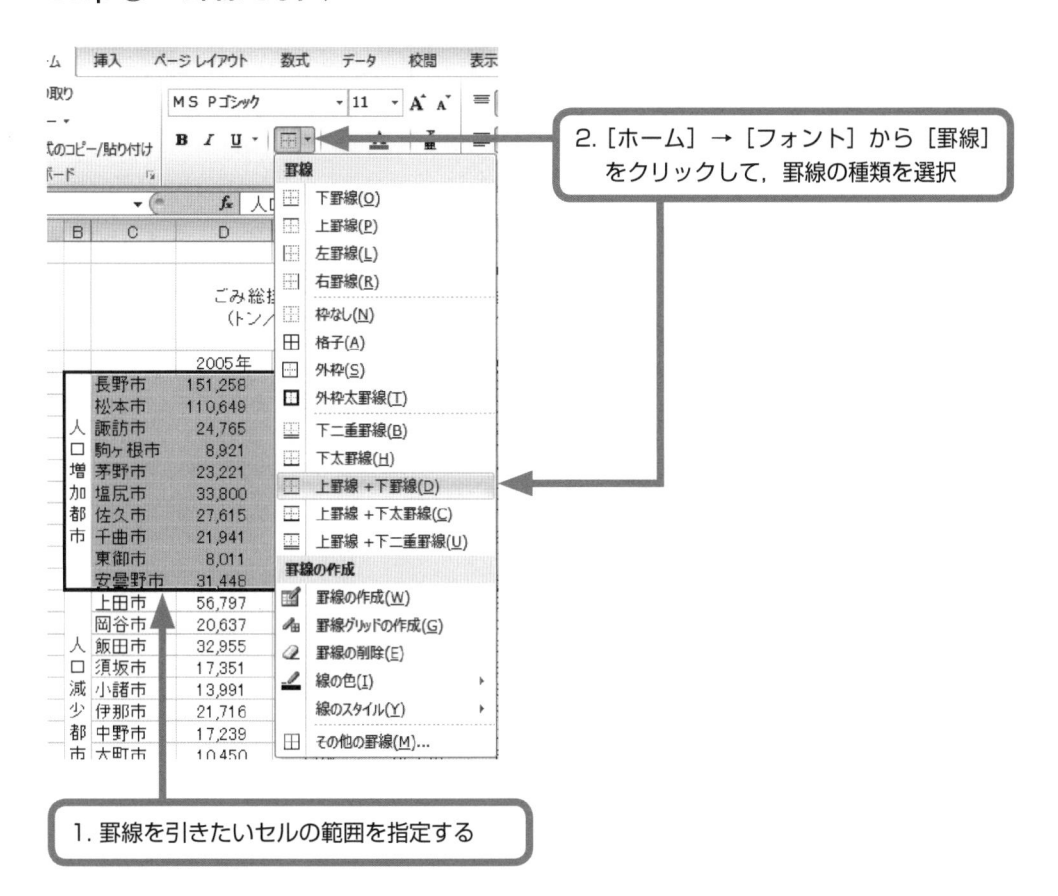

1. 罫線を引きたいセルの範囲を指定する

2. ［ホーム］→［フォント］から［罫線］をクリックして，罫線の種類を選択

☞ 罫線を引く位置

　罫線は見やすさを考慮して，表全体の左右，表の内部は罫線を引かないことが一般的である。ただし，［合計］など他の数値と区別する必要がある場合は，罫線で区分する。

基本編(5)　その他のグラフ

　Excelは，ここまでの基本編で紹介してきた棒グラフや折れ線グラフだけでなく，さまざまなグラフをつくることができる。種類が豊富なのでぜひ挑戦してみよう。ここでは，地域分析で比較的多く用いられる円グラフ，面グラフ，ドーナツ図，バブル図，レーダーチャートの特徴とつくり方を簡単に紹介する。

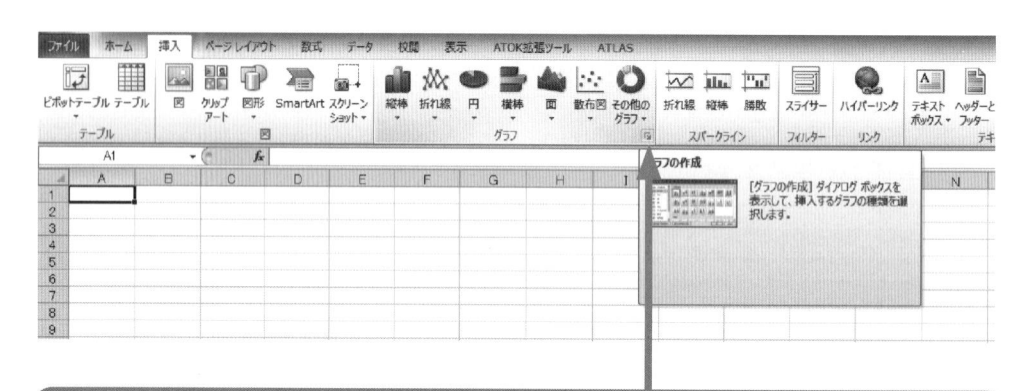

［挿入］タブにある［グラフ］メニューの右下にあるマークをクリックすると，「グラフの挿入」のダイアログボックスが表示され，Excelで作成できる図の一覧が表示される

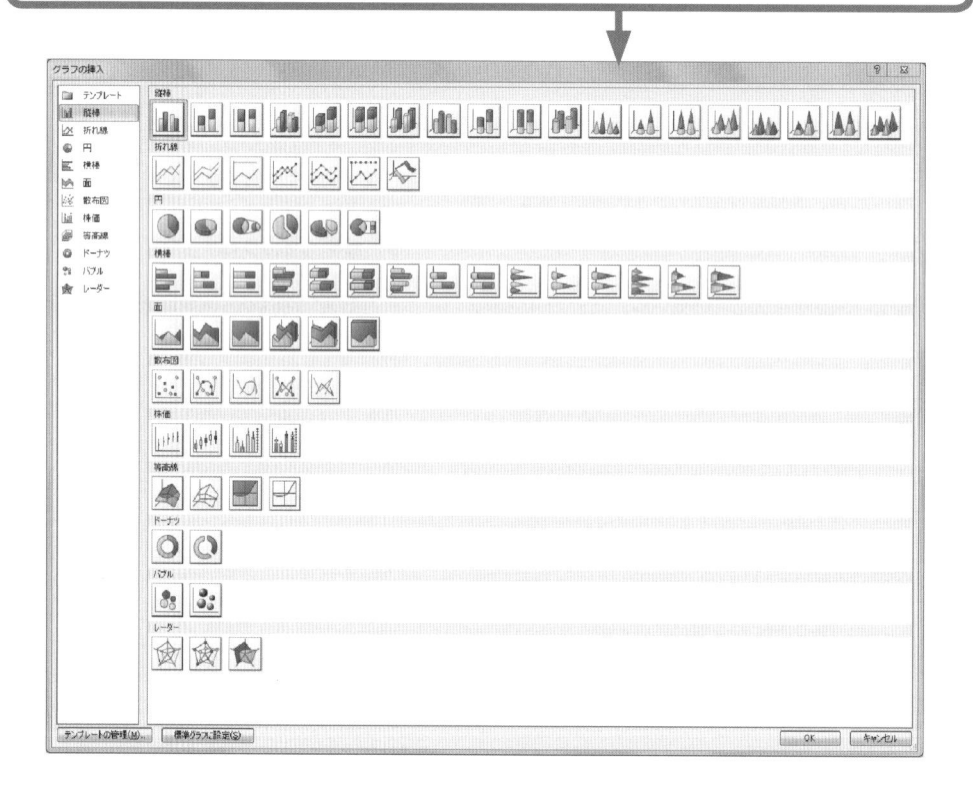

1 円グラフ

●グラフの用途

円グラフは，主に全体が100％になるようなデータを用いて，その構成比を示すときに利用される。

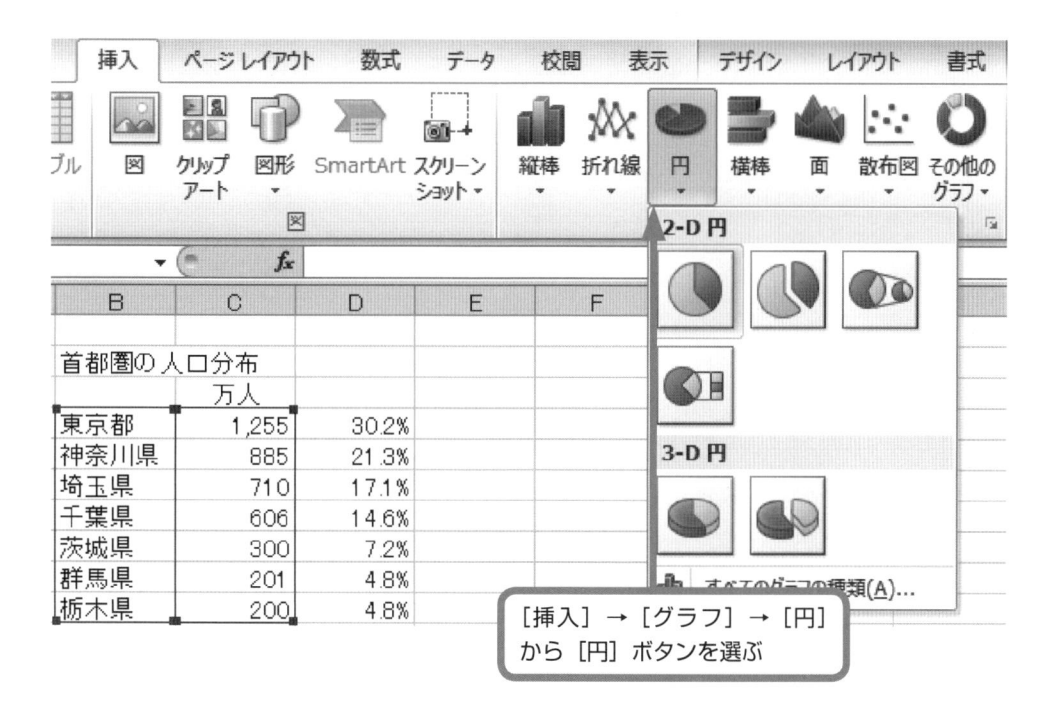

［挿入］→［グラフ］→［円］から［円］ボタンを選ぶ

●作図の工夫

円グラフは，12時を頂点とし，データのウェイトが大きい順に時計回りで表現される。実数とパーセンテージを併記することが望ましい。

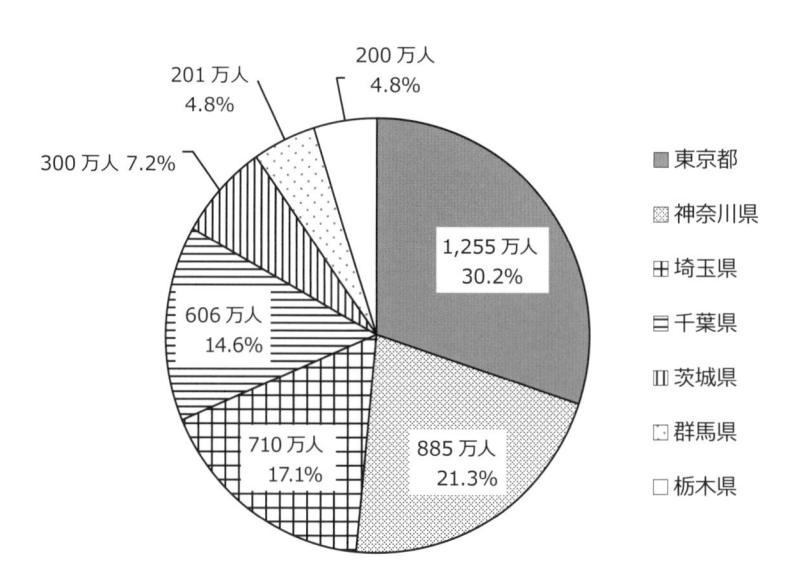

2 面グラフ

●グラフの用途

面グラフは，量的なデータを表示する1つの手段であり，時系列データの変動を示すときに使われる。棒グラフよりも視覚的にインパクトを持つことが特徴である。

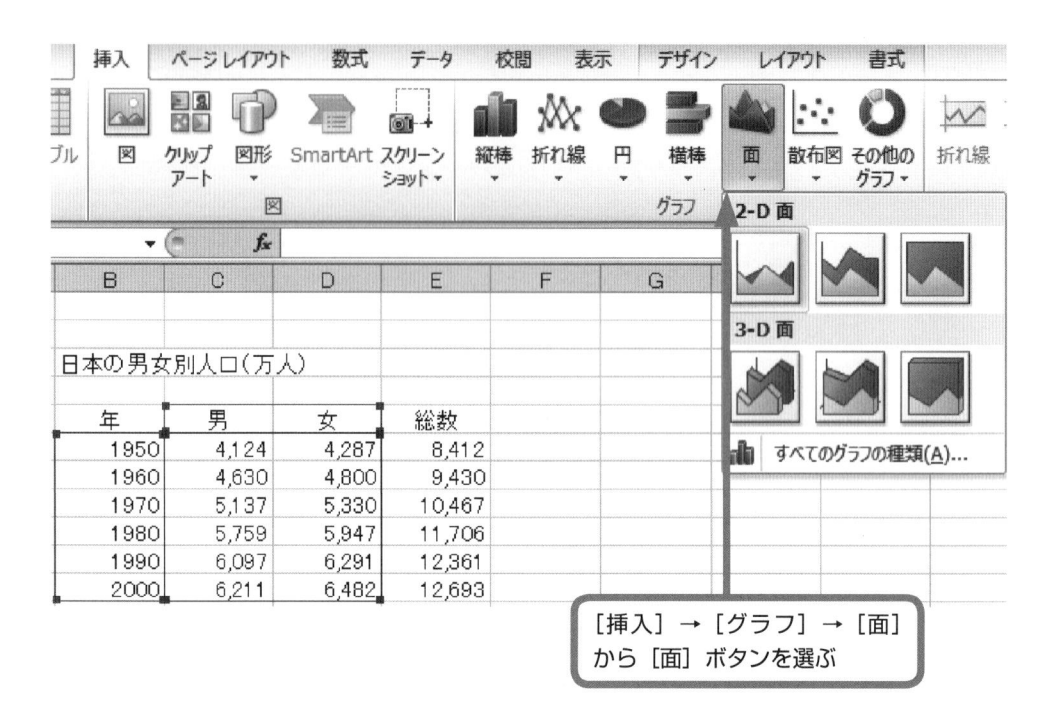

［挿入］→［グラフ］→［面］から［面］ボタンを選ぶ

●作図の工夫

面グラフにおける視覚効果では，2D以外にも3Dで表示するほうがインパクトを持つことがある。ただし，面グラフでは表示範囲が棒グラフや線グラフなどに比べて大きくなるので，適切な表示方法を心がける必要がある。

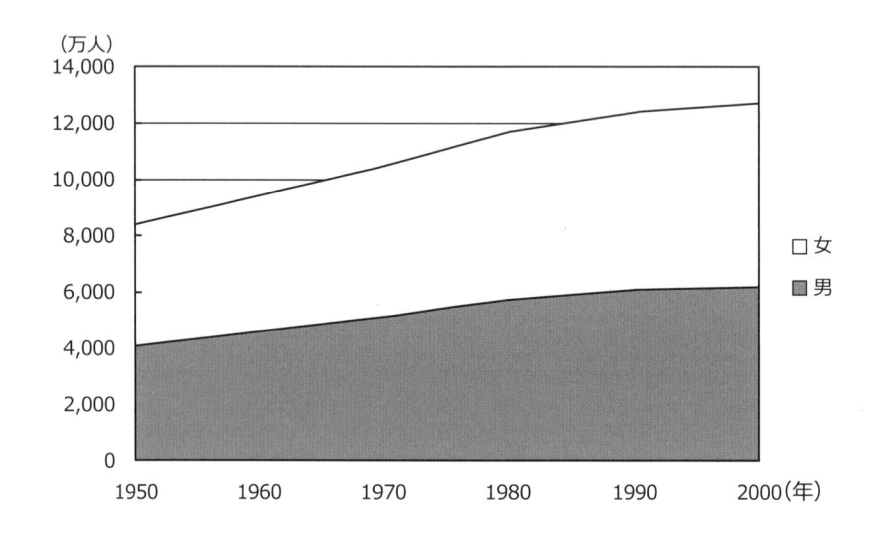

3 ドーナツ図

●グラフの用途

ドーナツ図は，全体に対する構成比を示すことができる点で円グラフと似ているが，複数系列を示すことができるというメリットがある。

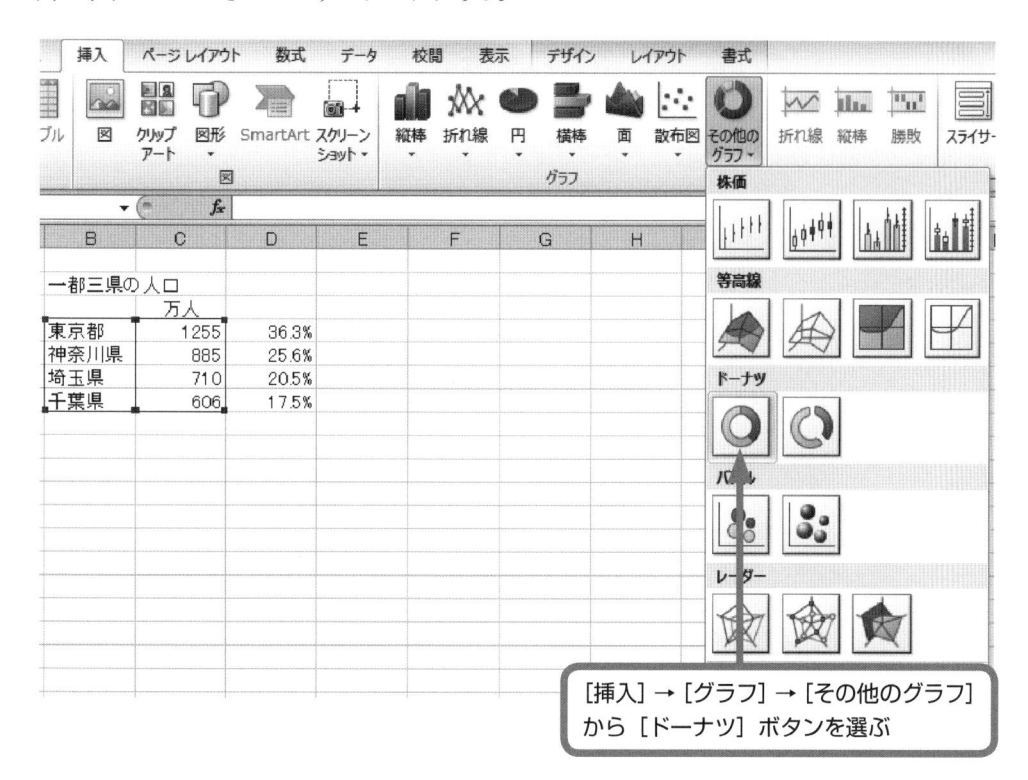

［挿入］→［グラフ］→［その他のグラフ］から［ドーナツ］ボタンを選ぶ

●作図の工夫

ドーナツ図は，例示のような一系列での値の関係や比較だけでなく，内側の円に別の系列データを示すこともできる（リンク 94-95ページ「実践編❶-14」）。

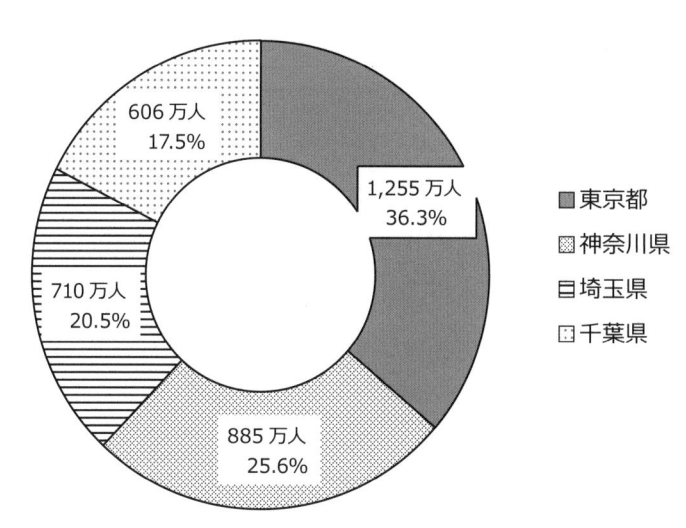

4 バブル図

●グラフの用途

バブル図は，散布図と似ているが，2つの系列ではなく3つの系列の値を比較するのに適している。3つ目の値はバブルマーカーのサイズで示されることになる。

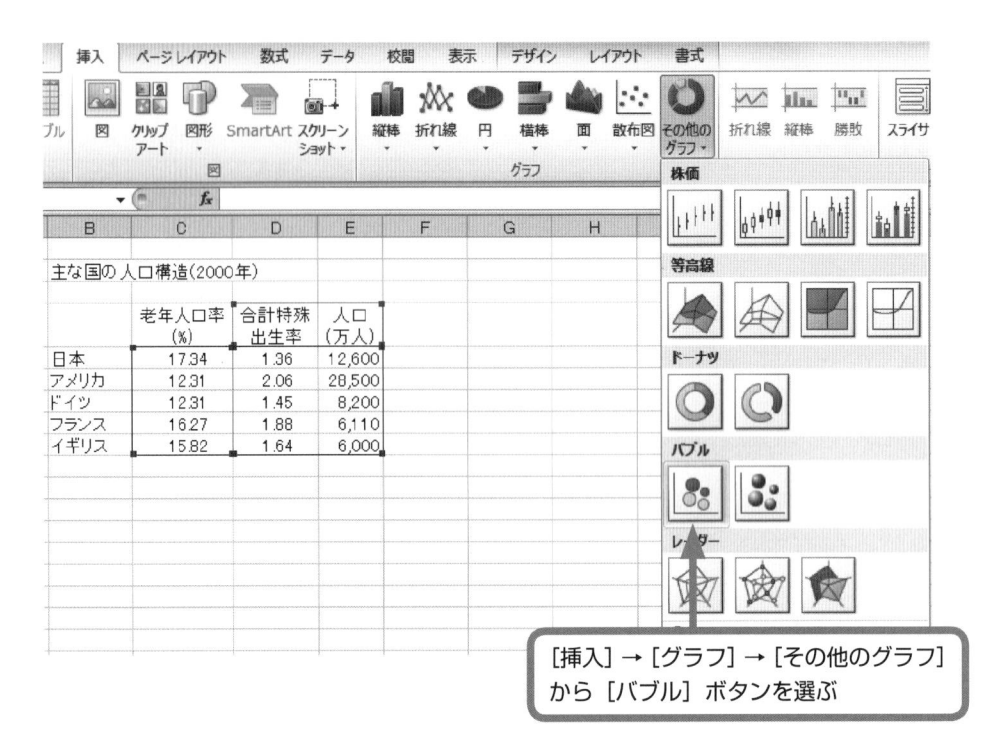

[挿入] → [グラフ] → [その他のグラフ] から [バブル] ボタンを選ぶ

●作図の工夫

例示のバブル図では，縦軸が合計特殊出生率，横軸が老年人口率，バブルマーカーのサイズが人口を示している。データが3つの系列の組合せの場合，散布図よりもバブル図のほうが適しているケースが多い。

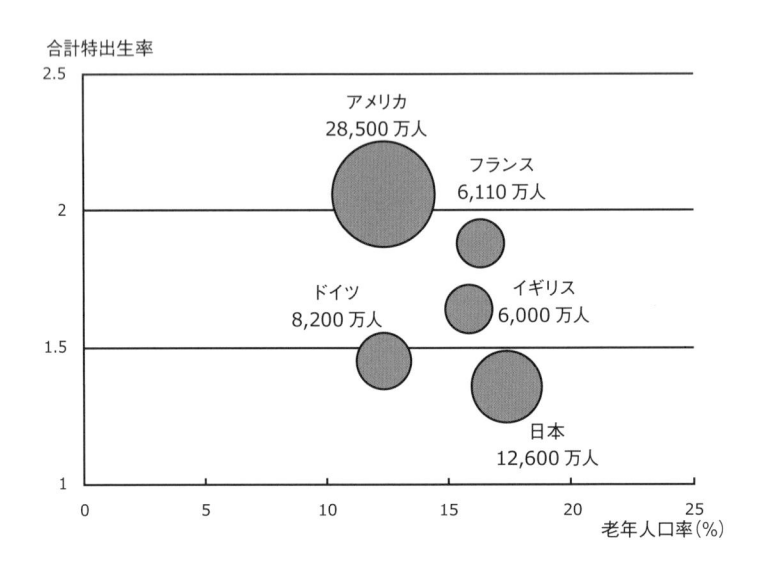

5 レーダーチャート

●グラフの用途

レーダーチャートは，中心点からの距離によって比率を示し，全体の形状が意味を持つ。複数の国・地域・都市における値の比率を比較するのに適している。

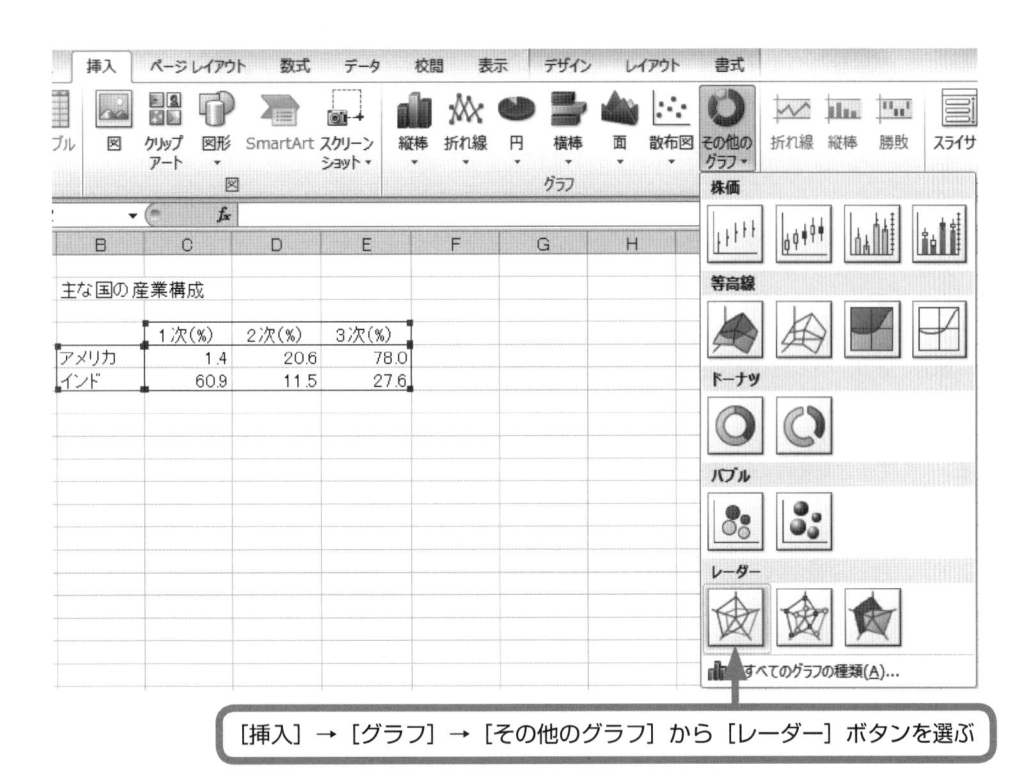

[挿入] → [グラフ] → [その他のグラフ] から [レーダー] ボタンを選ぶ

●作図の工夫

レーダーチャートは，それぞれの項目に対する比率を示し，それらを結んだ形状で比較するため，比較対象が多くなると表示が煩雑になる。また，形状が似ている場合も同様に表示が難しい。

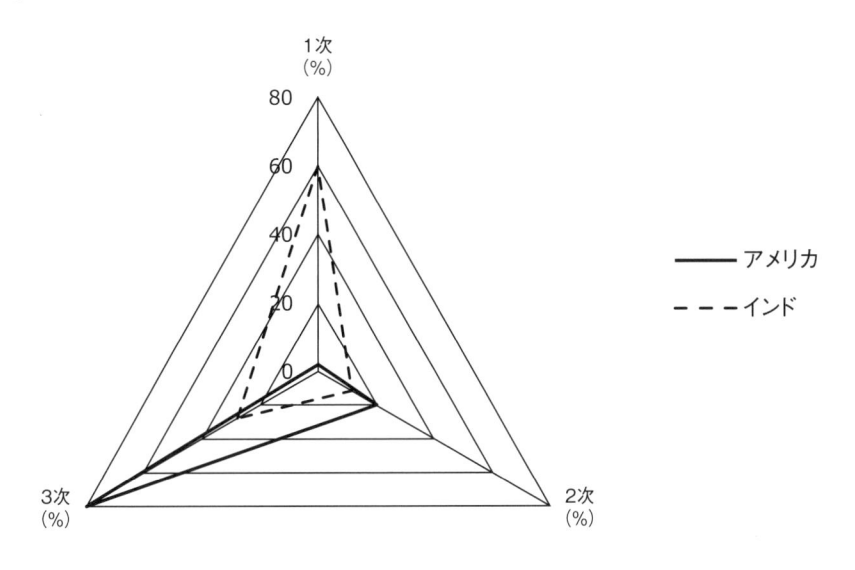

62　基本編

☞ 「並び替え」

　データの分析や表の作成にあたっては，入手したデータをそのままExcel上で処理するのではなく，適した順序に並び替える必要がある。右のように都道府県ごとの人口や面積をまとめた表の場合，北から順に並べて示す以外にも，人口の多い順，面積の広い順など用途によって求められる表のかたちは変わってくる。その際にはExcelの「並び替え」機能を利用する。

　右の上図はよく見られる地理行列で，都道府県コード順にデータが並べられている。これを人口の多い順に並び替える場合，図のように並び替えたい項目の列（図の例ではC列）のセルをアクティブにし，［ホーム］→［並び替えとフィルター］から［降順］を選択すると，自動で表の全体が選択されデータが並び替えられる。人口の少ない順の場合には［昇順］を選択する。

　地方ごとに，人口の多い順に並び替えるというような複数の項目をもとに並び替える場合には，［ホーム］→［並び替えとフィルター］→［ユーザー設定の並び替え］を使用する。「最優先されるキー」を選択した後，［レベルの追加］ボタンから「次に優先するキー」を追加することができる。

　また，空欄があったりするためにうまく表全体が自動で選択されない場合には，必要な範囲を自分で選択したうえで並び替えをする。

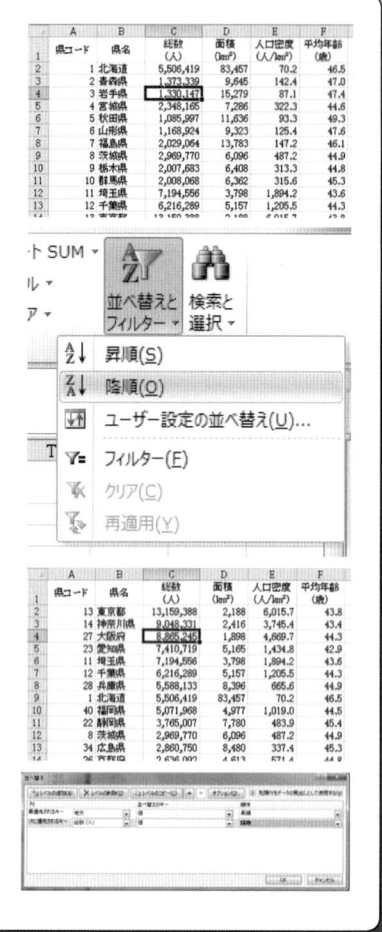

実践編

　実践編では，基本編までで学んだ基本的な図表づくりの作法をベースにして，図表の種類別に使用目的と作成手順について学び，実際に論文・レポートで用いる際に気をつけるべきポイントについて解説する。実践編は4つのパートに分かれており，パート1ではよく使われる16種類の「基本的な図表」を，パート2では使用頻度はそれほど多くないものの重要度の高い10種類の「応用的な図表」を取り上げる。パート3は地域分析で定番となっている「指標・係数・モデル」について計算手順を学び，パート4では「多変量解析」について考え方と結果の読み方等を紹介する。辞書的な手引きとして用いることが可能なように，実践編は項目ごとで完結した構成になっている。なお，サンプルの出典については，193-194ページにまとめて掲載した。

●実践編の目次

PART		図表の名称	テーマ	分野
❶基本的な図表	1	集合棒グラフ	都市間の昼夜間人口を比べよう	人口　都市　全般
	2	積み上げ棒グラフ	農家数と構成の変化を示そう	農業　全般
	3	100％積み上げ棒グラフ	産業構成を地域間で比べよう	工業　全般
	4	3D棒グラフ	産業データを立体的に表現してみよう	工業　全般
	5	積み上げ折れ線グラフ	自治体の歳入構成の変化を示そう	行財政　全般
	6	100％積み上げ折れ線グラフ	産業構成の変化を見てみよう	全般
	7	補助縦棒付き円グラフ	部分拡大して内訳を見やすくしよう	人口　全般
	8	箱ひげ図	項目ごとの変動幅を図示しよう	社会　全般
	9	ヒストグラム	売場面積別に店舗数の分布を見てみよう	商業　全般
	10	2軸の折れ線グラフ	単位や水準の異なるデータの推移を比べよう	商業　全般
	11	棒と折れ線の複合グラフ	人口と高齢化率の推移を見てみよう	人口　社会　全般
	12	比例円グラフ	輸送量と構成の変化を見てみよう	交通観光　全般
	13	軌跡のある散布図	複数地域の位置づけと変化を図示しよう	社会　都市
	14	多重ドーナツ	産業構成の内訳を見てみよう	工業　全般
	15	円記号による主題図	市町村別の人口規模を地図的に表現しよう	人口　全般
	16	記号を含んだ表	立地と機能から事業所を分類してみよう	工業　全般
❷応用的な図表	1	人口ピラミッド	人口構成を図化しよう	人口
	2	対数グラフ	都市の順位と規模の関係を見てみよう	都市　全般
	3	樹形図	都市システムを表現してみよう	都市　全般
	4	OD表	地域間の流動を行列で示そう	全般
	5	流線図	貿易の流れを把握しよう	全般
	6	バブルチャート	通勤流動のトレンドを整理してみよう	交通観光　人口
	7	面積グラフ	貨物輸送の実績を図化しよう	農業　全般
	8	暦図	農作物や労働者のスケジュールを整理しよう	農業　工業
	9	変遷図	企業の立地を時系列で示そう	商業　工業　全般
	10	工程図	生産や流通の流れを図化しよう	工業　商業
❸指標・係数・モデル	1	特化係数	地域の得意な産業を探ろう	工業　商業　全般
	2	コーホート分析	人口構成の変化を推計しよう	人口
	3	ジニ係数	産業の地域的な偏りを見てみよう	社会　人口
	4	修正ウィーバー法	構成比から地域を特徴づけよう	農業　工業
	5	シフトシェア分析	雇用の成長要因を分析しよう	工業　社会
	6	B／N分析	地域を支える経済活動を分析しよう	工業　農業　商業
	7	重力モデル	地域間の結びつきを測定しよう	人口　交通観光
	8	ハフモデル	買い物行動を予測しよう	商業　交通観光
❹多変量解析	1	基本統計量	データの特徴を把握しよう	全般
	2	相関係数	地域データの相互関係を明らかにしよう	行財政　全般
	3	回帰分析	人口規模から小売販売額を予測しよう	商業　全般
	4	因子分析と主成分分析	少ない変数で事象を説明しよう	全般
	5	クラスター分析	類似した地域をまとめて分類しよう	全般
	6	ネットワーク分析	社会的なつながりを定量化しよう	全般

●実践編の読み方

- **図表の名称とテーマ，主に活用される分野，図表の種類を表示**
- **図表の特徴や，作成に適した目的などの説明（PART❸と❹のグループは分析やモデルの解説も記載）**
- **左ページの図表を作成する手順の説明**

PART❶ 基本的な図表
1 集合棒グラフ：都市間の昼夜間人口を比べよう

棒　折れ線　円　地布図　茎　2軸　複合　その他

●目　的
　基本編では単一のデータに関する棒グラフの作成方法を学んだ。本章で説明する集合棒グラフを用いると，項目ごとに（地域別や年次別に）データが複数ある場合に，同一項目の棒グラフを集約して表示させることができる。
　ここでは，広域中心都市別（札幌市，仙台市，広島市，福岡市）に夜間人口（常住人口）と昼間人口を並べて表示させてみよう。下の図1のように集合棒グラフを用いることによって，仙台市と福岡市では昼間人口が夜間人口に比べて大幅に上回っているのに対して，札幌市と広島市では昼間人口と夜間人口との間に大きな差異がないことが明瞭にみてとれる。

●使用データ
夜間人口，昼間人口（2005年）／国勢調査

図1　広域中心都市の夜間人口と昼間人口（2005年）
（国勢調査により作成）

●作成手順
　まずグラフを作成するために下の表のようにデータを整理する。
　つづいて項目名を含めた全データを選択し，Excelメニューから［挿入］→［縦棒］をクリックする。そして，「2-D縦棒」のなかの「集合縦棒」を選択すると，集合棒グラフが同じシート内に表示される。グラフを見やすくするため，以下のように項目軸や凡例を修正する。

	A	B	C
1	広域中心都市	夜間人口	昼間人口
2	札幌	1,876	1,894
3	仙台	1,020	1,088
4	広島	1,144	1,174
5	福岡	1,385	1,571

①グラフツールの中から，軸ラベルをクリックし，主横軸ラベルを設定する。X軸の項目名を「広域中心都市」と入力する。
②次に，軸ラベルをクリックし，主縦軸ラベルを設定する。Y軸の項目名を「人口（千人）」と入力する。「千人」や「百万人」のように，項目名には必ず単位をつける。
③同一項目内で棒グラフが判別できるように，棒グラフの色や塗りつぶしなどを修正する。
④凡例の大きさや位置などを適宜設定する。

●ワンポイント
　X軸として年次を設定することにより，複数のデータに関して時系列変化をみることも可能となる。しかし，同一項目に表示させるデータが多すぎると，非常に見づらいグラフになってしまう。その場合には，以下で説明する積み上げ棒グラフや折れ線グラフなどを用いて表現してみよう。

●集合棒グラフのサンプル

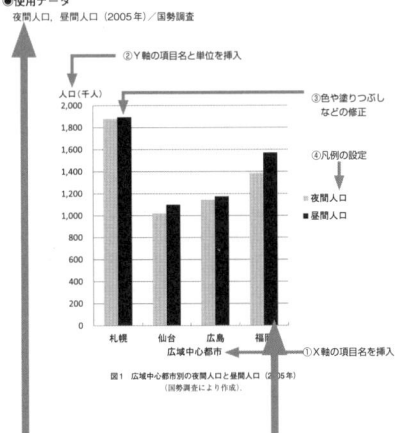

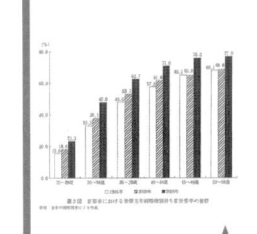

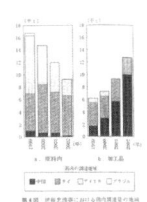

- **図表を作成するために用いたデータの説明**
- **次ページ以降の手順で作成された図表の完成見本**
- **図表を作成する際の工夫や注意点を説明**
- **実際の論文で利用されている例（出典は193–194ページにまとめて掲載）**

PART❶ 基本的な図表
1 集合棒グラフ：都市間の昼夜間人口を比べよう

人口 都市 全般　　　　　　　　　**棒** 折れ線 円 散布図 表 2軸 複合 その他

●目　的
　基本編では単一のデータに関する棒グラフの作成方法を学んだ（リンク 28-35ページ）。ここで説明する集合棒グラフを用いると，項目ごとに（地域別や年次別に）データが複数ある場合に，同一項目の棒グラフを集約して表示させることができる。

　ここでは，広域中心都市別（札幌市，仙台市，広島市，福岡市）に夜間人口（常住人口）と昼間人口を並べて表示させてみよう。下の図1のように集合棒グラフを用いることによって，仙台市と福岡市では昼間人口が夜間人口に比べて大幅に上回っているのに対して，札幌市と広島市では昼間人口と夜間人口との間に大きな差異がないことが明瞭にみてとれる。

●使用データ
　夜間人口，昼間人口（2005年）／国勢調査

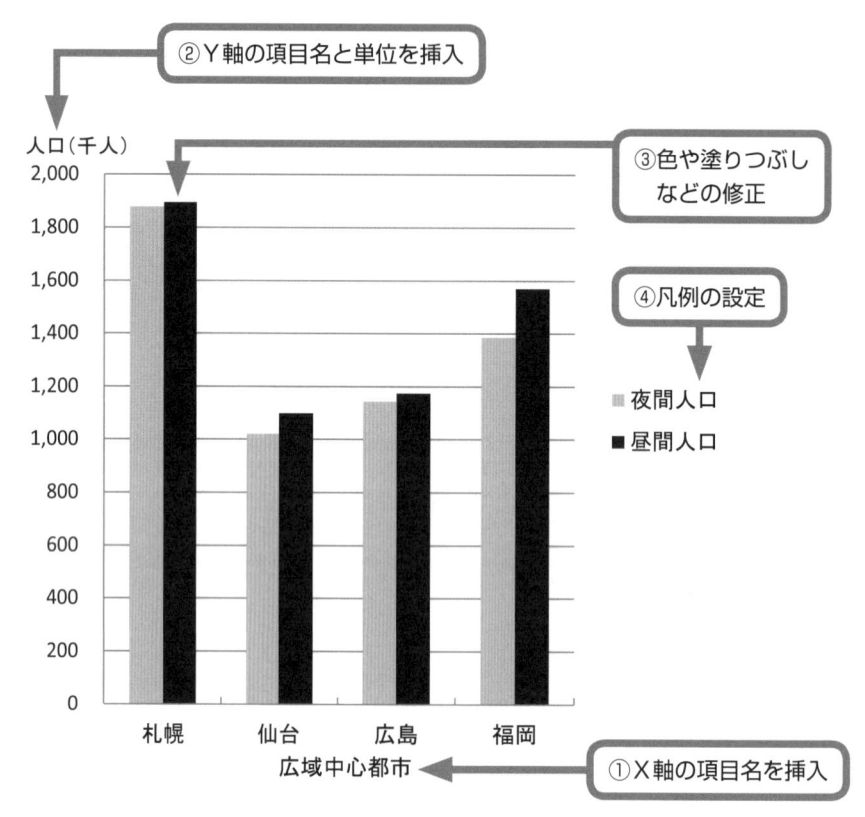

図1　広域中心都市別の夜間人口と昼間人口（2005年）
（国勢調査により作成）．

●作成手順

　まずグラフを作成するために下の表のようにデータを整理する。つづいて項目名を含めた全データを選択し，メニューから［挿入］→［縦棒］をクリックする。そして，「2-D縦棒」のなかの「集合縦棒」を選択すると，集合棒グラフが同じシート内に表示される。グラフを見やすくするため，以下のように項目軸や凡例を修正する。

	A	B	C
1	広域中心都市	夜間人口	昼間人口
2	札幌	1,878	1,894
3	仙台	1,020	1,099
4	広島	1,144	1,174
5	福岡	1,385	1,571

① グラフツールの中から，軸ラベルをクリックし，主横軸ラベルを設定する。X軸の項目名を「広域中心都市」と入力する（リンク32ページ）。
② 次に，軸ラベルをクリックし，主縦軸ラベルを設定する。Y軸の項目名を「人口（千人）」と入力する。「千人」や「百万人」のように，項目名には必ず単位をつける。
③ 同一項目内で棒グラフが判別できるように，棒グラフの色や塗りつぶしなどを修正する（リンク34ページ）。
④ 凡例の大きさや位置などを適宜設定する。

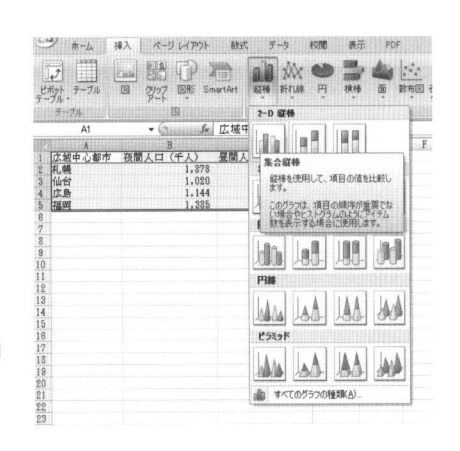

●ワンポイント

　X軸として年次を設定することにより，複数のデータに関して時系列変化を見ることも可能となる。しかし，同一項目に表示させるデータが多すぎると，非常に見づらいグラフになってしまう。その場合には，次に説明する積み上げ棒グラフ（リンク68-69ページ）や折れ線グラフ（リンク36-41ページ）などを用いて表現してみよう。

●集合棒グラフのサンプル

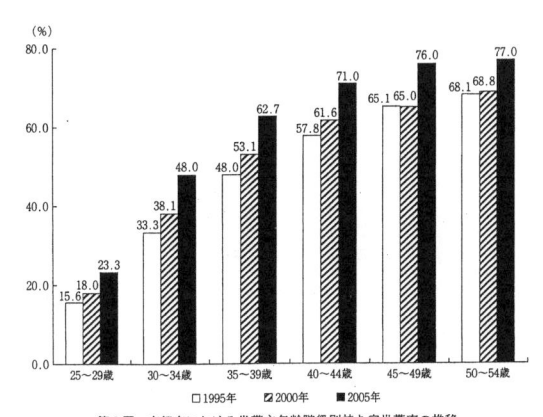

第3図　京都市における世帯主年齢階級別持ち家世帯率の推移
資料：各年の国勢調査により作成．

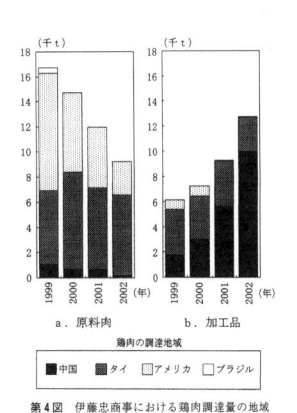

第4図　伊藤忠商事における鶏肉調達量の地域別変化（1999〜2002年）
Figure 4. Changes in the procurement quantity of chicken products by region by ITO-CHU Corporation, 1999-2002.
資料：伊藤忠商事資料により作成．

PART❶ 基本的な図表
2 積み上げ棒グラフ：農家数と構成の変化を示そう

`農業` `全般`　　　　　　　　　　**棒** 折れ線 円 散布図 表 2軸 複合 その他

●目的

　積み上げ棒グラフは，複数の要素のデータを積み上げて表示するので，各要素の数と同時に全体の数を表現することができる。

　ここでは，日本の農家戸数の推移を農家の種類別（専業農家，第1種兼業農家，第2種兼業農家）に表示させてみよう。単純に農家数の合計を棒グラフで示してもよいが，農家といってもさまざまな種類の農家があり，多様な農家を一緒くたに表示するよりは，種類別に表示したほうが変化の内容が分かりやすい。たとえば，日本の農家戸数が全体的に減っているが，農家は専業農家と兼業農家，兼業農家はさらに第1種専業農家（農業収入を主とする農家）と第2種専業農家（農業収入を従とする農家）に分けられ，このうち特に第2種兼業農家の戸数の減少数が大きいことをが見てとれる。

●使用データ

　専業農家数，第1種兼業農家数，第2種兼業農家数／農林業センサス

図1　専業農家数と兼業農家数の推移
（農林業センサスにより作成）．

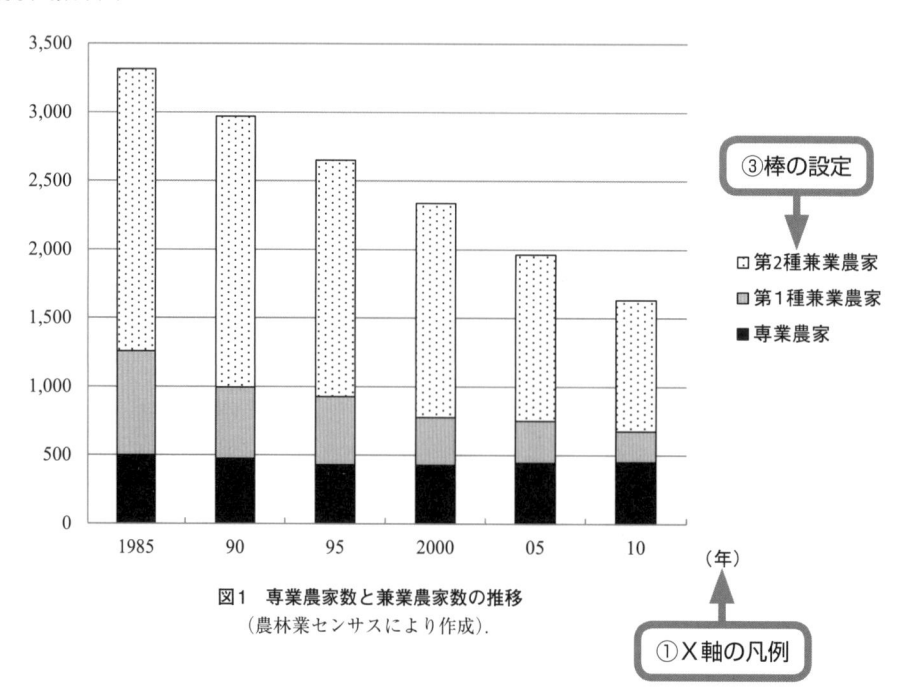

実践編 PART ❶ 基本的な図表　69

●作成手順

　左ページの図のX軸は時間軸であるが，X軸は地域分類などでもかまわない。たとえば，X軸に都道府県ごとに分類したある年の専兼業別農家戸数をとれば，地域ごとの違いが分かる。Y軸には基本的に数値データを使用する。

　積み上げ棒グラフでは，どの項目を棒の下部に表示し，どの項目を棒の上部に表示するのかを考えなければならない。下の表は，左ページの図の元データである。両方の図を見比べてみると，表の左の列の項目が積み上げ棒の1番下に位置することが分かる。

①X軸には通常，様々な分類や時間（年，月，日）をあてる。
②Y軸は，必ず数値データにする。桁数が大きくなる場合は，適当な単位に変換する。図1の場合は，単位を「千戸」にしている。
③データの値が小さい項目は，棒の高さが低くなって見えにくくなる。その場合は補助線を使用するとよい。

	A	B	C	D
1				
2		専業農家	第1種兼業農家	第2種兼業農家
3	1985年	498	759	2058
4	1990年	473	521	1977
5	1995年	428	498	1725
6	2000年	426	350	1561
7	2005年	443	308	1212
8	2010年	451	225	955

●ワンポイント

　積み上げ棒グラフは，実数のデータを示すものであるが，実数よりも比率を表現したい場合は，100％積み上げ棒グラフ（リンク 70-71ページ）を使用する。棒の凡例が多くなりすぎると図が煩雑になるので注意しよう。凡例が多くなる場合は，図の目的に応じてカテゴリーを統合してもよい。たとえば，図1の第1主兼業農家と第2種兼業農家を統合して兼業農家として図を作成して，専業農家と兼業農家の推移を示すこともできる。

　なお，農家の区分は，1995年の農林業センサスから「主業農家」「準主業農家」「副業的農家」という新しい区分が導入されているが，ここでは長期的な推移を見るために，古い区分を用いている。

●積み上げ棒グラフのサンプル

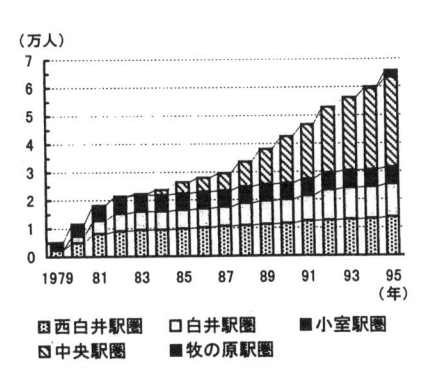

図2　千葉ニュータウンにおける地区別入居者数の推移
（住都公団資料の各年3月末の入居者数により作成）．
Fig. 2　Number of residents by area in Chiba New Town

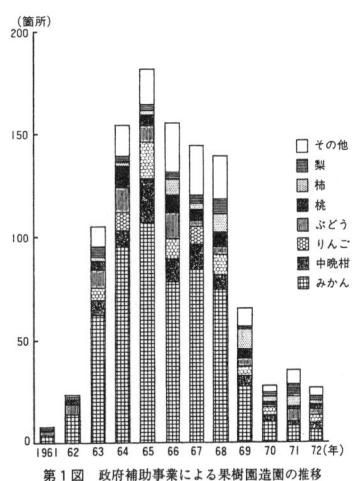

第1図　政府補助事業による果樹園造園の推移
注）対象としたのは，1961～72年に着工し，1983年度までに完了した事業である．
資料：農用地開発事業総覧，農業構造改善事業実績総覧．

PART❶ 基本的な図表
3　100%積み上げ棒グラフ：産業構成を地域間で比べよう

[工業] [全般]　　　　　　　　　　　　　　**棒** 折れ線　円　散布図　表　2軸　複合　その他

●目　的
　100%積み上げ棒グラフとは，あるものの内訳を，数量ではなく割合で表示した棒グラフである。全体の規模が異なるものどうしの内訳を比較するのに適している。下の図1は，この100%積み上げ棒グラフを用いて，東北地方各県の工業従業者数について，「金属工業」「繊維工業」等の産業分類別の内訳を示し，東北地方全体や全国と比較したものである。

●使用データ
都道府県別の産業中分類別工業従業者数（2008年）／工業統計調査

（グラフ：東北地方各県の産業分類別工業従事者数の構成）

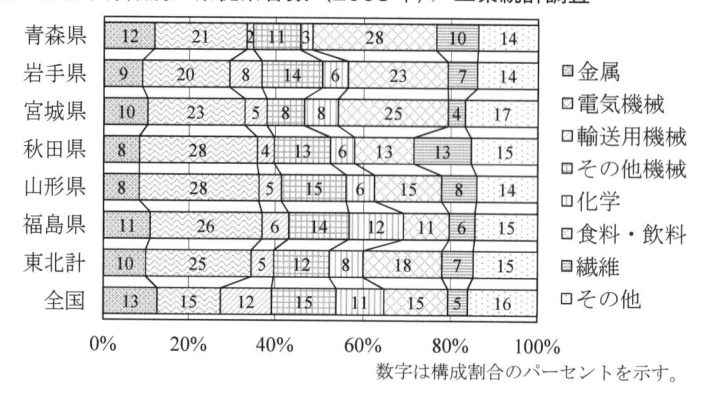

数字は構成割合のパーセントを示す。

図1　東北地方各県の産業分類別工業従事者数の構成（2008年）
（工業統計調査により作成）．

●作成手順
　100%積み上げ棒グラフを作るには，グラフに用いるデータ部分のセルを選択した状態で，［挿入］タブ→［グラフ］→［横棒］→［2-D横棒］→［100%積み上げ横棒］を選択する（縦棒グラフであれば，［縦棒］→［2-D縦棒］→［100%積み上げ縦棒］を選択する）。グラフ作成にあたっては，グラフ上にパーセンテージを表示するために，元のデータを加工してパーセンテージのデータを作成する（グラフ自体は元データのみからでも作成できる。リンク 76-77ページ）。

	A	B	C	D	E	F	G	H	I
1	産業分類別	工業従事者数（人）							
2	分類	青森県	岩手県	宮城県	秋田県	山形県	福島県	東北計	全国
3	金属	7,724	9,019	13,161	6,375	9,748	20,770	66,797	1,101,538
4	電気機械	13,967	20,533	28,995	21,337	33,165	49,540	167,537	1,285,331
5	輸送用機械	1,007	7,625	6,637	3,008	6,022	11,488	35,787	1,039,875
6	その他機械	6,941	13,805	10,771	9,773	17,327	25,962	84,579	1,268,191
7	化学	1,776	5,929	9,799	4,270	7,681	23,518	52,973	947,616
8	食料・飲料	18,461	23,051	32,377	10,431	18,155	20,141	122,615	1,279,795
9	繊維	6,252	6,768	4,997	10,233	9,550	11,195	48,995	399,076
10	その他	9,081	14,221	21,555	11,888	16,715	27,599	101,059	1,405,057
11	合計	65,209	100,951	128,292	77,315	118,363	190,212	680,342	8,726,479
12									
13	産業分類別	工業従事者数（構成比%）							
14	分類	青森県	岩手県	宮城県	秋田県	山形県	福島県	東北計	全国
15	金属	12	9	10	8	8	11	10	13
16	電気機械	21	20	23	28	28	26	25	15
17	輸送用機械	2	8	5	4	5	6	5	12
18	その他機械	11	14	8	13	15	14	12	15
19	化学	3	6	8	6	6	12	8	11
20	食料・飲料	28	23	25	13	15	11	18	15
21	繊維	10	7	4	13	8	6	7	5
22	その他	14	14	17	15	14	15	15	16
23	合計	100	100	100	100	100	100	100	100

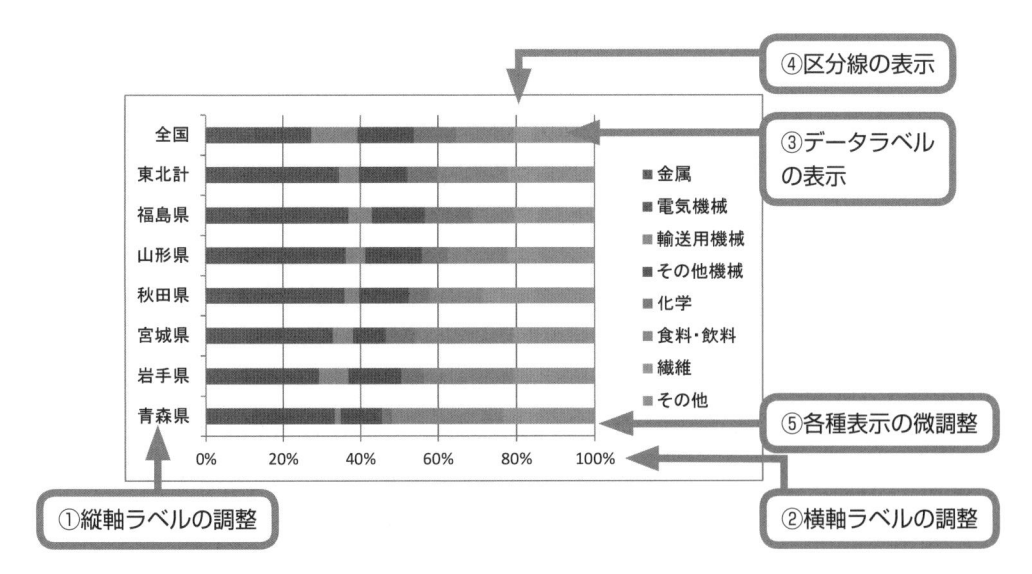

実践編 PART ❶ 基本的な図表　71

④区分線の表示
③データラベルの表示
⑤各種表示の微調整
①縦軸ラベルの調整
②横軸ラベルの調整

① 最初に表示されるグラフでは，左のセルの項目が下に配置される。この上下を逆転させるため，［レイアウト］→［軸］→［主縦軸］→［右から左方向で軸を表示］を選択する。また，［その他の主縦軸オプション］を開き，［軸のオプション］の［目盛の種類］欄で［なし］を選択し，縦軸の目盛を消す。

② ①の操作を行うと，パーセンテージを表示した横軸ラベルがグラフ上部に移動する。これを下部に戻すため，［レイアウト］→［軸］→［主横軸］→［その他の主横軸オプション］を開き，［軸のオプション］の［軸ラベル］欄で［上端/右端］を選択する。また①と同様の方法で，横軸の目盛を消す。

③ ［レイアウト］→［データラベル］→［中央］を選択して，グラフの各項目に数値を表示する。

④ ［レイアウト］→［線］→［区分線］を選択して，区分線を表示する。

⑤ 必要に応じて，グラフの太さや色の調整等を行う。特にグラフ上に数値を表示する場合は，グラフを太くした方がよい。グラフをクリック→右クリック→［データ系列の書式設定］を選択し，［系列のオプション］にある［要素の間隔］を小さく設定すると，グラフが太くなる（リンク 35ページ）。

● 100%積み上げ棒グラフのサンプル

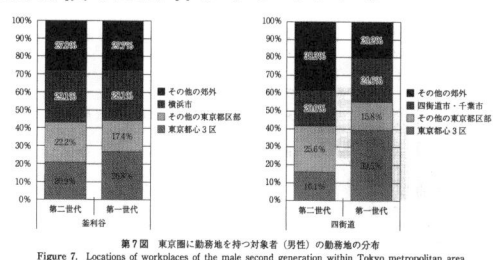

第7図　東京圏に勤務地を持つ対象者（男性）の勤務地の分布
Figure 7. Locations of workplaces of the male second generation within Tokyo metropolitan area
注）東京圏：千葉県，埼玉県，東京都，神奈川県．
資料：アンケート調査により作成．

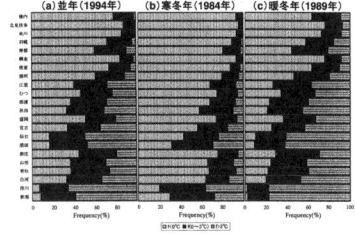

第11図　並年・寒冬年・暖冬年における0℃，3℃を閾値とした気温出現率

72　実践編

> **PART❶　基本的な図表**
> **4　3D棒グラフ：産業データを立体的に表現してみよう**
>
> 　工業　全般　　　　　　　　　　　　　　棒　折れ線　円　散布図　表　2軸　**複合**　その他

◉目　的

　手元にあるデータが，たとえばある産業の工場数データで，企業別の数とその立地地域別の数が分かるとしよう。その場合，データの軸は工場数の実数と合わせて3軸あることになる。また，ある産業の特許数のデータがあり，年次別と企業別に分類できるとしよう。このデータも3軸あり，1つの図として表現するには頭を悩ませることになる。このような3軸のデータを表すにはどうしたらよいだろうか。

　3D棒グラフは，データが3軸ある場合に1枚の図で表すことができる。言い換えれば，地理行列で表現されるデータであれば，3D棒グラフを用いることができる。ただし，3D棒グラフを作成する目的としては，1枚の図で描くことで「一目瞭然」の効果を出したいときに使うとよい。下の図1は，半導体デバイスメーカーの事業所数を機能別と地域別で図化したものであるが，全ての機能が関東に集中していることを「一目瞭然」に見せるために作られている。

◉使用データ

　事業所の立地と機能（2008年）／Electronic Journal 社『半導体データブック2008年版』
　産業細分類「半導体集積回路製造業」の事業所数（2008年）／工業統計調査

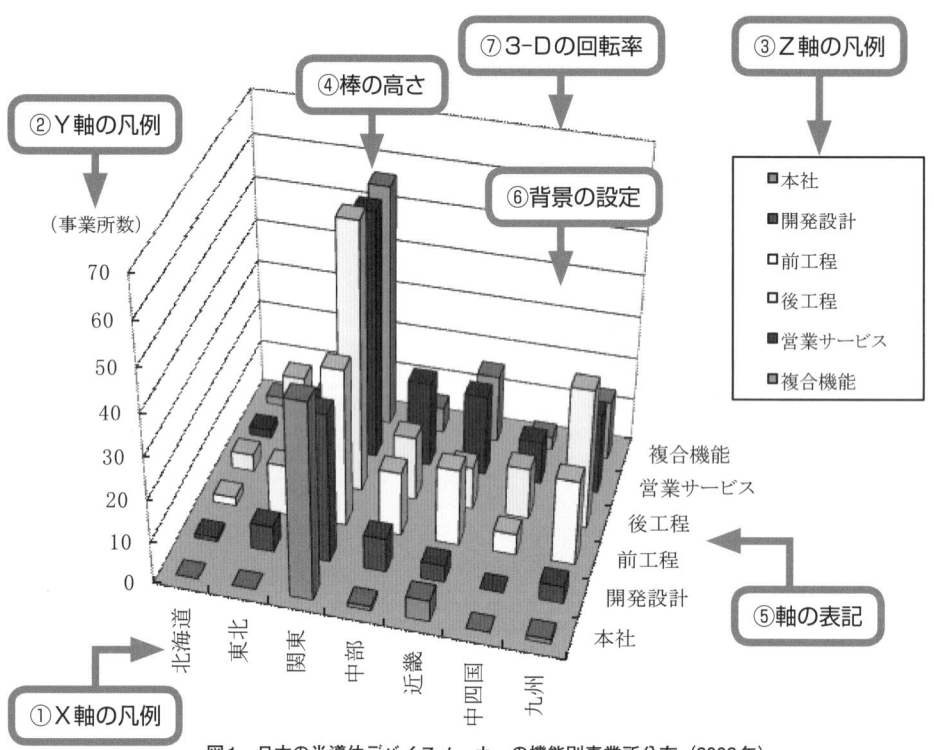

図1　日本の半導体デバイスメーカーの機能別事業所分布（2008年）
（工業統計調査により作成）．

●作成手順

まずは，X軸（水平軸），Y軸（垂直軸），Z軸（奥行き軸）にあたるデータを何にするか考えることが先決である。通常は，Y軸に数値データ，X軸とZ軸に地域分類，年次などをおく。

3D棒グラフのもう1つの特徴は「3-D回転」を設定できる点である。右のダイアログボックスにあるように，X軸，Y軸，Z軸，それぞれで角度調整することができる。使用するデータの分布形状に合わせて，最もデータが読み取りやすい角度に調整すればよい。また，同様に「3-D書式」を用いてさまざまな見せ方が可能になるので試してほしい。

① X軸は通常，地域分類や年次をあてる。
② Y軸は棒グラフの高さで表すために数値データにする。
③ Z軸の凡例についてはあまり多くならないように注意する。凡例が多くなると棒グラフの重複箇所が多くなり見づらくなる。
④ 棒グラフが高いデータの箇所では背景にあるデータが見づらくなるので配置に注意する。
⑤ 軸の表記は，通常Y軸とZ軸は横書き，X軸は縦書きになりやすいので，見やすさを考慮しよう。棒グラフ間の間隔と関連するので，重ならないように設定する（リンク 33ページ）。
⑥ 背景は棒グラフの濃淡に応じて調整するとよい。下のサンプルのようにグラデーションなどを用いると見やすくなることもある。
⑦ 「3-D回転」には十分に注意する。初期設定の数値から微調整で最も見やすい角度を探そう。

●ワンポイント

3D棒グラフは専門的な学術論文ではあまり用いられない。理由は，立体であるがゆえに見せる角度によっては十分に表現できないこと（棒の影に隠れやすい），3軸のため図の読み取りが煩雑になることなどがあげられる。3D棒グラフを使う場合，左図や下のサンプルのように，棒の長さにあたるY軸データが不均等で一部のデータが突出しているものであれば有益である。また，奥行きを考え，Z軸（奥行き軸）でデータ数の多いものは一番奥へ，データ数の少ないものは手前に出すと見栄えがよくなる。

● 3D棒グラフのサンプル

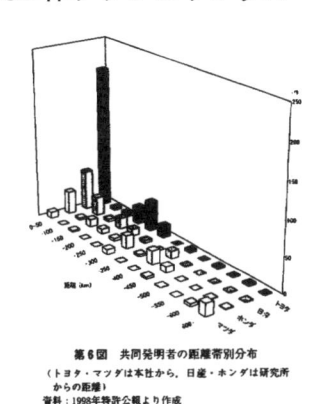

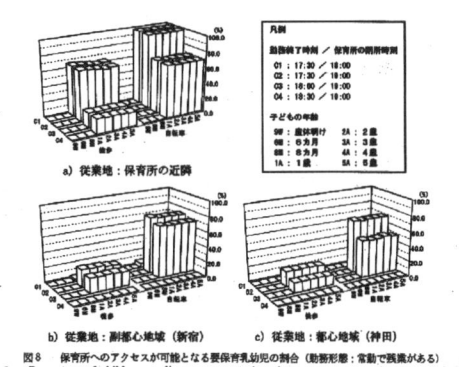

PART❶ 基本的な図表
5　積み上げ折れ線グラフ：自治体の歳入構成の変化を示そう

行財政　全般　　　　　　　　　　　　棒　**折れ線**　円　散布図　表　2軸　複合　その他

●目　的
　積み上げ折れ線グラフは，構成項目の内訳の時系列変化を示すのに適している。積み上げ棒グラフを時系列順に横に並べていったものと考えてもよい。これによって，データの重要な構成要素の推移を示すことができる。反面，構成項目が多すぎるとかえって分かりづらい図となってしまうこともあるので，必要なデータだけを示し，不要なものや値が分かりづらいものは「その他」としてまとめてしまった方がよい。
　下の図1は，神奈川県開成町の歳入構成の変化を図化したものである。開成町では，2006年以降急激に地方税（町が調達できる財源）による歳入が伸びる反面，地方交付税や国庫支出金（共に国から移転される財源）による歳入が減少しているのが明瞭に見てとれる。

●使用データ
　町村別歳入内訳（2002年～2008年）／市町村別決算状況調

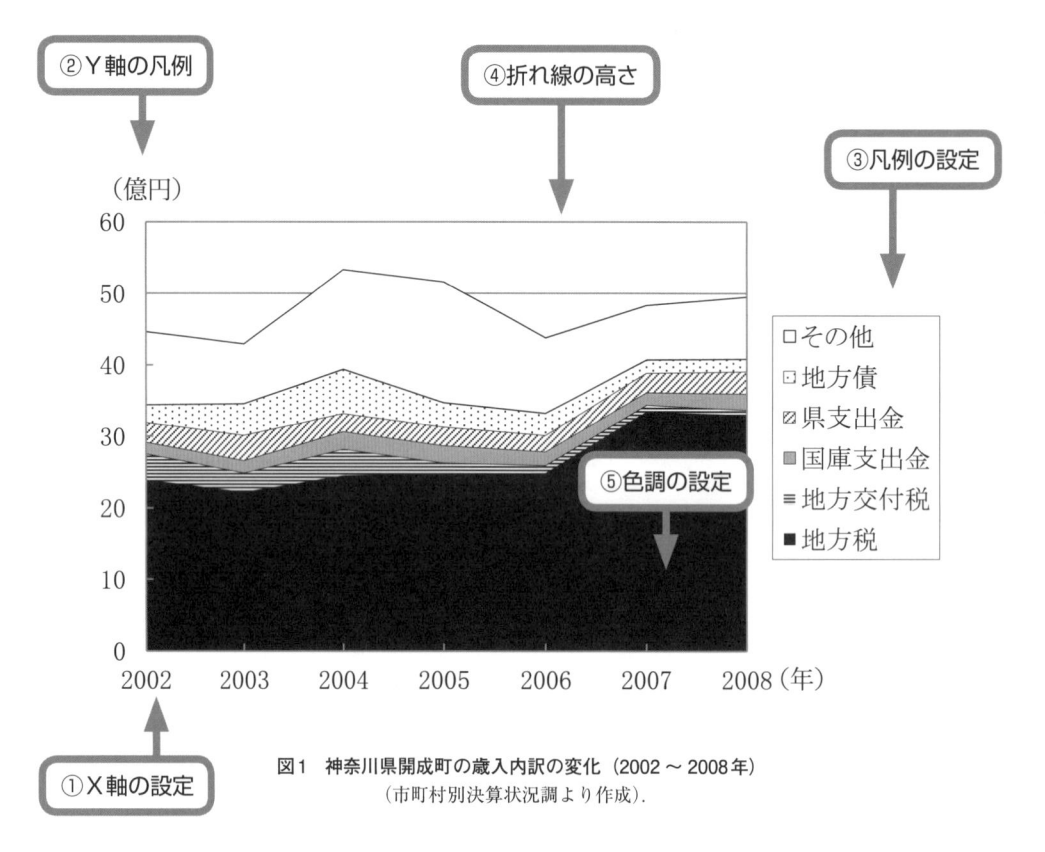

図1　神奈川県開成町の歳入内訳の変化（2002～2008年）
（市町村別決算状況調より作成）．

実践編 PART ❶ 基本的な図表　75

●作成手順

　積み上げ折れ線グラフの作成は，折れ線グラフの作成手順を応用して作成する。まずは，X軸（水平軸），Y軸（垂直軸）に該当するデータを何にするかを考える。通常は，Y軸に数値データ，X軸に年次などの時系列データをおく。

　積み上げ折れ線グラフ作成のポイントは，構成項目の選定と，色の塗り分けである。項目の選定は，意図するデータや重要な項目を取捨選択する必要がある。塗り分けは見栄えにも直結するので，カラースペクトルやハッチングなどを工夫して，試しながら選定していくとよい。

①X軸は通常，年次をあてる。デフォルトの設定に頼らず，見やすい幅や項目を作成する。また，単位を忘れずにつける。

②Y軸は折れ線の高さで表すために数値データにする。数値データはデフォルトの軸書式設定でなく，適宜見やすいように調整する。数値で表す単位を忘れずに。

③凡例はあまり多くならないように設定する（6〜7個まで）。凡例は見やすい位置に適宜配置する。

④折れ線部分の高さが低いと，構成する項目が見づらくなる場合がある。それぞれの項目が分かるように適宜高さを調整しよう。

⑤色調は，見やすいように適宜調整する（ワンポイント参照）。

●ワンポイント

　色調は，強調したいものを濃くするのが望ましい。たとえば，カラーでは強調したい項目を赤く，強調しない項目は青くする。白黒では，強調したい項目を黒く，強調しない項目は白くする。設定は，各項目を選択した状態で右クリック→［データ系列の書式設定］で変更が可能である（右上図）。パターンやハッチングも選択可能である。

●積み上げ折れ線グラフのサンプル

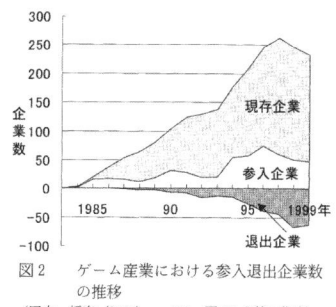

図2　ゲーム産業における参入退出企業数の推移
（田中・新宅（2001），p. 236，図9.2を基に作成）．

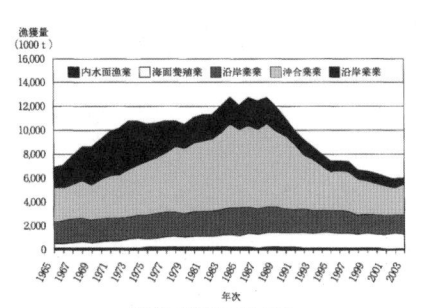

第1図　漁業種別生産量の推移
（『漁業・養殖業生産統計年報』より作成）

PART ❶ 基本的な図表
6 100%積み上げ折れ線グラフ：産業構成の変化を見てみよう

全般　　　　　　　　　　棒　**折れ線**　円　散布図　表　2軸　複合　その他

◉目　的

　日本における産業別の就業者数はどのように変化してきたのだろうか。実数で産業別の就業者数をグラフ化してもよいが，全体の数が変化しているため，構成比の変化は読み取れない。このように，あるデータの絶対数の推移ではなく，各要素の割合の変化を見たいときには，100%積み上げ折れ線を用いるとよい。

　100%積み上げ折れ線は，全体における各構成比を示すとともに，時系列の変化を表すのに適している。下の図1は，戦後50年間における日本の産業構造の変化を示したものであり，「第1次産業」「第2次産業」「第3次産業」「分類不能の産業」の就業者数の割合の推移を示している。これによると，第1次産業の就業者数の割合が減っており，第2次産業は1980年頃まで比率は上昇傾向にあるものの，その後横ばいとなり，第3次産業は一貫して就業者数の割合が増えてきていることが分かる。このように，100%積み上げ折れ線を用いると，構成比の変化の特徴を読み取ることができる。

◉使用データ

　産業（旧大分類），男女別15歳以上就業者数（1950～2000年）／国勢調査

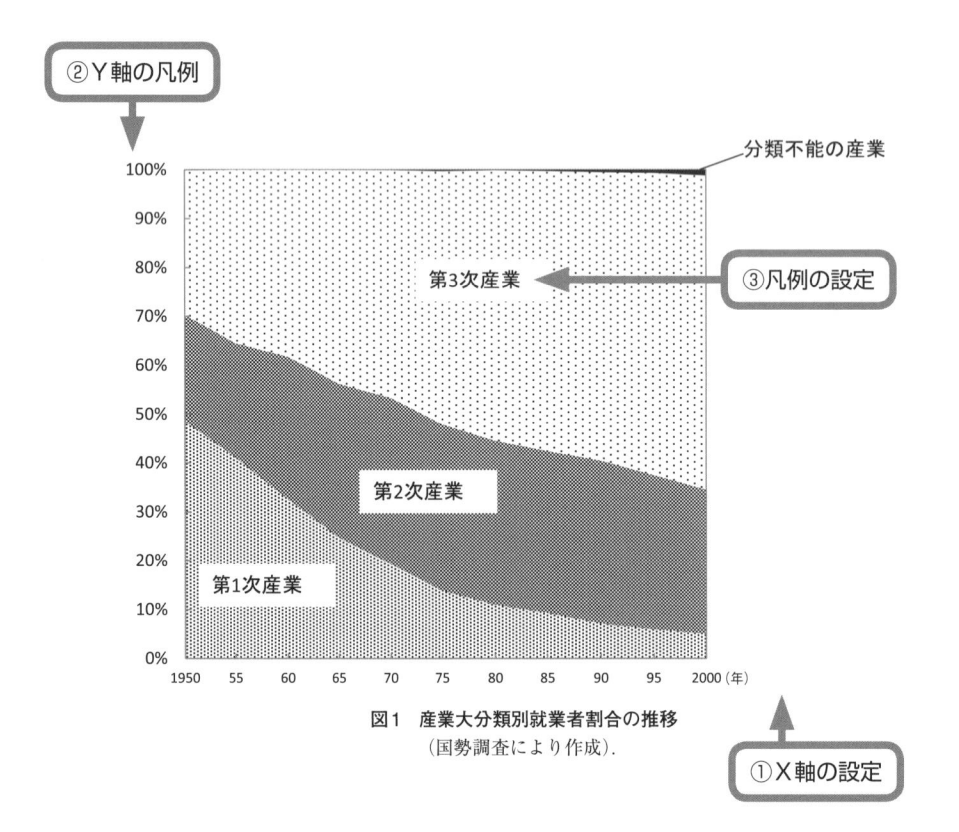

図1　産業大分類別就業者割合の推移
（国勢調査により作成）．

●作成手順

100%積み上げ折れ線は，ツールバーの［グラフ］→［面］→［2-D面］で作成することができる。100%積み上げ折れ線は各要素の割合を示しているが，エクセルで割合を計算しなくても図は自動で作成される。右の図は左ページの図1の元データであるが，これは実数データである。この図の範囲を選択して100%積み上げ折れ線グラフを作成すると，割合は自動で計算されて図化される。

	A	B	C	D
1		第1次産業	第2次産業	第3次産業
2	1950年	17,478,460	7,837,713	10,671,427
3	1955年	16,290,616	9,246,905	14,050,705
4	1960年	14,388,768	12,803,950	16,840,606
5	1965年	11,857,266	15,114,968	20,969,231
6	1970年	10,145,696	17,896,592	24,510,505
7	1975年	7,346,672	18,106,353	27,520,612
8	1980年	6,101,587	18,737,426	30,910,757
9	1985年	5,412,193	19,334,215	33,444,306
10	1990年	4,391,281	20,548,086	36,421,356
11	1995年	3,819,849	20,247,428	39,642,059
12	2000年	3,172,509	18,571,057	40,484,679

①X軸は通常，時間軸である。
②Y軸は各要素の割合を示す。
③図の中に凡例を入れても分かりやすい。ただし，凡例が多い場合や，割合が小さい項目がある場合は，凡例を図の外の表示したほうが見やすい場合もある。

●ワンポイント

100%積み上げ折れ線を使うと，経年変化がなめらかに図化されるため各要素の割合の経年変化を視覚的に分かりやすく表現できる。その代わり，データの間の変化は正しく表現されていないので注意する。また，変動が大きいデータには適さない表現方法であるため，その場合は，100%積み上げ棒グラフを作成するとよいだろう（リンク 70-71ページ）。100%積み上げ折れ線は割合の変化を示しており，全体の量の変化を示していないことに注意が必要である。ここで用いたデータも1950年から1995年まで就業者数全体は増加しているが，そのことは表現されていない。

●100%積み上げ折れ線のサンプル

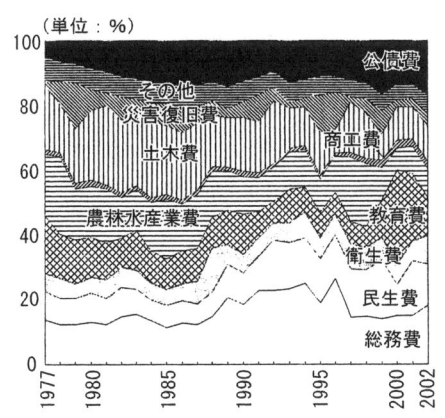

第4図　西会津町の目的別歳出構成の推移
Figure 4. Composition of annual expenditures in Nishiaizu Machi
資料：福島県市町村財政年報

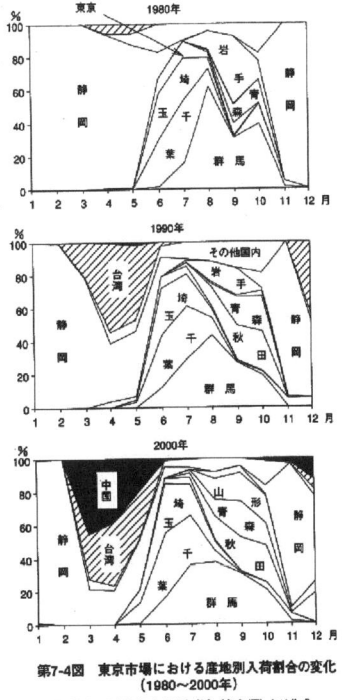

第7-4図　東京市場における産地別入荷割合の変化
（1980～2000年）
資料：『東京都中央卸売市場年報』（各年版）より作成。

PART❶ 基本的な図表
7 補助縦棒付き円グラフ：部分拡大して内訳を見やすくしよう

`人口` `全般`　　　　　　　　　棒　折れ線　**円**　散布図　表　2軸　**複合**　その他

●目　的

　補助縦棒付き円グラフとは，通常の円グラフでは全体に占める割合が小さいために見づらい要素を，拡大図（棒グラフ）に取り出して見やすくしたグラフである．下の図1は，この補助縦棒付き円グラフを用いて，群馬県における国籍別の人口構成を表現したものである．全人口に占める外国人の割合とともに，全人口の2％に満たない外国人について，国籍別の人口構成を見せる目的で作成している．

●使用データ

　群馬県の国籍別人口（2005年）／国勢調査

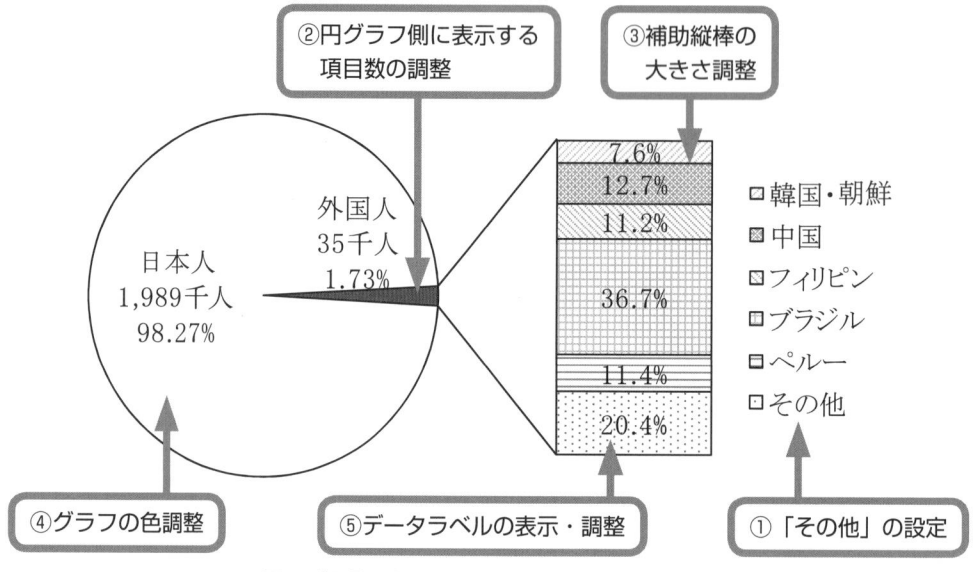

②円グラフ側に表示する項目数の調整
③補助縦棒の大きさ調整
④グラフの色調整
⑤データラベルの表示・調整
①「その他」の設定

日本人 1,989千人 98.27％
外国人 35千人 1.73％

7.6％
12.7％
11.2％
36.7％
11.4％
20.4％

□韓国・朝鮮
⊠中国
□フィリピン
□ブラジル
□ペルー
□その他

図1　群馬県の外国人人口割合と国籍別構成（2005年）
（国勢調査より作成）．

●作成手順

　補助縦棒付き円グラフをつくるには，グラフに用いるデータ部分のセルを選択した状態で，［挿入］タブ→［グラフ］→［円］→［2-D円］→［補助縦棒付き円］を選択すればよい．右の図は，群馬県の国籍別人口をまとめたものである（2005年国勢調査）．このデータ部分（セルA2～B9）を選択して最初に作成されるグラフが右ページ上の図である．

	A	B
1	群馬県の国籍別人口（人）	
2	国籍	人口
3	日本人	1,989,201
4	韓国・朝鮮	2,652
5	中国	4,448
6	フィリピン	3,927
7	ブラジル	12,805
8	ペルー	3,979
9	その他	7,123
10	合計	2,024,135

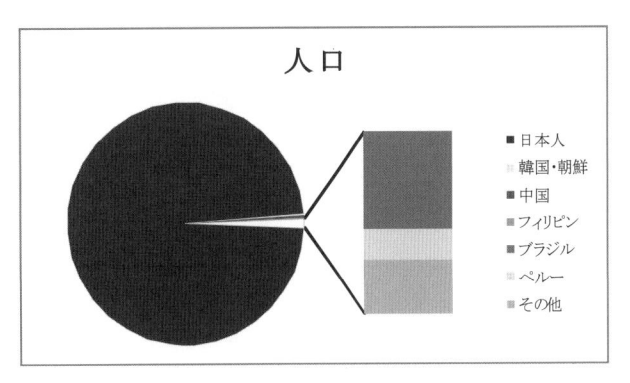

①国勢調査では，日本を除いて10ヶ国の国籍別人口が公表されているが，ここでは人口の少ない国籍について「その他」にまとめる。項目数が多い場合には，グラフの見やすさを考慮する。

②表の7地域（6ヶ国＋「その他」）のうち，構成比が小さい国が見づらくなっている。これを見やすくするため，構成比の小さい項目を補助縦棒に移す。円グラフを右クリックし，一番下の［データ系列の書式設定］をクリックする。次に，［系列のオプション］タブの［系列の分割］を［パーセント値］に，［補助プロットに次の値未満をすべて含む］を「10%」にそれぞれ設定する。これにより，構成比が10%未満の項目が補助縦棒に表示される。

③②の［系列のオプション］中，［要素の間隔］［補助プロットのサイズ］で，補助縦棒の位置や大きさを調整することができる。

④［データ系列の書式設定］からグラフの色を調整する。

⑤必要に応じて，［円グラフの右クリック］→［データラベルの追加］からデータラベルを追加する。この時点では，円グラフ，棒グラフともに実数がデータラベルとして表示される。データラベルは，文字上で3度クリックすると直接編集することができるようになるので，円グラフには日本人と外国人の構成比・実数を，補助縦棒には外国人全体に占める各国の構成比を表示するといったことも可能である。

●補助縦棒付円グラフのサンプル

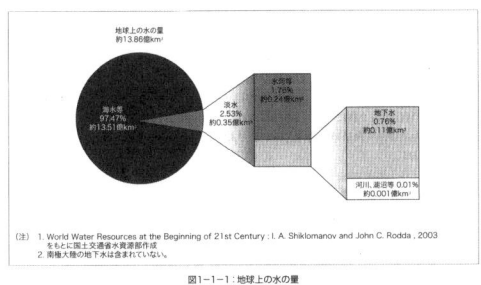

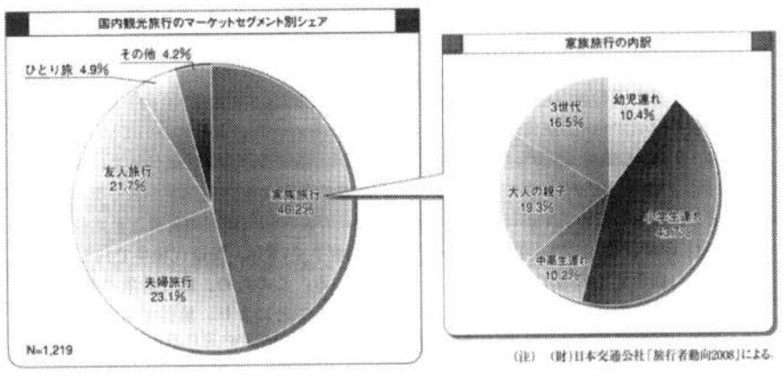

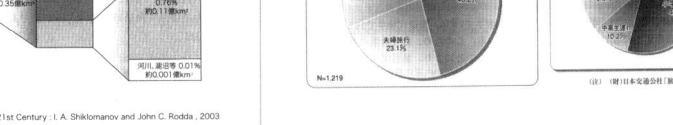

PART❶ 基本的な図表
8 箱ひげ図：項目ごとの変動幅を図示しよう

社会 全般　　　　　　　　　棒　折れ線　円　散布図　表　2軸　複合　**その他**

●目　的
　たとえばA組〜D組の4つの学級の全生徒の試験の点数データがあったとしよう。これを用いて，各学級の最高点・最低点・平均点などを比較する図をつくるにはどうしたらよいであろうか。

　Excelのグラフにある株価チャートは，1日の高値・安値・終値などをプロットして株価変動を示すのに用いられるグラフである。これを応用すると，ある指標の「最高値」「最低値」「平均値」などを，グループ間で比較するためのグラフ，「箱ひげ図」を作成することができる。

　下の図1は，全国に1,646ある介護保険の保険者（ほぼ市町村を単位に存在）を第1号被保険者数（おおむね高齢者数に相当）ごとにグループ分けし，各グループについて「第1号被保険者1人あたり保険給付額」，すなわち高齢者1人あたりに介護保険から給付された金額の最大値・第3四分点・中間値・第1四分点・最小値の5つの値を示した箱ひげ図である。

　この箱ひげ図は，保険者の規模の違いによって給付額の水準やばらつきに違いが見られるかを把握するために作成したものであり，ここからは，①保険者の規模の違いによる給付額の水準の違いは小さい一方，②第1号被保険者数が1,500人未満の極めて小規模な保険者グループでは，保険者間で給付額のばらつきが極めて大きいことが読み取れる。

●使用データ
第1号被保険者数，介護保険給付費（2008年）／介護保険事業状況報告

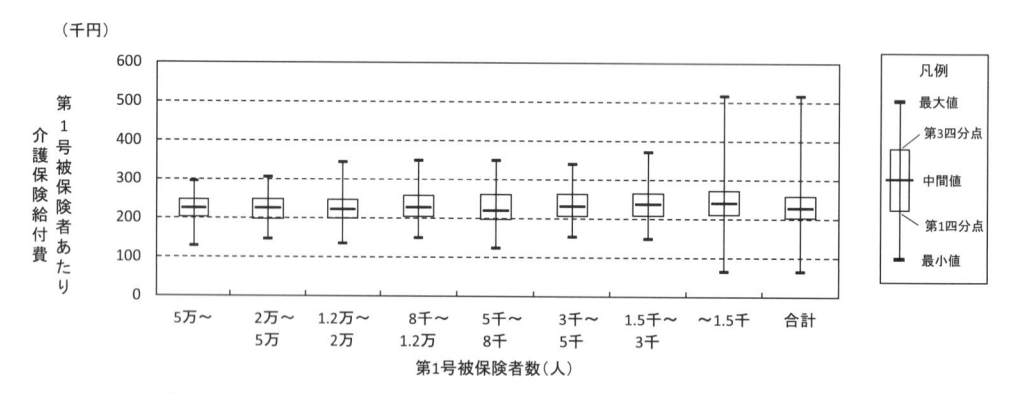

図1　保険者の規模別にみた第1号被保険者1人あたりに対する介護保険からの給付額（2008年）
（介護保険事業状況報告により作成）．

●作成手順

①グラフ作成の前に，各グループの「1人あたり保険給付費」の第3四分点，最大値，最小値，第1四分点，中央値をそれぞれ集計し，右上の図のようにまとめる。集計表の列の並びは，必ず左から中央値，第3四分点，最大値，最小値，第1四分点の順とする。なお，それぞれの値の集計には，右下の表のような関数を使用する。

	A	B	C	D	E	F
1	第1号被保険者あたり保険給付費（千円）					
2	第1号被保険者数（人）	中央値	第3四分点	最大値	最小値	第1四分点
3	5万以上	225.2	247.5	295.3	128.9	202.6
4	2万〜5万	225.5	248.2	306.5	146.9	197.7
5	1.2万〜2万	222.3	247.1	345.1	135.2	199.3
6	8千〜1.2万	228.1	258.3	349.5	150.1	204.4
7	5千〜8千	220.3	261.3	350.0	124.1	197.9
8	3千〜5千	231.9	263.1	341.1	153.6	206.8
9	1,500〜3千	237.9	265.1	372.3	149.0	208.2
10	1,500未満	241.1	272.2	516.5	65.5	211.1
11	合計	228.6	258.5	516.5	65.5	203.1

	意　味	使用する関数
中央値	データを小さい順から並べた際の中央に位置する値。	＝MEDIAN（データの範囲）
第3四分位点	データを小さい順から並べた際，下から数えて4分の3に位置する値。	＝PERCENTILE（データの範囲，0.75）
最大値	データのうち最大の値。	＝MAX（データの範囲）
最小値	データのうち最小の値。	＝MIN（データの範囲）
第1四分位点	データを小さい順から並べた際，下から数えて4分の1に位置する値。	＝PERCENTILE（データの範囲，0.25）

②次にグラフを作成する。集計表（上の図中A2〜F10）を選択し，［挿入］タブ→［グラフ］→［その他のグラフ］→［株価］→［株価チャート（出来高-始値-高値-安値-終値）］を選択すると，下の図のようなグラフが表示される。

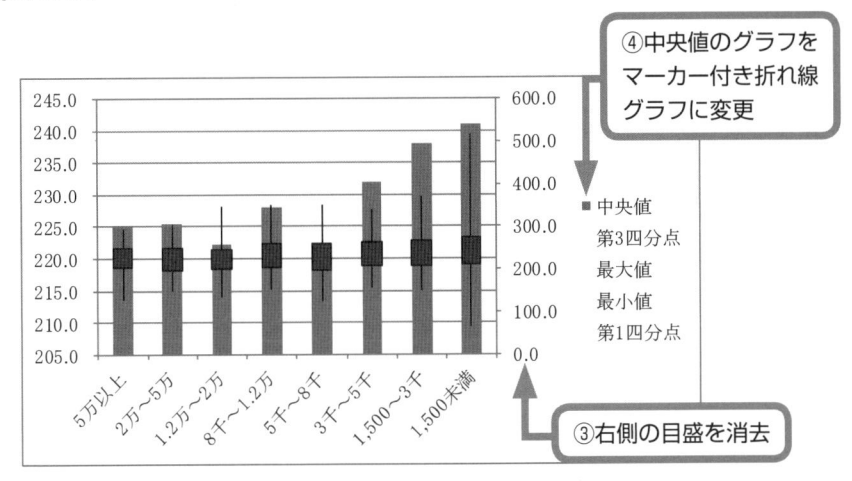

④中央値のグラフをマーカー付き折れ線グラフに変更

③右側の目盛を消去

③上の図は，中央値のみが左の目盛（棒グラフで表示），その他の指標が右の目盛（箱ひげ図で表示）にそって表示されており，中央値とその他の指標との比較ができなくなっている。このため，右の目盛をクリックしてから［Delete］キーを押し，右の目盛を消去する。

④凡例の「中央値」の文字部分を左クリック→左クリック→右クリックして［系列グラフの種類の変更］を選択すると，［グラフの種類の変更］メニューが表示される。［折れ線］→［マーカー付き折れ線］を選択すると，棒グラフが折れ線グラフに変わる。

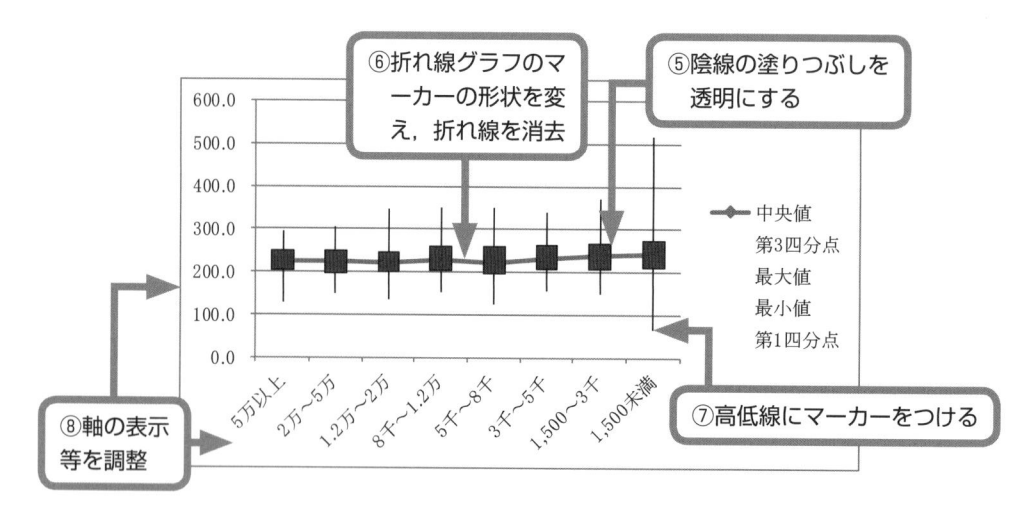

⑤陰線（太い棒状のグラフ）を左クリック→右クリックして［陰線の書式設定］を選択すると，［陰線の書式設定］メニューが表示される。［塗りつぶしなし］を選択すると，陰線が透明となって下に隠れた折れ線グラフが表示される。
⑥折れ線グラフをダブルクリックすると，［データ系列の書式設定］メニューが表示される。［マーカーのオプション］から適切なマーカー形状を選択する（［組み込み］中の「―」など，横に細長い形状が適切で，今回はマーカーを別途画像でつくってある）。また［線の色］から「線なし」を選択して折れ線を消す。
⑦高低線（細い縦線状のグラフ）の上端部分，下端部分をダブルクリックすると，⑥と同様に［データ系列の書式設定］メニューの［マーカーのオプション］によって，最大値や最小値にマーカーを付することができる。
⑧［グラフツール］→［レイアウト］→［軸ラベル］をクリックして，X軸，Y軸の凡例を作成する。また，Y軸の数値を整数にしたり，グラフの外枠を表示したりする等の各種調整を行う。
⑨株価チャートの場合，デフォルトの凡例表示は分かりにくいので，デフォルトの凡例は消去し，オートシェイプ等を用いて凡例を作成するとよい。

☞ 社会の中のGIS

　地理情報システム（Geographic Information Systems: GIS）は，いまや我々の日常生活に欠かすことのできない存在となっている。そもそもGISは1960年代半ばにカナダで開発され，広大な国土の土地利用や地形条件，資源分布などの地理情報を統合的に管理・分析する目的で運用された。その後，コンピュータ技術の飛躍的な進歩によって，GISは身近な「ツール」として普及することになる。カーナビゲーションはもちろん，携帯電話やスマートフォンなどで閲覧できるデジタルマップは，まさしくその好例といえよう。汎用性の高いGISは，すでにさまざまな分野で活用されている。たとえば行政では，都市計画図や防犯マップなどの閲覧がWeb GISを通じて行われ，マーケティングでは，POSシステム（Point of Sales System）との連動により各店舗の売上や在庫管理，出店計画の立案などに役立てられている。さらに，2011年3月に発生した東日本大震災では，いち早くGISが用いられ，より迅速な避難・救助活動に貢献したことは記憶に新しい。なかでも「Google Maps安否・避難所マップ」は，各地点の被災状況や避難所の開設状況などを地図上に書き込むことができることから，災害によって分断されがちな情報を共有することに成功した。

　今後のGISは準天頂衛星システムの構築によるGPS（Global Positioning System）の精度向上を受けて，いつでも，どこでも，誰でも地理情報にアクセスできる「高度空間情報社会」のキーテクノロジーになることは間違いない。すでに2007年5月には地理空間情報活用推進基本法が公布され，GISを活用した施策立案を計画的に推進することがうたわれた。また，GISの技術者養成を目的として公益社団法人日本地理学会が「GIS学術士」，「GIS専門学術士」の資格制度を創設して，GISのすそ野を広げる取り組みを進めている。

PART❶ 基本的な図表
9 ヒストグラム：売場面積別に店舗数の分布を見てみよう

商業　全般　　　　　　　　　　　　　棒　折れ線　円　散布図　表　2軸　複合　その他

●目　的

　地域分析をする際に，さまざまな統計データやアンケート調査からデータを収集し，その傾向を分析することはデータ分析の第一歩である。たとえば，ある地域の小売店舗の売場面積のデータを見て，小売店舗の規模ごとの分布を調べたり，ある地域の住民の所得データをアンケートで調査し，所得階層の分布を調べたりする際，データの分布を可視化するために，まずはヒストグラムを作るとよいだろう。

　ヒストグラム（度数分布表ともいわれる）とは，度数分布を棒グラフで表したものであり，言い換えれば，度数を棒の高さで示したものである。ヒストグラムを見ると，データの分布を可視化することで，分布の偏りやバラつきを見た目で把握することができる。ビジュアル面で一般的な棒グラフと異なるのは，階級ごとに隙間がないことである。下の図1は，東京都における百貨店の店舗数を売り場面積ごとに示したものであり，1,000㎡ごとに階級を区切っている。2,000〜3,000㎡の売り場面積を持つ百貨店が多いことが分かる。

●使用データ

　売場面積別百貨店店舗数／ストアーズ社『百貨店調査年鑑　2010年版』

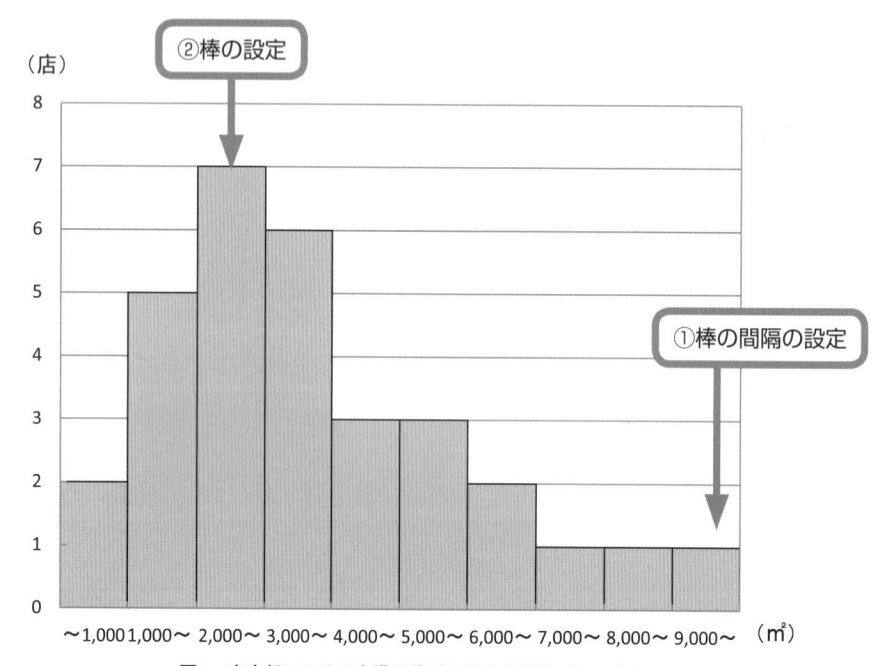

図1　東京都における売場面積別百貨店店舗数（2010年）
（『百貨店調査年鑑』により作成）．

●作成手順

　ヒストグラムを作成するにあたっては，まず度数分布表を作成する。度数分布表とは，データを適当な階級に区分して，そこに該当するサンプル数（度数）を入れたものである（右の図）。次に，この度数分布表をもとに棒グラフを作成する。棒グラフを作成した後で，図中の棒グラフを右クリックして，［データ系列の書式設定］→［系列のオプション］→［要素の間隔］を「なし」に設定する（右下の図）。

①棒の間隔を詰める（リンク 35ページ）。下にあるサンプルは棒の間隔が空いているが，これは本来間隔を詰めるものである。
②棒の書式は，色が濃くなると見づらくなるので注意する。線を太めにした方が見やすい。

表．東京都における売場面積別百貨店店舗数

階級(m²)	度数(店)
~1000	2
1000~2000	5
2000~3000	7
3000~4000	6
4000~5000	3
5000~6000	3
6000~7000	2
7000~8000	1
8000~9000	1
9000~	1

●ワンポイント

　ヒストグラムは，エクセルのアドイン機能から作成することもできる。［Excelのオプション］→［アドイン］→［分析ツール］→［管理：Excelのアドイン］の［設定］から［分析ツール］を選択してOKを押して分析ツールを追加すると，［データ］のタブに［データ分析］が追加されるので，そこからヒストグラムを作成する。

●ヒストグラムのサンプル

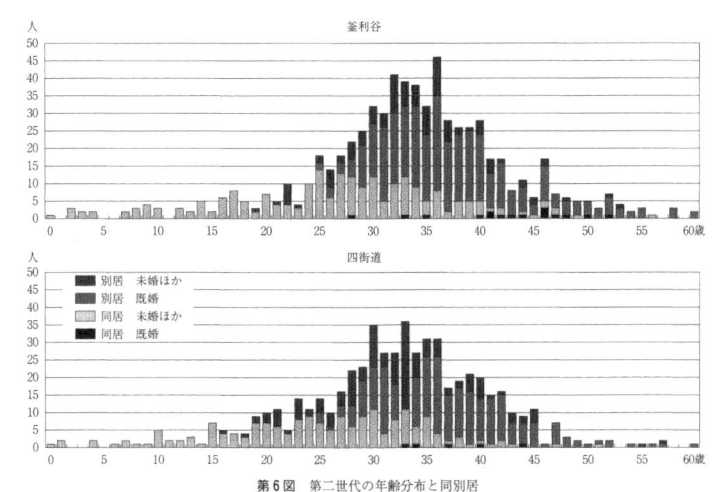

第6図　第二世代の年齢分布と同別居
Figure 6. Distribution of age of the second generation by living arrangement with parents
資料：アンケート調査により作成。

PART ❶ 基本的な図表
10　2軸の折れ線グラフ：単位や水準の異なるデータの推移を比べよう

商業　全般　　　　　　　　　　　　　棒　**折れ線**　円　散布図　表　**2軸**　複合　その他

●目　的

　2種類のデータがあり，両データの数字の桁数が大幅に異なる場合や単位が異なる場合，1軸の折れ線グラフで表現すると1つのデータの推移が分かりにくい。この場合は，左側と右側にそれぞれ別の単位を用いた2軸の折れ線を作成するとよい。

　下の図1は，小売業と外食産業の市場規模の推移を示したものである。2007年の小売業の市場規模は約130兆円であるのに対して，外食産業の市場規模は約25兆円である。両方の市場規模を1つの軸で表現すると，外食産業の市場規模は下の方に直線に近い形で表現されてしまうため，その変化が分かりにくくなってしまう。図1のように2軸の折れ線で表現することによって，小売業も外食産業とともに1990年代後半まで市場規模が拡大し，その後縮小していることが分かる。なお，よく用いられる2軸の折れ線グラフは，左側のY軸に実数，右側のY軸に比率を用いたものである。

●使用データ

　小売市場規模（1976〜2007年）／商業統計調査
　外食市場規模（1976〜2007年）／食の安全・安心財団編『外食産業統計資料集』

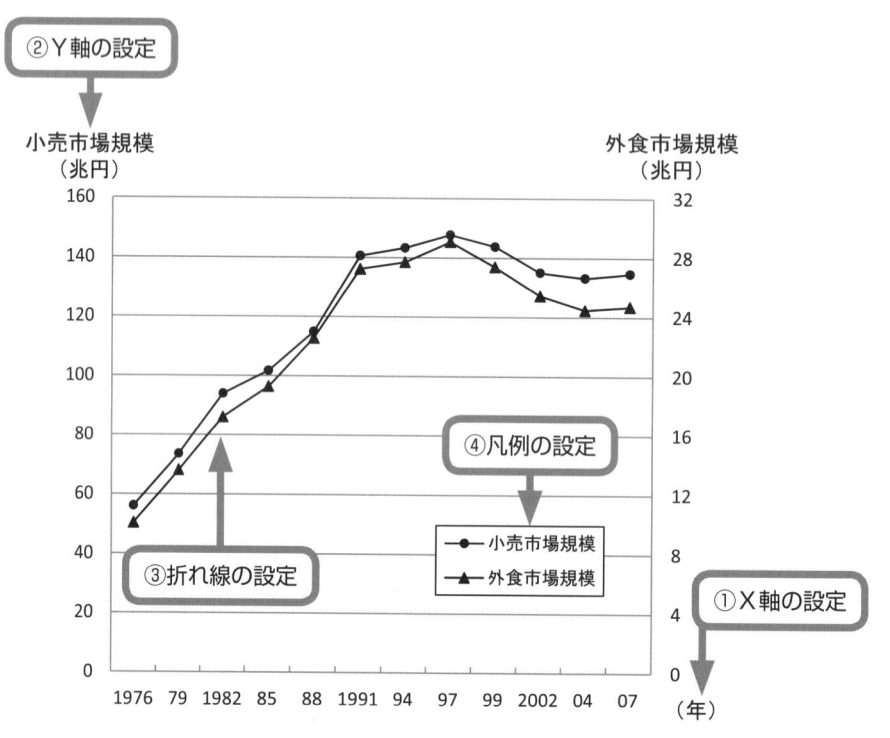

図1　小売業界と外食産業の市場規模
（小売市場規模：商業統計調査，外食市場規模：食の安全・安心財団編『外食産業統計資料集』により作成）．

●作成手順

　2軸の折れ線は大きく2段階で作成する。まず2種類のデータで通常の折れ線を作成する。このとき，2種類のデータがそれぞれ同じY軸で表現される。第2軸を作成するためには，第2軸に設定したい折れ線を右クリックで選択し，［データ系列の書式設定］で第2軸を選択する（右下図）。次にY軸の最大値・最小値や目盛間隔を適当なものに設定する。

① X軸（横軸）は通常，時間軸をあてる。
② Y軸はどのデータの軸であるのかを明示する。主軸が左側，第2軸が右側のY軸となる。
③ 折れ線は両方の違いが分かるように凡例を分ける。
④ どの折れ線がどのデータを示しているのかを明示する。線を実線と破線に分けるなどして区別してもよい。

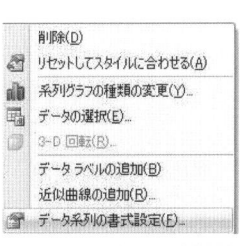

●ワンポイント

　2軸の折れ線は，つくり方を間違えると見づらくなってしまうので注意が必要である。主軸と第2軸が何の値を示しているのか，それぞれの折れ線がどのデータを示しているのかを分かりやすく表示する工夫が必要である。折れ線が増えると図が煩雑になるので，図を使って何を伝えたいのかをよく考えて軸の設定をするとよい。また，折れ線が交差しないように軸を設定すると図が分かりやすくなる。

●2軸の折れ線のサンプル

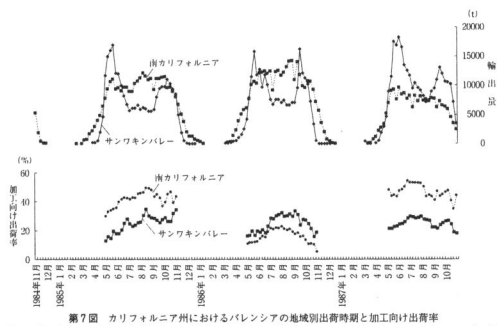

第7図　カリフォルニア州におけるバレンシアの地域別出荷時期と加工向け出荷率
Figure 7. Sales period and shipping ratio for products of Valencia oranges by the two main areas in CA.
資料：Navel & Valencia Orange Administrative Committee, *Annual Report*

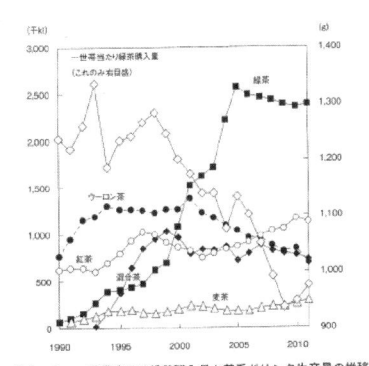

図9－2　一世帯当たり緑茶購入量と茶系ドリンク生産量の推移
資料：『茶関係資料』(社)日本茶業中央会，各年度版。

PART❶ 基本的な図表
11 棒と折れ線の複合グラフ：人口と高齢化率の推移を見てみよう

人口　社会　全般　　　　　　　　　　　　　棒　折れ線　円　散布図　表　2軸　複合　その他

●目　的

　数値データと比率データのように，異なる2種類のデータの推移を1つの図で表現する場合にはどうしたらよいだろうか。単なる棒グラフや折れ線では，単位が異なるため，正しく表示することができない。また，2軸の棒グラフや折れ線を作成しても，数値と比率のような質的に異なるデータを同じ形状で表現することは好ましくない。これらの問題は，棒と折れ線の複合グラフを作成することによって解決される。

　下の図1は日本の人口と高齢化率（65歳以上人口の割合）の推移を示したものであり，主軸（左側のY軸）が人口を表しており，第2軸（右側のY軸）が高齢化率を表している。一般に，実数のデータを棒グラフで示し，比率のデータを折れ線グラフで示すことが多い。この図は，国勢調査のデータを用いた日本全国の数字であるが，都道府県別や市町村別に図を作成して比較すると，その図から地域ごとの特徴が読み取れる。

●使用データ

　人口，65歳以上人口割合（1945〜2005年）／国勢調査

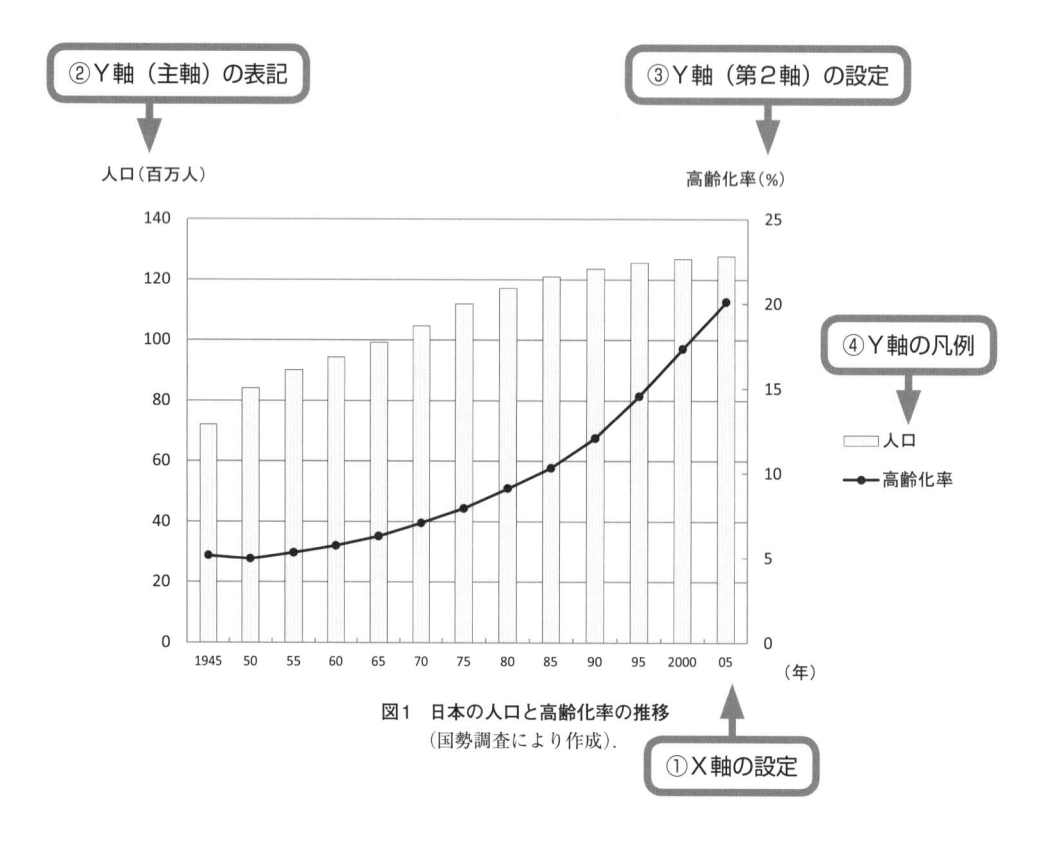

②Y軸（主軸）の表記　　　　　　　　　③Y軸（第2軸）の設定

④Y軸の凡例

図1　日本の人口と高齢化率の推移
　　（国勢調査により作成）．

①X軸の設定

●作成手順

まず，どのデータを棒グラフで表現し，どのデータを折れ線グラフで表現するかを決める。数値データと比率データの場合は，数値データを棒グラフで表現し，比率データを折れ線グラフで表現するとよいだろう。

棒と折れ線の複合グラフは，大きく2段階で作成する。まず，2種類のデータ両方を選択し，集合棒グラフを作成する（リンク 66ページ「実践編❶-1」）。このままでは2種類のデータがそれぞれ棒グラフで作成されるため，見にくい図となっている。そこで，図中において第2軸で表現する棒グラフを右クリック選択し，系列グラフの種類の［変更］→［折れ線］と進んで折れ線グラフに変更する（右下の図）。

①X軸は通常，時間軸である。
②Y軸（主軸）は棒グラフの高さで表すために数値データにする。必ず単位を記す。
③比率データは，単位が異なるのでY軸（第2軸）を設定する。この場合も必ず図中に単位を記す。
④棒グラフと線グラフがどのデータを表しているのかを示す。

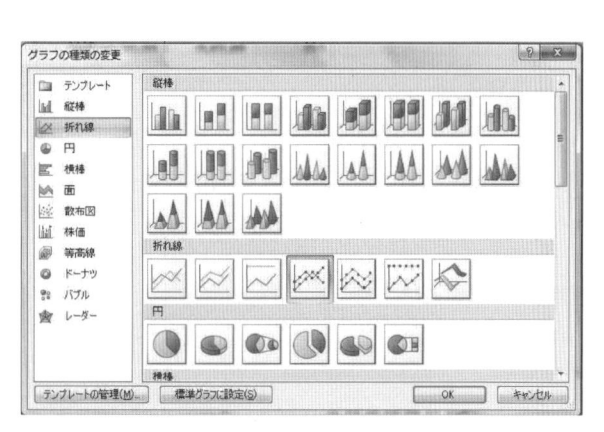

●ワンポイント

棒と折れ線の複合グラフは学術論文ではよく用いられる。棒と線の複合グラフを作成する場合は，同じ単位のデータで，データの規模が同じでない限りは2軸のグラフにする必要がある。

●棒と線の折れ線の複合グラフのサンプル

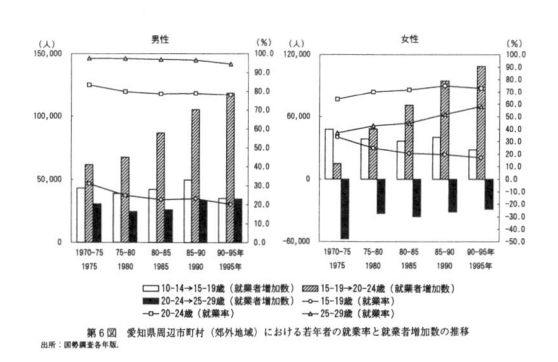

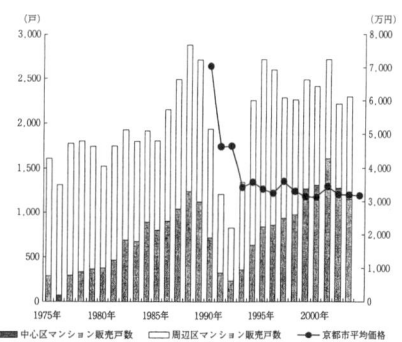

PART❶ 基本的な図表
12 比例円グラフ：輸送量と構成の変化を見てみよう

交通観光　全般　　　　　　　　　　　　　棒　折れ線　**円**　散布図　表　2軸　**複合**　その他

●目　的

　比例円グラフは，総量とシェアの変化を同時に示すことができる。2時点間比較の場合，基本編で学習した円記号図を2枚作成したうえで，それぞれの図を総量に比例した大きさにする。このように，それぞれの時点でのシェアを円の区分で，総量を円の大きさで示すことで，一目でシェアや量の推移が分かる。

　下の図1は，交通機関別の輸送量とシェアの推移を示したものである。自家用乗用車が，輸送量・シェアとも大幅に伸びているのが一目で判別できる。一方で，円中の扇型の面積の大きさから，国鉄・JRの輸送はシェアこそ落としているものの，輸送量自体はそれほど減少していないことも読み取れる。

●使用データ
　3大都市圏内輸送機関別旅客輸送人員の推移（1970年，2004年）／陸運統計要覧

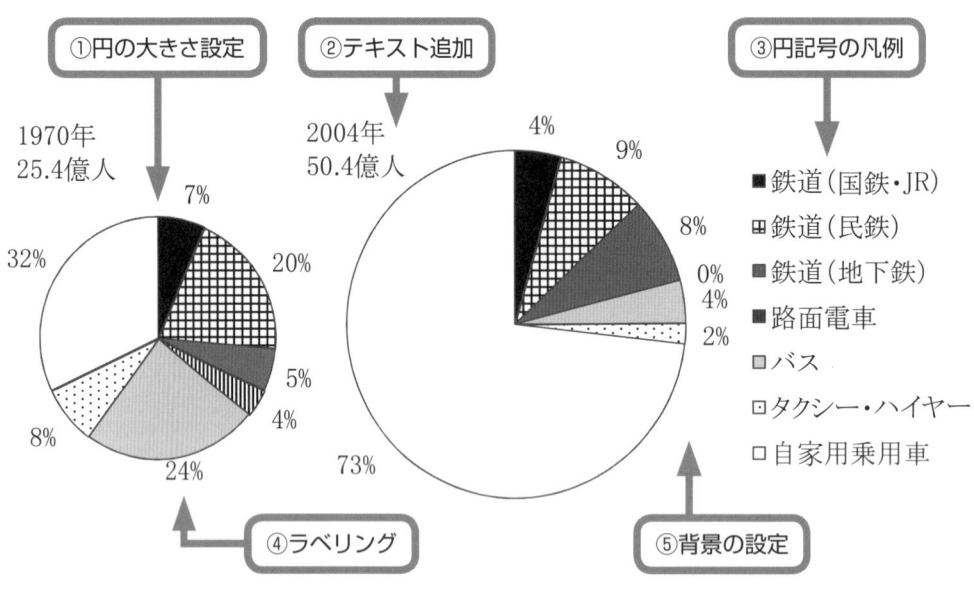

図1　中京交通圏における**輸送量とシェアの変化**（1970年，2004年）
（陸運統計要覧により作成）．

●作成手順

比例円グラフの作成は，円グラフの作成と基本的に同じである（リンク 57ページ）。凡例を揃えた円グラフを2つ作成したうえで，円グラフの位置と円の大きさを調整する必要がある。

2つ作成した円グラフの上下位置を揃えるには，Excelに備えられているオブジェクトの配置設定を行う。まず，作成した円グラフを2つとも選択する。選択した状態で，ツールバー［ページレイアウト］を選択すると，右のようなメニューがあるので［上下中央揃え］を選択すると，グラフが中央に水平に配置される。同様の方法を用いれば，上下揃え，両端揃えもできるので，試してほしい。

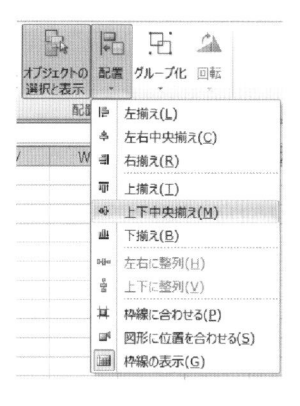

① 円の半径は，総量の数値の平方根に比例するようにする（リンク 97ページ）。大きさはセル幅を調整して円グラフの大きさを設定しよう（下のワンポイント参照）。
② 2つの円グラフの説明や単位をテキストボックスで作成する。テキストボックスの位置は上下中央揃えしておくと見栄えがよい。
③ 凡例は2つの円グラフで揃える。円グラフの凡例は多すぎると判別できなくなるので，モノクロの場合は5，カラーでは7程度にとどめる。白黒の場合，ハッチをかけるなどして見やすくする。2つ作成したグラフのうち，片方の凡例は消すか表示しないように設定する。
④ ラベリングする場合，適切な位置に置く。グラフの大きさによっては，円の内側に表記できない場合もあるので注意する。ラベルのフォントや大きさは，2つの円グラフで揃えておく。
⑤ グラフエリアの背景は2つとも塗りつぶしなしにする。背景が透明になり，グラフが2つとも現れる。上記の上下中央揃え機能を用いて，グラフの位置を整える。なお，コピー時にセルの枠線を消しておくと，貼りつけの際に枠線が現れず綺麗に表現できる。

●ワンポイント

円グラフの大きさの調整は，まず円グラフのプロットエリアを選択する（左下の図）。選択したら，「Altキー」を押しながら，プロットエリアを移動させる。すると，Excelのセル枠に沿って配置されるので，適当な位置に移動する（中央下の図）。同様に，グラフのプロットエリアを選択した状態で拡大/縮小すると，セル幅/高さに従って大きさが調整される（右下の図）。扱っている数値に基づきあらかじめセル幅/高さを設定しておけば，この手順によって，円の大きさを数値に比例させることができる。

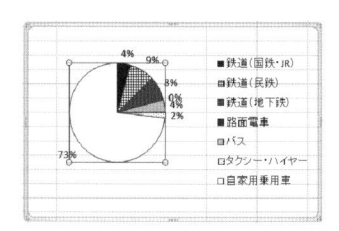

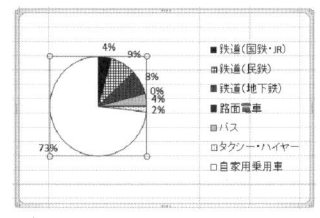

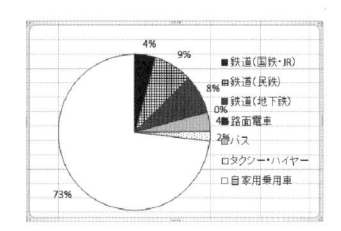

PART❶ 基本的な図表
13 軌跡のある散布図：複数地域の位置づけと変化を図示しよう

社会　都市　　　　　　　　　棒　折れ線　円　**散布図**　表　2軸　**複合**　その他

●目　的
　軌跡のある散布図とは，散布図上に複数時点のデータをプロットし，それらを矢印等でつないで前後の変化を把握するためのグラフである。下の図1は，夫婦と18歳未満の者からなる世帯（≒ひとり親世帯を除く子育て世帯）を対象に，1993年と2008年の2時点について，横軸に持ち家比率，縦軸に居住室の平均畳数をプロットした散布図であり，いくつかの都道府県は2時点間を矢印でつないでいる。これによって，1993年に比べて，2008年では多くの都道府県において持ち家比率が上昇し，住宅規模が大きくなる傾向にあることが読み取れる。

●使用データ
　都道府県別・世帯の型別・住宅の所有形態別の主世帯数，世帯あたり居住室畳数（1993年，2008年）
　　　　　　　　　　　　　　　　　　　　　　　　　　　　　　／住宅統計調査，住宅・土地統計調査

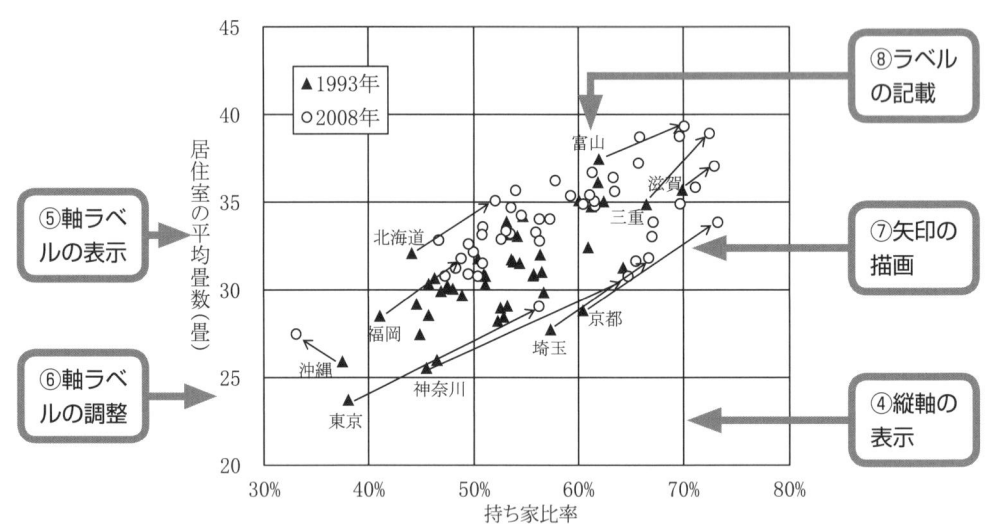

図1　夫婦と18歳未満の者からなる世帯の
持ち家比率と住宅規模の変化（1993年，2008年）
世帯人員6人以上の世帯を除く．
（住宅統計調査，住宅・土地統計調査により作成）．

●作成手順
　軌跡のある散布図の作成にあたっては，先にグラフ（エリア）だけを作成しておき，後からグラフに使用するデータを指定する手順をとる。

① ［挿入］タブ→［グラフ］→［散布図］→［散布図（マーカーのみ）］を選択する。この時点では，アクティブなセルはどこでもよい。するとグラフまたは真っ白のグラフエリアが表示される。
② 表示されたグラフエリアを右クリック→［データの選択］をクリックし，［データ ソースの選択］ウィンドウを呼び出す。［凡例項目（系列）］欄に何らかの表示がある場合，［削除］をクリックして消去する。

③使用データを年次ごとに指定する。[凡例項目（系列）] 欄の [追加] ボタンをクリックして，[系列の編集] ウィンドウを呼び出し，最初の年次のデータ記載セルを指定し（左下の図），[OK] を押す。同様にその他の年次についても使用データを指定する。

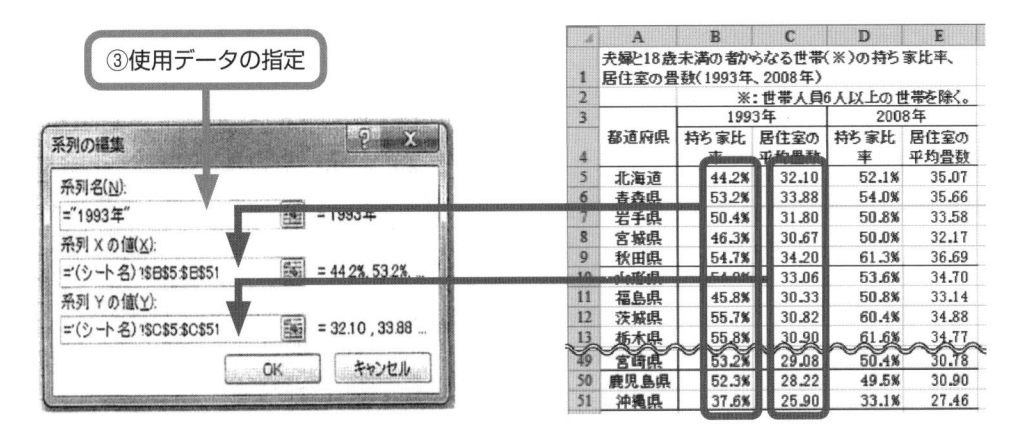

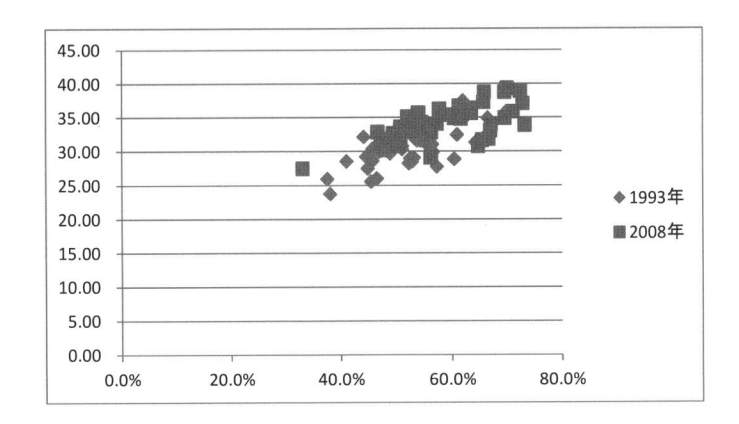

④全てのデータを入力すると上のようなグラフが表示されるので，[レイアウト] → [目盛線] → [主縦軸目盛線] → [目盛線] を選択すると，縦軸が表示される。

⑤ [レイアウト] → [軸ラベル] → [主縦軸ラベル] → [軸ラベルを回転] を選択すると，縦軸にラベル [軸ラベル] が表示されるので，適切な名称を入力する。同様に横軸ラベルも表示させる（リンク 32ページ）。

⑥ [レイアウト] → [軸] → [主縦軸] → [その他の主縦軸オプション] を選択して，[軸のオプション] の [最小値] [最大値] を変えて散布図の表示範囲を調整する，[目盛の種類] を [なし] に設定する，[表示形式] を変更してラベルから余分な小数点以下の表示を外す，等の各種調整を行う。

⑦異なる時点間の点同士を矢印でつないで年次変化を分かりやすくする。グラフツールにはこの矢印を描く機能はないため，グラフを選択した状態で [レイアウト] → [図形] → [線] から矢印マークを選択して矢印を表示させ，手作業で点同士を結ぶ。結ぶべき点が分からない場合は，散布図上の各点にポインタを合わせると縦軸，横軸の値が表示されるので，これを参考にする。

⑧テキストボックスを使用して各点のラベルを表示する。テキストボックスは，グラフを選択した状態で [挿入] → [図形] → [基本図形] からテキストボックスを選択すると挿入される（リンク 183ページ）。

PART❶ 基本的な図表
14 多重ドーナツ：産業構成の内訳を見てみよう

工業　全般　　　　　　　　　棒　折れ線　**円**　散布図　表　2軸　**複合**　その他

●目　的
　複数のデータを同心円状に描画した円グラフを「多重ドーナツ」という。多重ドーナツは，外側の円と内側の円で「入れ子」構造になっており，異なる2つの構成比を示すことができる。多重ドーナツに用いるのは，データの分類が階層的になっており，かつ百分率で表せるものであり，外側の構成比と内側の構成比の違いについて可視化して示すことができる。

　下の図1は愛知県豊田市の産業別就業者数の構成比を多重ドーナツで示したものである。地域の概要を把握するときに，「人口の変遷」とともによく用いられるデータが「産業構成比」である。国勢調査の産業（大分類）のデータを用いると，国，都道府県，市区町村の産業従業者数を知ることができる。

　この図では，外側の円グラフが産業大分類の構成比を示し，内側の構成比は外側よりも一段上の階層である産業構造を示している。外側の構成比に加えて，内側の構成比を図示することで，愛知県豊田市は第2次産業の比率が大きいことが分かる。このように，細かな分類と大まかな分類とを1つの図で示すときに，多重ドーナツを使うことができる。

●使用データ
　産業（大分類），男女別15歳以上就業者数（愛知県豊田市，2005年）／国勢調査

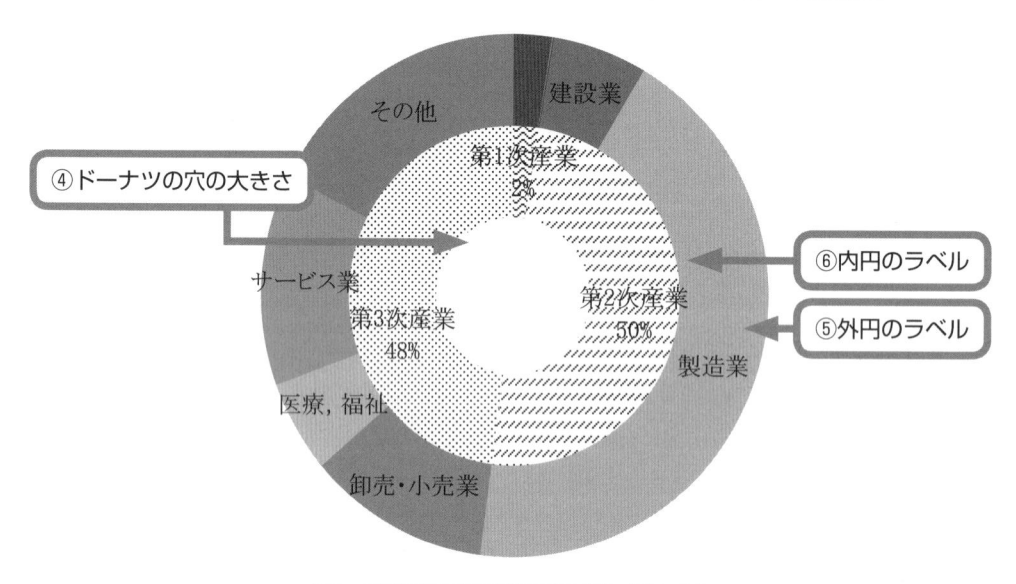

図1　愛知県豊田市の産業別就業者数（2005年）
「分類不能の産業」を除く．
（国勢調査により作成）．

●作成手順

①1列目に産業名，2列目に各産業の人数，3列目に「第1次産業」「第2次産業」「第3次産業」「分類不能の産業」の人数を入力した表を作成する（右の表）。すべての産業が表示されると，分かりにくくなるので，全就業者のうち5％に満たない「第3次産業」の産業は，「その他」にまとめておく。

農業	5,197	
林業	124	5,338
漁業	17	
鉱業	105	
建設業	12,691	106,181
製造業	93,385	
卸売・小売業	24,934	
医療，福祉	12,334	102,872
サービス業	28,090	
その他	37,514	

② ［挿入］→［グラフ］→［その他のグラフ］→［ドーナツ］で表の範囲を指定して，多重ドーナツを作成する。凡例は削除する。

③外側に各産業，内側に第○次産業の人数を表示させるために，ドーナツグラフを右クリックして，［データの選択］を実行する。［データソースの選択］ウィンドウが表示されたら，［凡例項目］にある，「系列1」をクリックしたうえで，［▼］（下へ移動）をクリックして，「系列1」と「系列2」の順番を入れ替える。

④ドーナツグラフを右クリックして，［データ系列の書式設定］を実行する。［系列のオプション］で「ドーナツの穴の大きさ」を30％に変更する。

⑤外円のドーナツを右クリックして，［データラベルの追加］を実行する。再度，外円のドーナツを右クリックして［データラベルの初期設定］を選択し，「分類名」が表示されるようにする。

⑥内円のドーナツを右クリックして，［データラベルの追加］を実行する。再度，内円のドーナツを右クリックして［データラベルの初期設定］を選択し，「分類名」と「パーセンテージ」が表示されるようにする。それぞれの分類名のラベルを指定し，「第1次産業」「第2次産業」「第3次産業」に書き換える。

●ワンポイント

多重ドーナツは，産業構成比だけではなく，農業，工業，商業，行財政などさまざまな分野で利用することができる。たとえば愛知県豊田市の工業についてさらに詳しく調べたいときには，産業中分類のデータが記載されている「工業統計調査（経済センサス）」を用いるとよい。

●多重ドーナツのサンプル

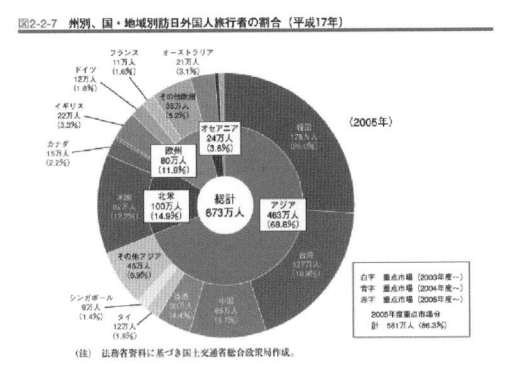

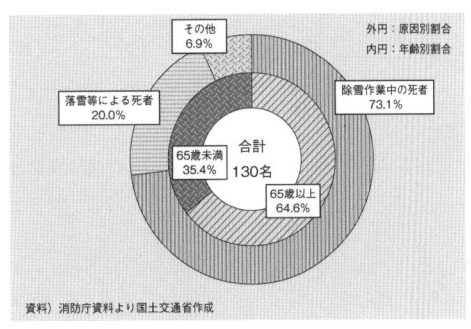

PART❶ 基本的な図表
15 円記号による主題図：市町村別の人口規模を地図的に表現しよう

人口　全般　　　　　　　　　　　　　　棒　折れ線　**円**　散布図　表　2軸　複合　**その他**

●目　的
　人口や事業所などのデータを地域間で比較する場合，数値の大小だけならば表でもよいが，位置や分布の情報も含めて表現するには，表ではなく図をつくることが不可欠である。

　Excelにはさまざまな記号を描く「オートシェイプ」という機能が備わっている。この機能を工夫することで，円記号により一目で数値の大小と位置や分布が表現できる図（円記号図）を作成できる。円記号図は，白地図上に落とせば主題図となる。このように，円記号による主題図では，一目で数や位置関係を示したい場合に用いることができる。

　下の図1は，富山県内の各市町村の人口を，白地図上に示したものである。富山県の場合，富山市から高岡市にかけての西部に人口が集中している。反対に東部の市町では人口数が類似した地域が連なっていることが読み取れる。

●使用データ
　富山県の市区町村別人口（2010年）／国勢調査

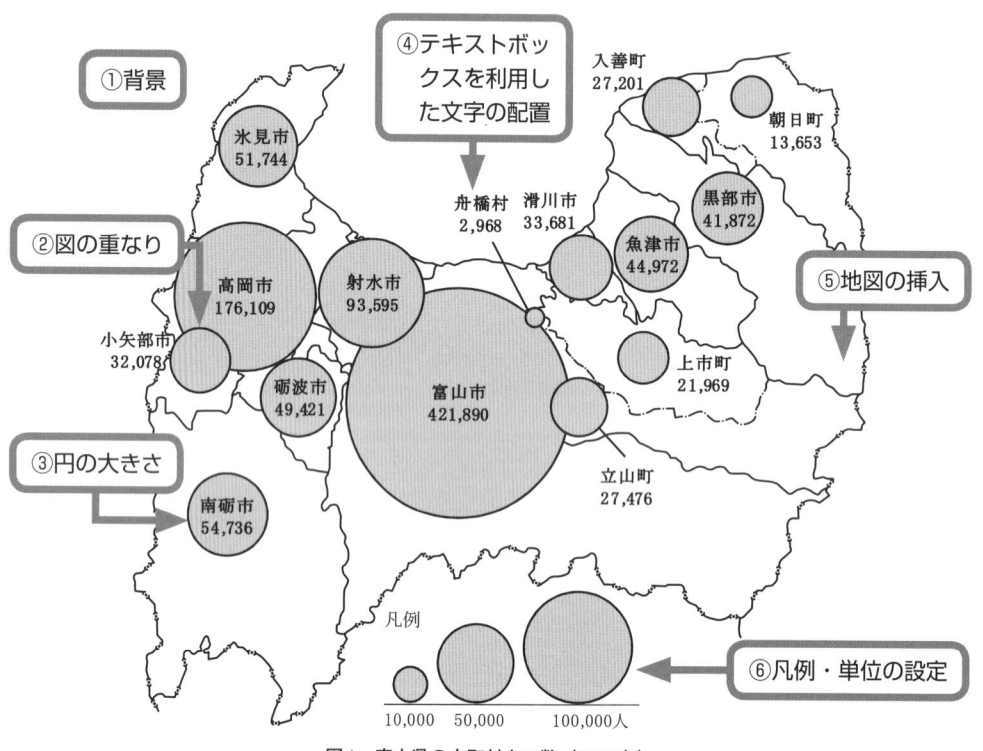

図1　富山県の市町村人口数（2010年）
（国勢調査により作成）．

●作成手順

　オートシェイプを用いるため，作成は単純である。表現するデータを定めたら，数値の大きさに応じて記号の大きさを変える。作成した記号を選択して，ドラッグすれば移動もできる。

　記号の大きさ変更は，右のダイアログボックスのように，サイズを選択することで可能になる。使用データの数値により，適宜「高さ」「幅」などを入力する。「縦横比を固定する」にチェックを入れれば，相似形の記号ができる。

　また，テキストボックスを追加することで説明を入力できる。テキストボックスは，オートシェイプの他，記号設定「テキストの編集」の選択でも追加することができる。いずれも図中でフォントや文字の大きさ等の設定は統一する。

① Excelシートの背景はコピー＆貼り付け時のことを考え，無地にしておくことが望ましい。
② 記号同士が重なる場合，小さな記号を前面に配置すると見やすくなる。
③ 記号の大きさは数値に比例させるように設定する（ワンポイント参照）。記号の色や枠線はテキストの挿入を考えて決め，なるべく統一する。
④ テキストが記号の中に収められる場合，文字は記号の中心に配置する。記号の中に収まらない場合，適切な位置にテキストを配置する。テキストを記号の近くに配置できない場合は，引出線などを用いて分かりやすい位置に示す。
⑤ 地図は白地図等を準備し，図として挿入する（リンク　地図データの作成については186-187ページ）。白地図は，円記号が隠れないように最背面に移動する。最背面への移動は，ツールバー［ページレイアウト］→［配置］から設定できる。
⑥ 単位の凡例は図中で示すか，図のキャプションで必ず示すこと。凡例の記号の大きさは，③と同様に数値に比例させるように設定する。

●ワンポイント

　記号の大きさは，数値に比例させるように設定する。図の場合，円の半径は人口数の平方根に比例するように設定している（人口が2倍になれば，円記号の半径は$\sqrt{2}$倍となっている）。これは，円の面積が人口数に比例するように描くためである。この他にも，記号の半径を数値に比例させたり，数値の階級区分ごとに記号の大きさを定めたりする方法がある。

●地図的な円記号図のサンプル

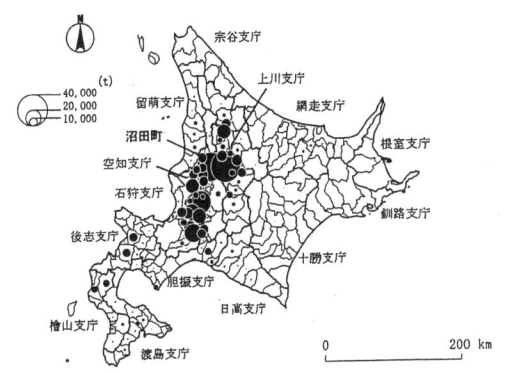

第3図　北海道における市町村別の米収穫量の分布（2000年産）
出所：農林水産省札幌統計事務所資料より作成．

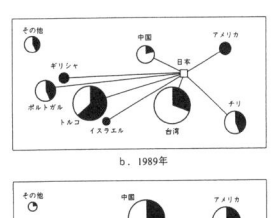

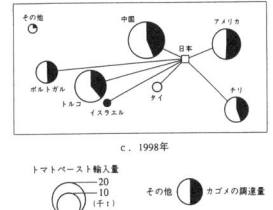

図5　トマトペースト輸入地域別にみたカゴメの調達比率
1980年のカゴメの調達量は資料なし．
（『加工原料用トマト関係資料』各年版，カゴメ株式会社(1999b: 49) により作成）．
Fig. 5　Procurement share of Kagome in the import regions of tomato paste to Japan

PART❶ 基本的な図表
16 記号を含んだ表：立地と機能から事業所を分類してみよう

`工業` `全般`　　　　　　　　　　　棒　折れ線　円　散布図　**表**　2軸　複合　その他

●目　的
　一般的な表は，都道府県名などの「地域」と人口などの「属性」をクロス集計した地理行列（リンク 2ページ）のように，行と列に示された2つの分類指標をクロス集計した数値で構成される。これに対して，数値代わりに記号を用いることで，表に第3の分類指標を組み込むことが可能になる。

　下の表1は，日本のセメント工場の分布を企業別に示したものである。この表には，「地方」と「企業」という分類指標によって工場数が表現されていることに加え，臨海型と内陸型を区別した「立地」という第3の指標が記号の使い分けによって表現されている。表1からは，企業や地域によって工場の分布や立地が異なることがわかる。

　このように，記号を含んだ表では，記号の数によって数量を表現するとともに，記号の種類によって質的な分類も表現することができる。たとえば，生産拠点ごとの機能（本社機能，研究開発機能，試作設計機能，量産機能など）で分類したり，農家ごとの主要な生産品目で分類したりすることが考えられる。ただし，1つのセルに含まれる記号の数が多すぎると表が煩雑になってしまうため，比較的少ないサンプルのデータ整理に適した方法であることに注意しよう。

●使用データ
　セメント産業の概要（2013年）／社団法人セメント協会ホームページ

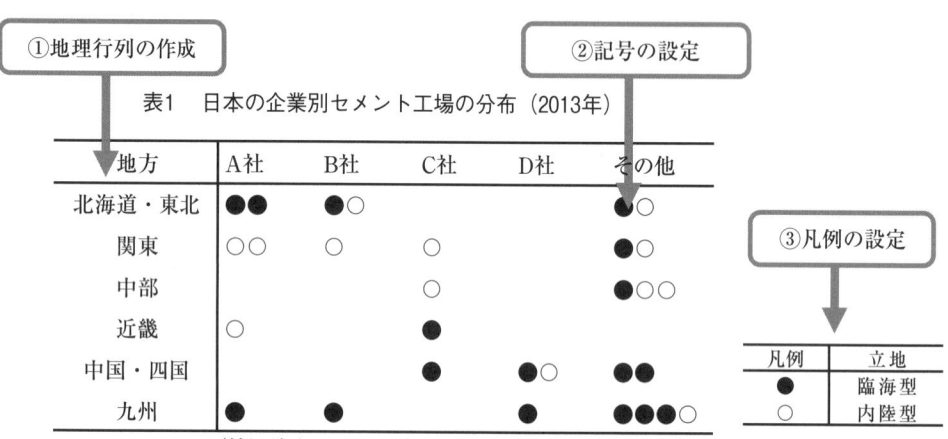

①地理行列の作成　　　　　　　　②記号の設定

表1　日本の企業別セメント工場の分布（2013年）

地方	A社	B社	C社	D社	その他
北海道・東北	●●	●○			●○
関東	○○	○	○		●○
中部			○		●○○
近畿	○		●		
中国・四国			●	●○	●●
九州	●	●		●	●●●○

（社団法人セメント協会ホームページにより作成）．

③凡例の設定

凡例	立地
●	臨海型
○	内陸型

●作成手順

①セメント工場のリストをもとに，列に企業，行に地域を配置した「地理行列」をつくる。このとき，データ数に応じて，地域区分や「その他」に含める企業数など，分類基準を調整する。

②該当するセルに記号を入力する。記号は，「まる」，「さんかく」，「しかく」，「ほし」等を入力して変換すれば，○／●／◎，△／▽／▲／▼，□／◇／■／◆，☆／★等の記号が表示される。データや情報がない場合，セルは空欄のままでもよいが，データがないことを明示する場合には，「－（全角のマイナス）」や「―（ダッシュ）」を用いる。「-（半角のマイナス）」は負の値と認識されるので避けた方がよい。

③凡例を入れる。凡例は表形式でもよいし，「表中の記号は●：臨海型，○：内陸型を示す。」というように，注記としてもよい。

●ワンポイント

①の手順で，データ数に対して分類基準が多すぎたり少なすぎたりすると望ましい結果が得られないこともあるので注意しよう。特定の傾向を示すための恣意的な分類基準にしないことも重要である。

●記号を含んだ表のサンプル

PART❷ 応用的な図表
1 人口ピラミッド：人口構成を図化しよう

人口　　　　　　　　　　　　　　　棒 折れ線 円 散布図 表 2軸 **複合** その他

●目　的
　人口ピラミッドとは，下の図1と図2のように性別・年齢階級別の人口を，低年齢側から順に積み上げて表したグラフである。これによって，どの年齢層の人口が多く，どの年齢層の人口が少ないか容易に把握できる。たとえば，平均寿命の延長や合計特殊出生率の低下，これに伴う少子高齢化によって，日本の人口ピラミッドは「ピラミッド（多産多死）型」から「つりがね（多産少死）型」，さらに「つぼ（少産少死）型」へと変化してきた。Excelでは，棒グラフのつくりかたを応用して，この人口ピラミッドを作成することが可能である。

●使用データ
　さいたま市の性別・5歳階級別人口（2005年）／国勢調査

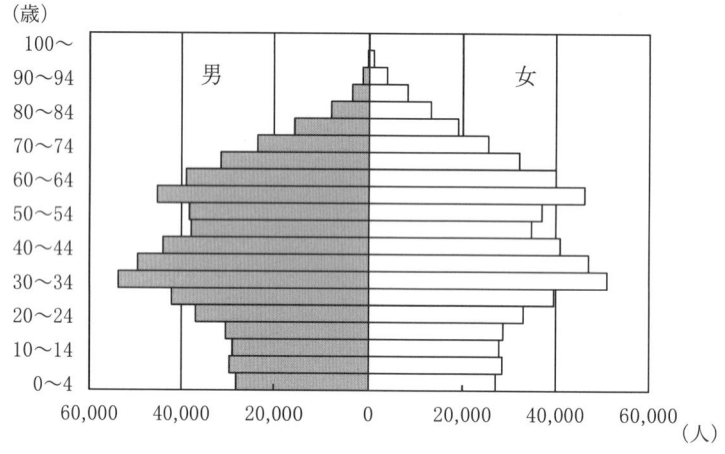

図1　さいたま市の人口ピラミッド：その1（2005年）
（国勢調査により作成）．

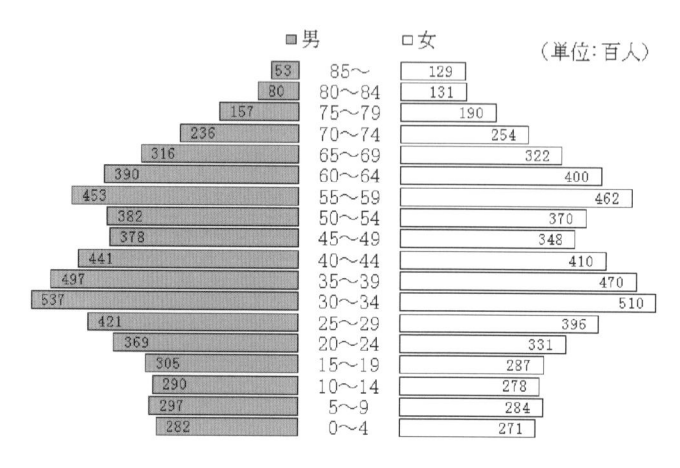

図2　さいたま市の人口ピラミッド：その2（2005年）
（国勢調査により作成）．

●作成手順（図1のつくり方）

①右の図に示した左側のデータ（セルA1～C24）は，2005年のさいたま市の性別・5歳階級別の人口である。これを右側のデータ（セルE1～G22）のように，男子人口に−1をかけて正負を逆転させる。

②次にグラフを作成する。E1～G22を選択し，[挿入]タブ→[グラフ]→[横棒]→[2-D横棒]→[集合横棒]を選択すると，下のようなグラフが表示される。

③棒グラフを右クリックし，一番下の[データ系列の書式設定]をクリックする。次に，[系列のオプション]タブの[系列の重なり]のツマミを右端（100%）に，[要素の間隔]のツマミを左端（0%）にそれぞれ合わせる。すると，グラフが人口ピラミッドの形となる（リンク 35ページ）。

	A	B	C	D	E	F	G
1	年齢	男	女		年齢	男	女
2	0～4	28,228	27,057		0～4	-28,228	27,057
3	5～9	29,692	28,424		5～9	-29,692	28,424
4	10～14	29,049	27,789		10～14	-29,049	27,789
5	15～19	30,453	28,675		15～19	-30,453	28,675
6	20～24	36,936	33,062		20～24	-36,936	33,062
7	25～29	42,145	39,567		25～29	-42,145	39,567
8	30～34	53,744	51,006		30～34	-53,744	51,006
9	35～39	49,652	47,045		35～39	-49,652	47,045
10	40～44	44,061	40,960		40～44	-44,061	40,960
11	45～49	37,806	34,801		45～49	-37,806	34,801
12	50～54	38,247	37,020		50～54	-38,247	37,020
13	55～59	45,347	46,154		55～59	-45,347	46,154
14	60～64	38,982	39,996		60～64	-38,982	39,996
15	65～69	31,565	32,159		65～69	-31,565	32,159
16	70～74	23,589	25,448		70～74	-23,589	25,448
17	75～79	15,697	19,017		75～79	-15,697	19,017
18	80～84	8,027	13,108		80～84	-8,027	13,108
19	85～89	3,617	8,109		85～89	-3,617	8,109
20	90～94	1,376	3,739		90～94	-1,376	3,739
21	95～99	279	948		95～99	-279	948
22	100～	27	74		100～	-27	74
23	不詳	2,453	1,184				
24	総数	590,972	585,342				

①正負を反転

④マイナス表示となっている男子人口側の目盛ラベル表示を改める。まず，横軸の数字部分を右クリックし，一番下の[軸の書式設定]をクリックする。次に，[表示形式]タブの中ほどにある[表示形式コード]に「#,##0;#,##0」と入力し，[追加]を押す。

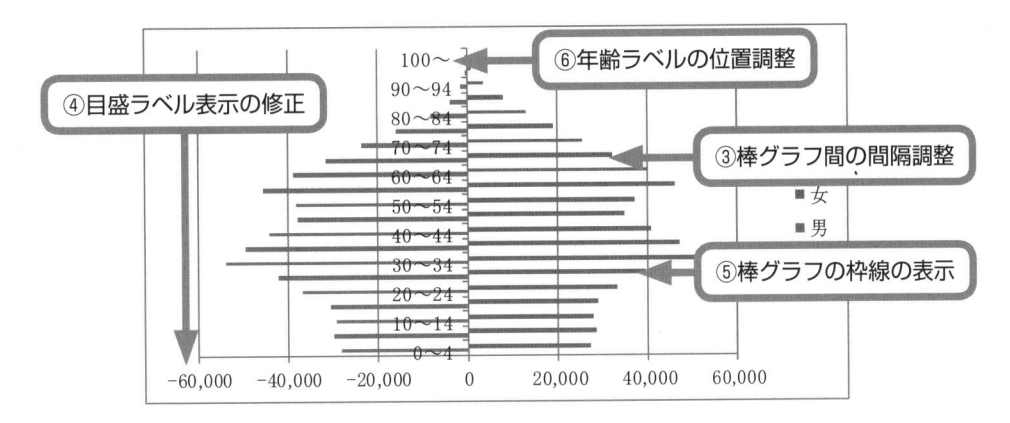

④目盛ラベル表示の修正
⑥年齢ラベルの位置調整
③棒グラフ間の間隔調整
⑤棒グラフの枠線の表示

⑤この時点では，各グラフは枠線のないベタ塗りとなっており見づらい。棒グラフを右クリック→[データ系列の書式設定]→[枠線の色]にて[線（単色）]を選択し，枠線を表示させる。

⑥縦軸の年齢ラベルが見づらい場合は，ラベルを左端に寄せる。まず，ラベルの文字上を右クリックし，一番下の[軸の書式設定]をクリックする。次に，[軸のオプション]タブの[軸ラベル]から[下端/左端]を選択する。

●作成手順（図2のつくり方）

①右の図のA，C，E列は，前ページと同じ2005年のさいたま市の性別・5歳階級別人口である（85歳以上はひとまとめ，人口は百人単位）。男女それぞれについて人口最多の年齢階級の人口を調べ，それを上回るキリのよい数を設定する（右表では30〜34歳が男：537百人，女：510百人で最多なので，男女とも550を設定）。

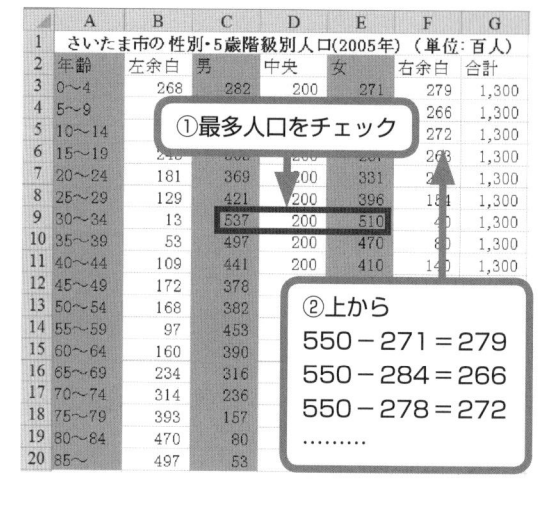

②①で設定した数から男子人口を引いた数をB列，女子人口を引いた数をF列に入れる。またD列には，全行に同じ数字（①で設定した数の3〜5割程度）を入れる。

③A2〜F20を選択した状態で，積み上げ横棒グラフを作成する（右下の図）。

④横軸のラベルを選択した状態で［Delete］キーを押し，横軸ラベルを消去する。目盛線も同様に消去する。

⑤［要素の間隔］ツマミを操作してグラフを太くする（前ページの③参照）。

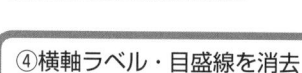

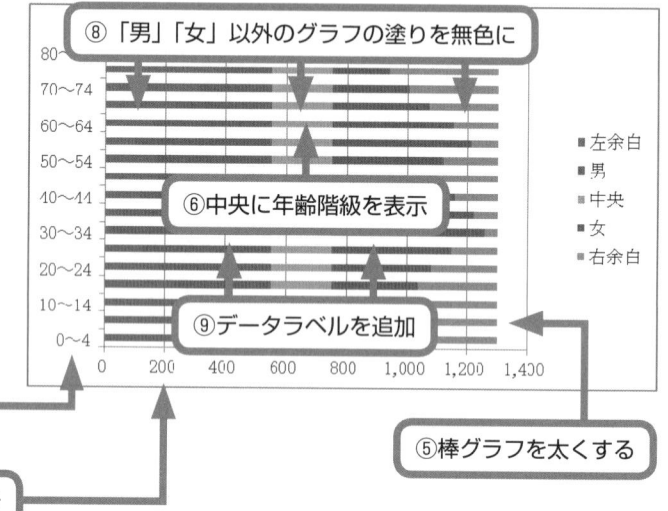

⑥［中央］のグラフにデータラベルを追加する。さらに［データラベルの書式設定］→［ラベルオプション］→［ラベルの内容］のチェックボックスのうち［値］のチェックを外して［分類名］をチェックすると，中央部分に年齢階級のラベルが表示される。

⑦縦軸のラベルを選択した状態でDeleteキーを押し，不要となった縦軸ラベルを消去する。

⑧人口ピラミッドに用いない「左余白」「中央」「右余白」のグラフの塗りつぶしを「なし」にする。

⑨「男」「女」のグラフにデータラベルを追加する（このグラフでは人口を示す目盛線が使用不可）。

●ワンポイント

市町村の人口ピラミッドをつくる場合などは，5歳階級別の人口を用いることが適切であろう。ただし，日本全国などの大きな人口集団について，年齢構成を詳細に表現する目的で作成する場合などには（たとえば「ひのえうま」による出生減の可視化など），1歳ごとの人口を

用いる方が適切なこともある。また図1では99歳までの年齢層を5歳階級別の人口ピラミッドを作成したが，図2のように人口の少ない高齢層（たとえば85歳以上）をひとまとめにした人口ピラミッドも一般的である。

● 人口ピラミッドのサンプル

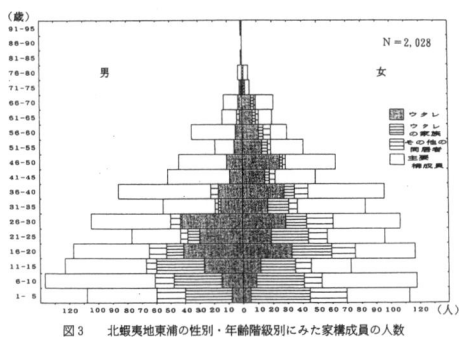

図3　北蝦夷地東浦の性別・年齢階級別にみた家構成員の人数
北蝦夷地東浦のアイヌ人口は2,094人であるが，性・年齢・同居者の分析可能な2,028人を対象とした。
（『北蝦夷地東西惣人別帳』により作成）．

Fig. 3　Number of household members by sex and age class in the eastern part of southern Sakhalin in 1828

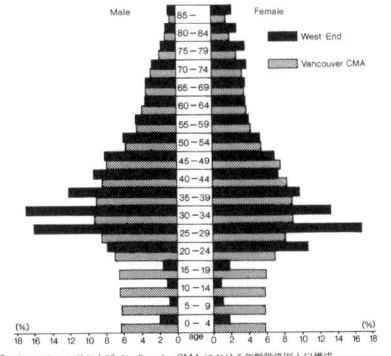

第2図　ウェストエンドおよびバンクーバーCMAにおける年齢階級別人口構成
（1996年センサスより筆者作成）
ウェストエンドについては，統計区番号060～068（バラード通りより北西側）を集計した。

PART❷ 応用的な図表
2 対数グラフ：都市の順位と規模の関係を見てみよう

`都市` `全般`　　　　　　　　　　棒　折れ線　円　**散布図**　表　2軸　複合　その他

●目的

　最大値と最小値との間でケタが大きく違っていたり，ばらつきが大きいデータを扱う際には，単純に散布図を作成するのでなく，ひと工夫が必要となる。たとえば，通常の目盛ではなく，対数目盛をとることによって，生データでは分かりづらい何らかの法則性を見つけることが可能となるかもしれない。ここではExcelを用いて，そのような対数グラフを作成してみよう。対数グラフのうち，X軸もしくはY軸どちらかのみを対数目盛にしたものを片対数グラフとよび，X軸とY軸ともに対数目盛をとっているものを両対数グラフとよぶ。どちらのグラフもExcelの機能で簡単に作成することができる。

　下の図1は縦軸（Y軸）に埼玉県市部の地方税の収入をとり，横軸（X軸）は埼玉県内の都市人口の順位を示したものである。一般に，都市人口の階層は，都市順位規模曲線（ランクサイズルール）とよばれ，経験的に「べき乗分布」に従うことがよく知られている。そのため，両対数グラフをとると，順位と地方税との間に直線的な関係があることが分かる。このような順位と規模に関する直線的関係は，都市の人口や，単語の出現頻度数などにも経験則としてみられる。

●使用データ

　埼玉県市部の地方税収入（2008年）／市町村別決算状況調

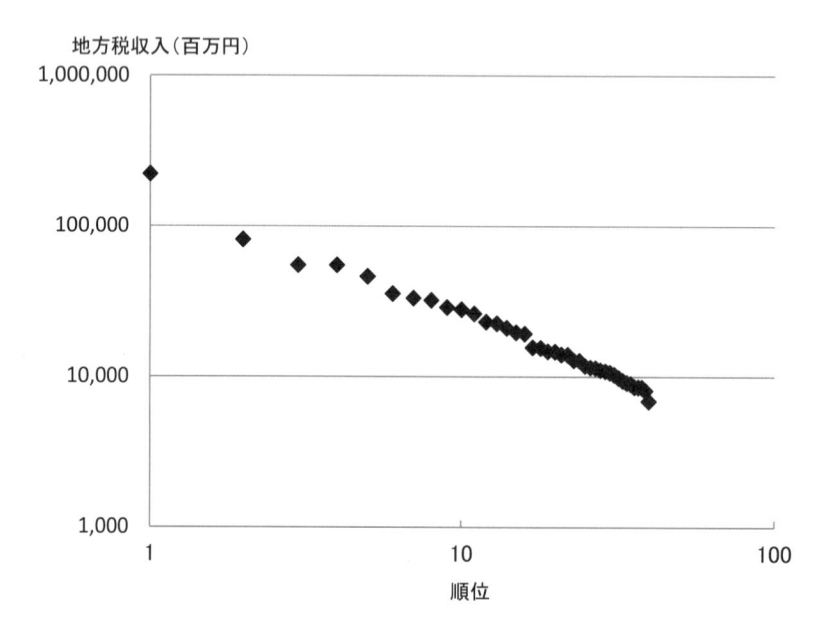

図1　埼玉県市部の地方税収入と順位（対数目盛）
（市町村別決算状況調により作成）.

●作成手順

対象とする埼玉県には40の市があるが，歳入の地方税の金額を高い順に見てみると，1位はさいたま市の2,215億円，2位は川口市の808億円，3位は川越市で547億円となっている。一方，40位の幸手市では69億円弱で，さいたま市の3％ほどにすぎない（左下の表）。1位から40位まで地方税の金額の高い順に並べて，地方税と順位に関する散布図をつくると右下の図が得られる。さいたま市が突出している一方，多くの都市は小規模な税収であることが分かる。

	順位	地方税（百万円）
さいたま市	1	221,502
川口市	2	80,840
川越市	3	54,711
所沢市	4	54,703
越谷市	5	46,083
⋮	⋮	⋮
吉川市	36	8,511
蓮田市	37	8,469
日高市	38	8,467
羽生市	39	8,043
幸手市	40	6,870

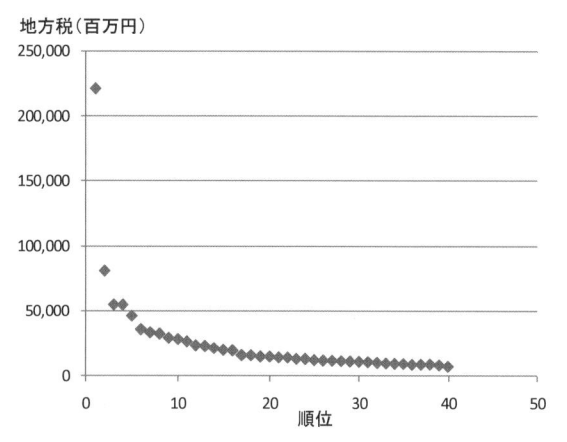

対数目盛に変換するには，［グラフツール］→［レイアウト］→［軸］を選択すると，「主横軸」か「主縦軸」のどちらかで対数変換が可能となる。X軸を対数目盛に変換した場合には，主横軸を選び，Y軸を対数目盛に変換したい場合には主縦軸を選択すればよい。

●ワンポイント

今回あつかったデータのように，桁数が大きく異なるデータや，データの分布に偏りが存在している場合，対数グラフに直すことで，直線的な傾向が見てとれることがしばしばある。作成した散布図がどのような傾向を示しているか一見分からない場合においても，片対数グラフや両対数グラフに変換するなど，いろいろと試行錯誤してみよう。

●対数グラフのサンプル

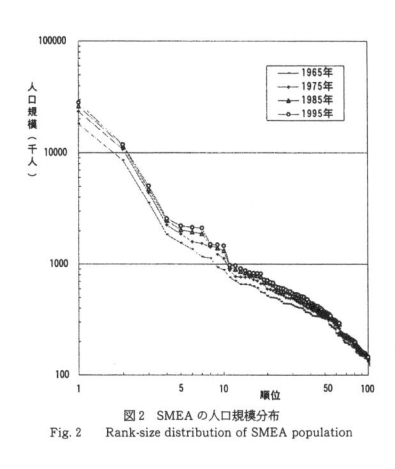

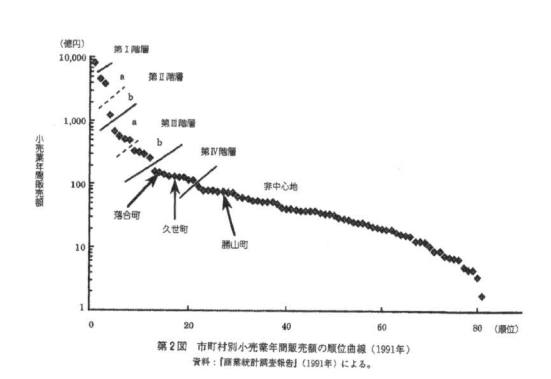

図2　SMEAの人口規模分布
Fig. 2　Rank-size distribution of SMEA population

第2図　市町村別小売業年間販売額の順位曲線（1991年）
資料：『商業統計調査報告』（1991年）による。

PART ❷ 応用的な図表
3 樹形図：都市システムを表現してみよう

都市　全般　　　　　　　　　　　　棒　折れ線　円　散布図　表　2軸　複合　**その他**

●目　的

Excelは，計算することができる量的なデータだけではなく，質的なデータの整理にも適している。たとえば，Excelは直行した行と列で構成されているため，樹形図のように，多くの要素が縦横に並列した図などを作成する場合にも有用である。ここでは，都市システムを表現する図を作成してみよう。

都市システムとは，「ある空間的範囲に分布する都市群を，相互に関連をもった全体性を備えた都市の集合（システム）と捉える概念」である（『最新地理学用語辞典　改訂版』大明堂，2003年）。現代日本の都市システムを概観すると，首都である東京には，政治の中枢機能である国会・中央省庁・裁判所等，経済の中枢機能である企業の本社が集中している。続いて，大阪，名古屋が東京に次ぐ影響力を持っている。さらに広域中心都市あるいは地方中枢都市とよばれる札幌，仙台，広島，福岡が続き，その後にはそれ以外の県庁所在地が各県で影響力を有する都市になっている。このような階層構造は，下の図1に示された中央省庁の組織体系にも反映されている。

●使用データ

財務局配置状況／財務省ホームページ
地方農政局一覧ほか／農林水産省ホームページ

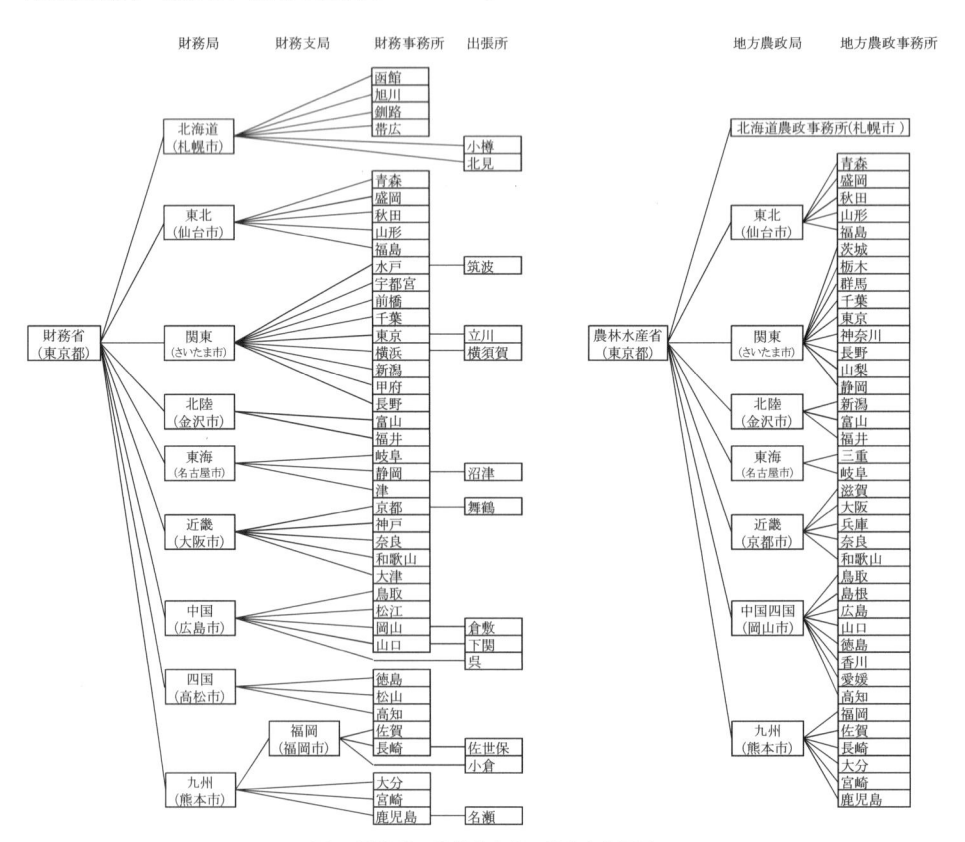

図1　財務省，農林水産省の地方支分部局
（財務省，農林水産省ホームページにより作成）．

実践編 PART ❷　応用的な図表　107

●作成手順

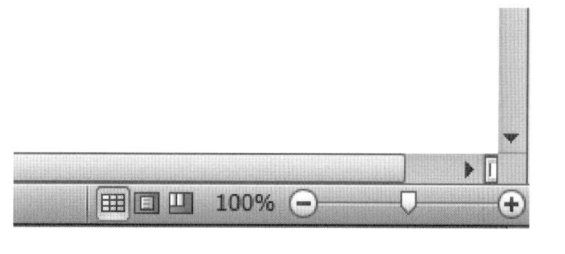

　階層間をつなぐ線は，[挿入] – [図形]から「→（矢印）」を選択すると，矢印線を引くことができる。キーボードの[Alt]キーを押しながらドラッグすると，セルの枠線に沿って，矢印線を引くことができる。さらに，[Alt]キーを押しながら斜めにドラッグすると，セルの隅に向かって矢印線を引くことができるので活用しよう。矢印の位置を微妙に調整するときには，画面右下の[ズーム]の値を150～200％に拡大すると便利である（上の図）。キーボードの[Ctrl]キーを押しながらマウスのホイールでも拡大と縮小が行える。

　各地方支分部局が示されている長方形をきれいに配置するためには，オートシェイプを用いるよりも，セルの罫線を用いた方がよい。2行以上あるいは2列以上にまたがるときは，セルを結合させよう。各セルの幅・高さをそろえた方が見栄えがよいので，文字がつぶれないように［列の幅］と［行の高さ］を調整しよう。

●ワンポイント

　都市システムに対応して，企業の本社－支店－営業所が階層的に立地しているだけではなく，中央政府の出先機関である「地方支分部局」も同様に階層的に立地している。たとえば，財務省（旧・大蔵省）では東京霞ヶ関の本省の下に財務局－（財務支局）－財務事務所－出張所が配置され，農林水産省では，本省の下に地方農政局－地方農政事務所が配置されている。一部，各地方ブロックを統括する地方支分部局が，広域中心都市に置かれていないことがあるが，これはそれぞれの歴史的経緯のためである。ちなみに，沖縄県は1972年の本土復帰以来，沖縄の復興を効率的に推進するため，内閣府沖縄総合事務局（旧・沖縄開発庁沖縄総合事務局）が各省の地方支分部局を統括することになっている。

　都市システムに関する研究は，東京一極集中，広域中心都市の人口増加が進んだ1980年代に盛んに行われた。しかし，昨今，日本の都市システムはグローバリゼーションの流れの中で再編される可能性があり，都市システム研究の意義は再び高まっている。都市システムについてさらに知りたくなった人は，阿部和俊『日本の都市体系研究』（地人書房，1991年）などを読んで理解を深めよう。

●樹形図のサンプル

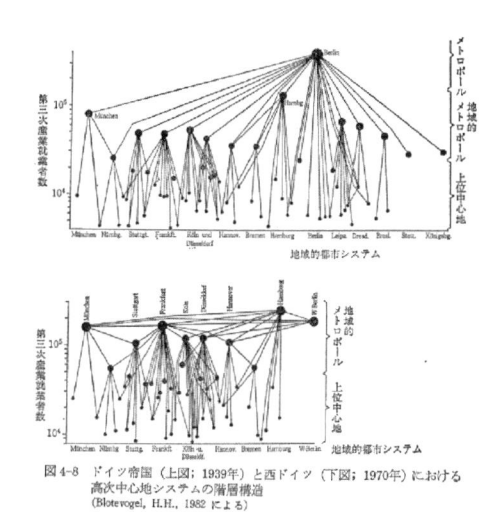

図4-8　ドイツ帝国（上図；1939年）と西ドイツ（下図；1970年）における高次中心地システムの階層構造
（Blotevogel, H.H., 1982による）

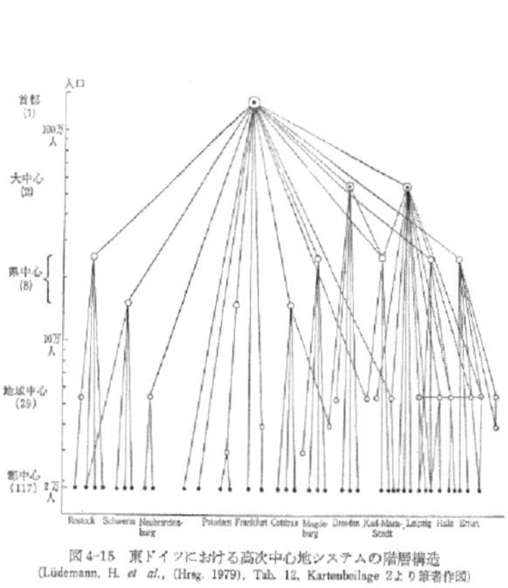

図4-15　東ドイツにおける高次中心地システムの階層構造
（Lüdemann, H. et al., (Hrsg. 1979), Tab. 12, Kartenbeilage 2より著者作図）

PART❷ 応用的な図表
4 OD表：地域間の流動を行列で示そう

[全般]　　　　　　　　　　　　　棒　折れ線　円　散布図　**表**　2軸　複合　その他

●目　的

　人口移動や交通，物流，資本など，人やモノ，カネ，情報等がある地点から別の地点に移動する場合の数量を表現するにはどうしたらよいだろうか。また，地点間での移動の数量の大小や特徴を見出したい場合もどのようにすればよいだろうか。もちろん，これまで紹介した図表表現も可能であるが，移動量を示したり，数量の比較を行ううえでは，一覧表としてまとめられていることが望ましい。

　OD表は，データの出発地（Origination）と到着地（Destination）間の移動量を一覧にして示すことができる。出発点から到達点へ移動した量がX軸とY軸の交差したセルに示されるため，移動量の数値を示し，かつ移動地点間での比較を行うには有効な表現方法である。ある事象の出発地と到着地が揃ったデータであれば，簡単に作成できるが，変数が多くなると，表が見づらくなるだけでなく，特徴の把握が難しくなる場合もあるので注意しよう。

　下の事例は，OD表で首都圏7都県間での貨物トラック流動量を表現したものである。物流量は同一都県内で多くなる傾向が見られるほか，東京都を目的地とする物流量が多いことが，表から読み取れる。

●使用データ

　都道府県間トラック流動量（高速道路利用無・重量（トン））（2005年）／全国貨物純流動調査

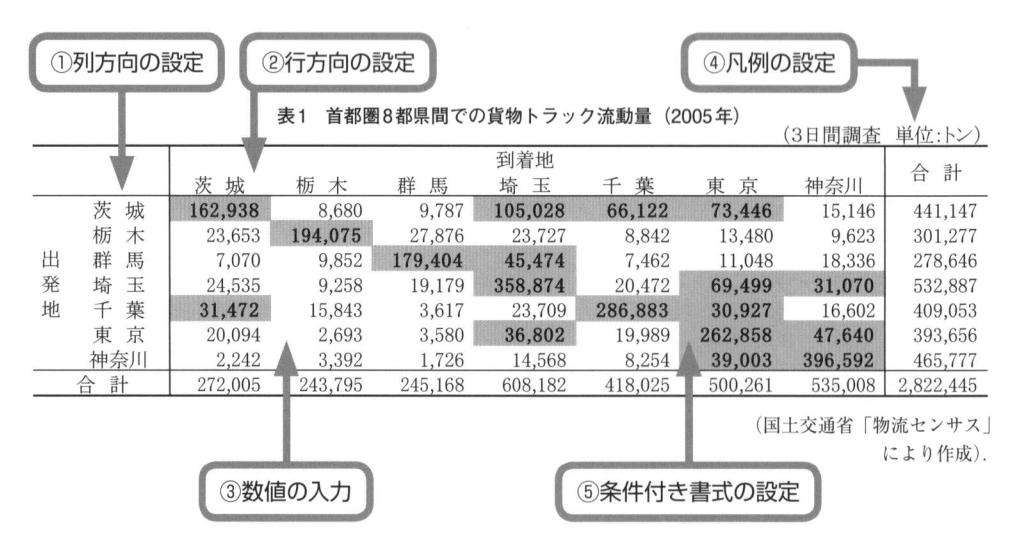

表1　首都圏8都県間での貨物トラック流動量（2005年）

（3日間調査　単位:トン）

		到着地							合計
		茨城	栃木	群馬	埼玉	千葉	東京	神奈川	
出発地	茨城	162,938	8,680	9,787	105,028	66,122	73,446	15,146	441,147
	栃木	23,653	194,075	27,876	23,727	8,842	13,480	9,623	301,277
	群馬	7,070	9,852	179,404	45,474	7,462	11,048	18,336	278,646
	埼玉	24,535	9,258	19,179	358,874	20,472	69,499	31,070	532,887
	千葉	31,472	15,843	3,617	23,709	286,883	30,927	16,602	409,053
	東京	20,094	2,693	3,580	36,802	19,989	262,858	47,640	393,656
	神奈川	2,242	3,392	1,726	14,568	8,254	39,003	396,592	465,777
合計		272,005	243,795	245,168	608,182	418,025	500,261	535,008	2,822,445

（国土交通省「物流センサス」により作成）．

①列方向の設定　②行方向の設定　③数値の入力　④凡例の設定　⑤条件付き書式の設定

●作成手順

　OD表の作成は，地点間のデータが集計されていれば難しくない。通常は行方向を到着地，列方向を出発地として示す。両軸の交差したセルに移動量の数値データを入力する。また，Excelでは条件に合うデータだけを抽出し，各セルの背景色やフォントを変える「条件付き書式」の機能もある。当該条件に該当するセルの抽出が可能なので，合わせて手法を覚えよう。

①列方向は通常，出発地をあてる。
②行方向は通常，到着地をあてる。この際，セル幅を十分にとらないと数値が「####」で表記されるので注意すること。
③各セルには，出発地と到着地のクロスした数値を入れる。事例では，「茨城県発茨城県着」のトン数は162,938，「茨城県発栃木県着」のトン数は8,680となる。
④凡例には，必ず流動量の単位を入力する（トン，人，円など）。
⑤特定の数値を抽出したい場合は，条件付き書式を使用すると便利である（上の図）。まず，条件付き書式を適用するセル範囲を選択しておく。［ホーム］→［条件付き書式］から右のように設定すると，条件に合ったセルだけが設定した塗りつぶしやフォントで表記される（事例では，7都県間の流動量合計のうち1％以上のセルだけを灰色で塗りつぶし，フォントを太字にしている）。塗りつぶし色の濃淡によって，文字が見えにくくなる場合もあるので注意すること。

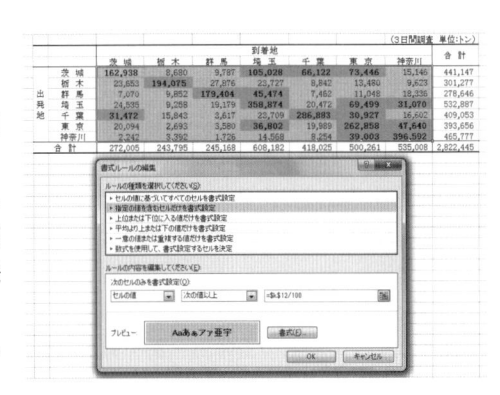

●ワンポイント

　OD表は，数値で示す場合，出発地と到着地の数が増えると，煩雑になるので注意が必要である。論文やレポートで用いる場合，見栄えなども考慮し，出発地・到着地の特徴が分かるように工夫することが望ましい。表の作成の際，数値の桁数などをそろえて，セルの行列幅を統一すると見栄えがよい。

●OD表のサンプル

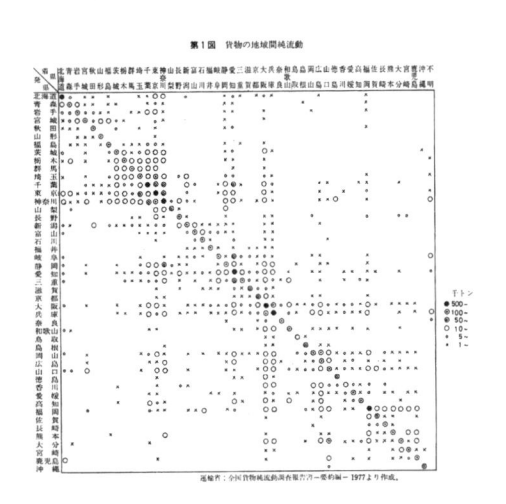

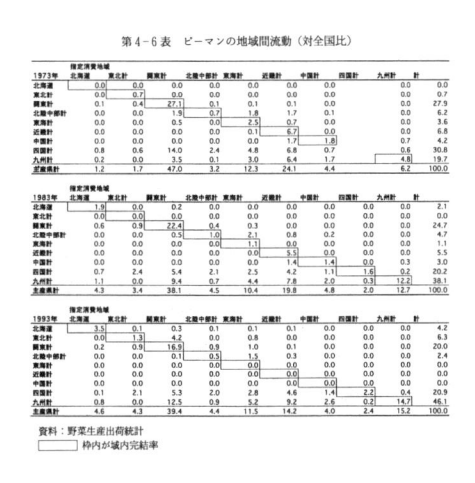

PART❷ 応用的な図表
5 流線図：貿易の流れを把握しよう

全般　　　　　　　　　　　　棒　折れ線　円　散布図　表　2軸　複合　**その他**

●目　的
　グローバル化に伴って，ヒトの流れ，モノの流れ，カネの流れ，情報の流れは活発化している。これらの流動の特徴は，表よりも図で示した方が視覚的に分かりやすい。Excelの図形描画機能（オートシェイプ）を利用すれば，大きさの異なる矢印を用いて，流動の特徴を地図的に表現する流線図を作成することができる。ここでは，日本からの家庭用電気機器の輸出額，日本への家庭用電気機器の輸入額の状況について，地図的に表現する図を作成する。

●使用データ
　日本の家庭用電気機器輸出金額・輸入金額（2010年）／貿易統計
　※貿易統計のデータは，品目がコードで記載されているので，「財務省貿易統計」のホームページにあるコード表と照合しながら利用する必要がある。

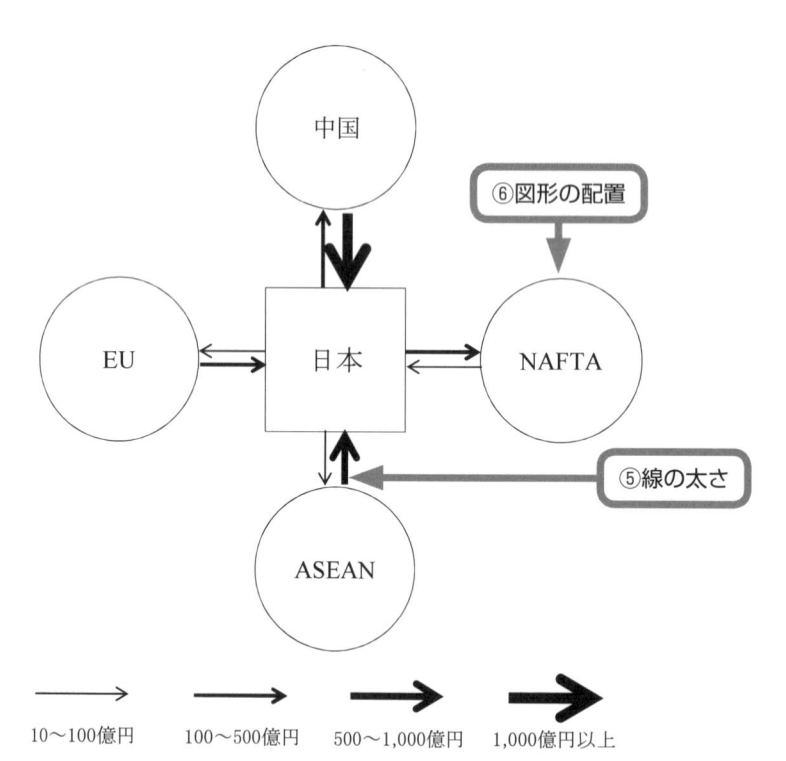

図1　日本と主な国々との家庭用電気機器輸出額・輸入額（2010年）
（貿易統計により作成）．

実践編 PART ❷　応用的な図表　　111

●作成手順

①調べたい品物のコード（概況品コード）を探しておく。「財務省貿易統計」ホームページのトップページから「外国貿易等に関する統計」の「普通貿易統計（貨物の輸出及び輸入に関する統計）」にある「各種コード」をクリックする。各年次の「概況品コード表」の「輸出」「輸入」で調べたいモノのコードを調べる。たとえば，2010年の家庭用電気機器は，輸出では70317，輸入では70309である。

②次に，「各種コード」のページにある「国コード」で統計国名符号表を調べておく。

③再び，「財務省貿易統計」のトップページに戻り，「外国貿易等に関する統計」の「普通貿易統計（貨物の輸出及び輸入に関する統計）」にある「統計表一覧」をクリックする。さらに，「概況品別国別表」で，「輸出」「輸入」のデータをクリックする。

④データは月別に掲載されているが，毎年12月には1年分の集計データが記載されている。2010年の1年分のデータを調べたいので，2010年12月をクリックする。統計表を見ると，Exp or Imp（輸出のデータ1，輸入のデータ2），Year（調査年），Commodity（概況品コード），Country（国コード），Unit（Quantityで記載されるデータの単位），Quantity-Year（年間の輸出・輸入数量），Value-Year（年間の輸出・輸入額（単位は千円）），Quantity-Jan（1月の輸出・輸入数量），Value-Jan（1月の輸出・輸入額）……の順に並んでいる。①および②のコードをもとに，家庭用電気機器の輸出・輸入データを整理する。

⑤ここでは，国ごとのデータを集計して，日本との貿易額が多い中国，ASEAN，EU，NAFTAの4つのまとまりに整理して作図した。輸出・輸入額を矢印線の太さに対応させている（リンク　太さの調整については113ページ）。

⑥図形をきれいに配置させるためには，［ページレイアウト］－［配置］を利用し，複数の図形を［Shift］キーあるいは［Ctrl］キーを押しながら選択し，［左右中央揃え］や［上下中央揃え］を用いて適宜調整するとよい。

●ワンポイント

流線図は，旅客流動，貨物流動のほかに，情報の流れなどにもしばしば用いられる。情報の流動を図示する際の一例として，「地域間の電話通話量データ」などがある。

●流線図のサンプル

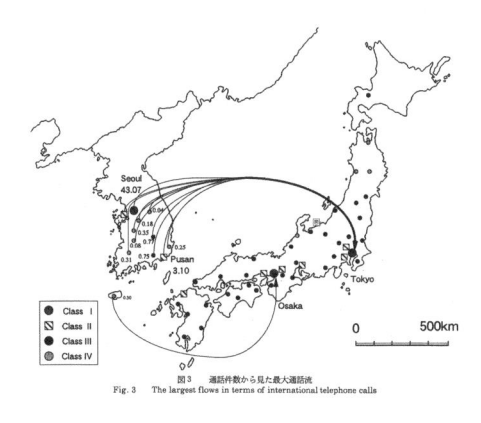

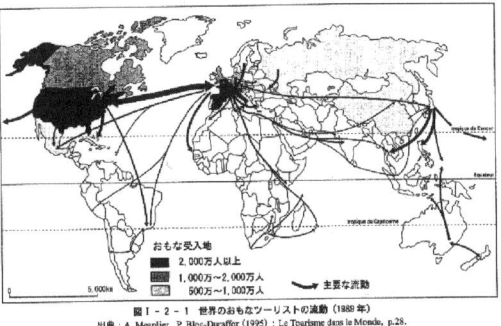

図3　通話件数から見た最大通話流
Fig. 3　The largest flows in terms of international telephone calls

図 I-2-1　世界のおもなツーリストの流動（1988年）
出典：A. Mesplier, P. Bloc-Duraffer (1995) : Le Tourisme dans le Monde, p.28.

PART❷ 応用的な図表
6 バブルチャート：通勤流動のトレンドを整理してみよう

交通観光　人口　　　　　　　　　棒　折れ線　**円**　散布図　表　2軸　**複合**　その他

●目　的
　人口移動のデータに代表されるように，複数地域の①移動前の人口数，②移動する人口数，③移動後の人口数のそれぞれが分かっているようなデータの場合，全てを表現するにはどうすればよいだろうか。この場合，人口数，地域，時間という3つの要素だけでなく，地域間での移動数も1つの図にまとめなければならない。
　このようなデータを表現する場合，バブルチャートで人口数を表現し，流線で移動数を示すことで，人口移動のトレンドを1つの図で明快に表すことができる。どこからどこへ向かう人口が多いのか，また移動の結果，人口がどのように変化したのか，傾向を容易に読み取ることができる。下の図1は，首都圏4都県の通勤移動の状況を示したものである。常住地から従業地への人口移動を図として示すことで，周辺県から東京都への通勤流入者数も多いが，自県内で完結する通勤流動がそれ以上に多いことが示される。

●使用データ
　各都県「常住地・従業地による従業者数」（2005年）／国勢調査

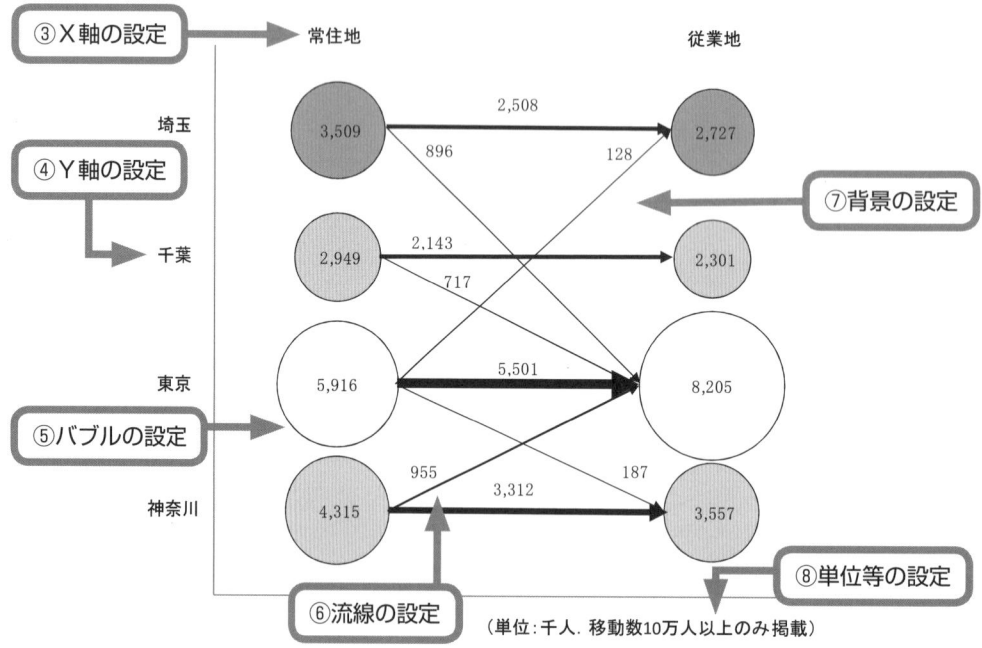

図1　首都圏1都3県における通勤流動の状況（2005年）
（国勢調査により作成）．

●作成手順

作成にバブルチャートを用いるが，一般的にX軸には年次など移動前／移動後を示すものを，Y軸には地域や部門などを，バブルのサイズには人口数などをあてる。流動（移動）数の表現は，オートシェイプの線を用いる（ワンポイント参照）。

① バブルの位置を定めるための数値を設定する。図1では，X軸を「常住地＝0.2」「従業地＝0.8」として，Y軸を「神奈川＝2」「東京＝5」「千葉＝8」「埼玉＝11」としている（右上の図）。
② 数値のあるセルの範囲（右上の図ではB2〜D9）を指定して，バブルチャートのグラフを挿入する。その際，バブルが重ならないように，XとYの値を適宜調整する。
③ X軸の目盛を消去し，「常住地」「従業地」をテキストボックスで追加する。
④ Y軸の目盛も消去し，「神奈川」「東京」「千葉」「埼玉」をテキストボックスで追加する。
⑤ バブルの塗り分けや枠線などを設定し，数値をラベリングする。
⑥ 流線は，移動（流動）数に合わせて太さや矢印の向きを設定し（ワンポイント参照），流動のデータに基づいて数値をラベリングする（右上の図）。
⑦ 背景はグラフエリア，プロットエリアともなるべく無色にする。
⑧ 数値の単位等を示す。

●ワンポイント

流動を示す線は単なる直線でもよいが，矢印にすると移動の様子がつかみやすい。線の太さは，移動数によって段階的に変える。また，全ての流動を示すと図が煩雑になるので，一定数以上の流動のみを示すなどの工夫が必要である。ここでは，移動者10万人以上の流動を抽出し，移動数10万人＝0.1ptの太さの線としている。

●バブルチャートのサンプル

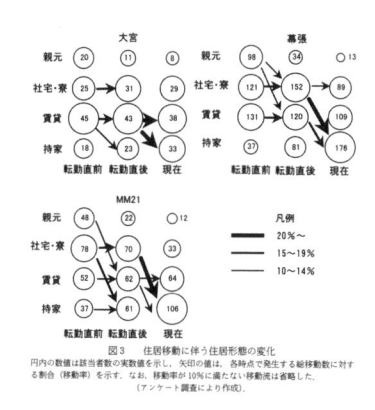

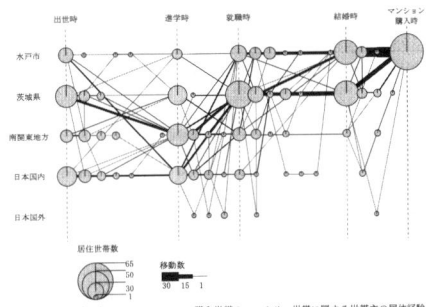

PART❷ 応用的な図表
7 面積グラフ：貨物輸送の実績を図化しよう

農業　全般　　　　　　　　　　　　棒　折れ線　円　散布図　表　2軸　複合　**その他**

●目　的

　移動距離は速度に時間を掛けたものとして表現できる。しかし，高速で短時間移動した場合と，低速で長時間移動した場合では，同じ距離であったとしても意味するところが違ってくる。このような場合，速度と時間をそれぞれ一辺として長方形を描くと，移動距離は面積として表現される。つまり同じ面積の長方形であっても，その縦横比から移動手段ごとの特徴を分かりやすく図化することができる。

　面積グラフは2つの値の積として求められる数値を表現するのに適したグラフである。こうした例は距離（時間×速度）だけではなく，貨物輸送実績（重量×距離，トンキロという単位で表記される）や年間旅行日数（旅行1回あたり日数×回数）などもある。

　フードマイレージもその一例で，食料の輸送がどれだけの環境負荷を掛けているかを示す数値である。食料の重量に輸送距離を掛けることで求められ，その値が大きいほど環境負荷が大きいことを表している。国内での地産地消を目指し，環境負荷を減らしていこうという主旨のもとに使われるようになった指標として知られている。フードマイレージの算出方法はさまざまだが，下の例では輸入にのみ注目しており，国内での移動は対象外となっている。日本は輸入量が多いことと輸送距離が長いことから，他国に比べフードマイレージの値は大きい。ヨーロッパ諸国は輸入量は多いものの距離は短いという特徴を持つ。アメリカは国内生産が多いことから輸入量も少なく，輸入する場合でも距離が短いため値は小さい。

●使用データ

　中田哲也（2003）　食料の総輸入量・距離（フード・マイレージ）とその環境に及ぼす負荷に関する考察．農林水産政策研究　No.5

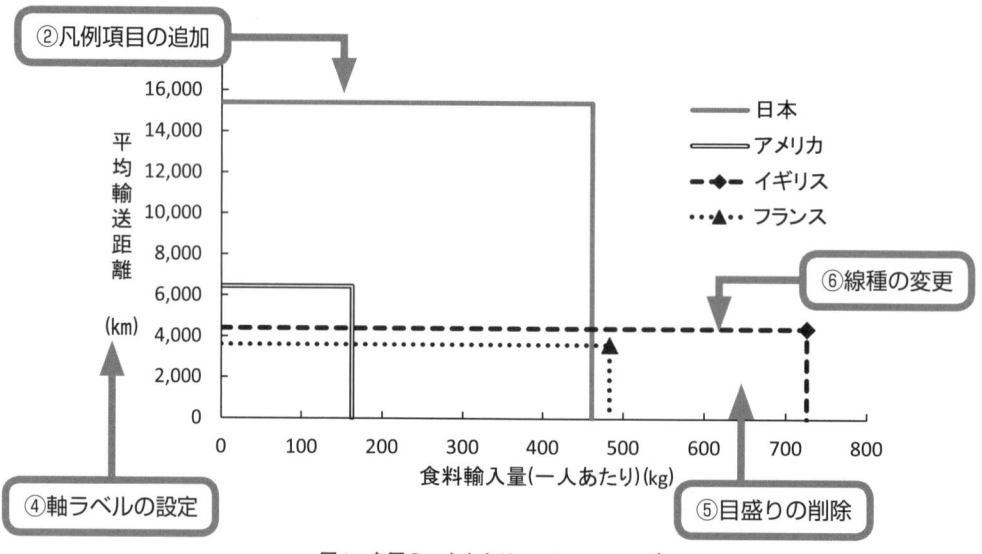

図1　各国の一人あたりフードマイレージ
（中田（2003）により作成）．

●作成手順

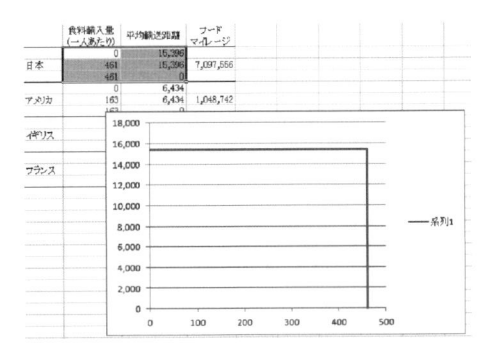

　面積グラフはExcelのグラフ機能そのままでは作成できないため，散布図（直線）の機能を応用して作成する。

①X軸との交点，Y軸の交点にあたる数値をダミーのデータとして，右の図のように各国の上下の行に挿入する。3点を結んだ線とX軸・Y軸で囲まれた領域が，表現したい長方形となる。データ範囲を指定して散布図（直線）を描いても目的のものにはならないが，とりあえず散布図（直線）を作成し，それに変更を加えていく。

②グラフエリアを右クリックし［データの選択］から［データソースの選択ウィンドウ］を開き，［凡例項目（系列）］に表示されている項目を全て［削除］，新たに［追加］から項目を作成する。［系列の編集］ウィンドウから［系列名］は国名のセル，［系列Xの値］は食料輸入量のセル範囲，［系列Yの値］は平均輸送量のセル範囲を指定する。

③同様にそれぞれの地域について［凡例項目（系列）］の［追加］から必要なデータを選択する。

④［グラフツール］の［レイアウト］から，［軸ラベル］をX軸・Y軸それぞれについて設定。デフォルトでは太文字になっているが，必要に応じて標準に戻す（リンク 32ページ）。

⑤デフォルトでは横目盛りのみが表示された状態になっているが，不要なので削除する。

⑥必要に応じて線種の変更やマーカーの設定を行う（リンク 38ページ）。

●ワンポイント

　面積グラフの欠点として，縦横の長さが大きく違う場合には，直感的にどちらの長方形が大きいのか分かりにくいという点がある。対策としてはテキストボックスなどを利用して，面積の実数をグラフ内に表示してしまうという方法がある。散布図（直線）を用いる方法では，グラフの内部を塗りつぶすことはできない。そのようなグラフをつくりたい場合には，棒グラフを使用した方法がある。細い棒グラフを隙間なく配置することで長方形を表現する。グラフの色は単色を選び，透過率を設定することで複数の値を表示できる。

●面積グラフのサンプル

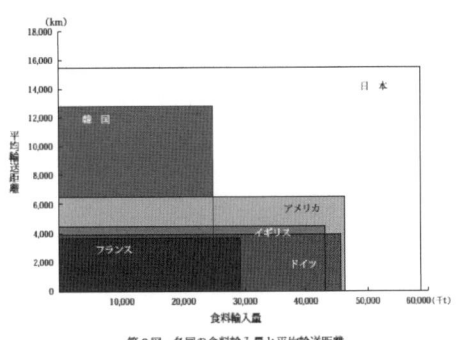

第3図　各国の食料輸入量と平均輸送距離

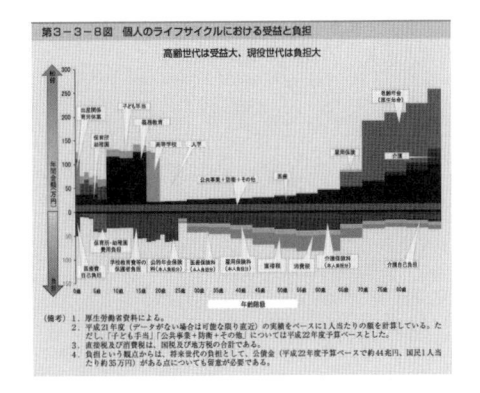

第3-3-8図　個人のライフサイクルにおける受益と負担
高齢世代は受益大，現役世代は負担大

116　実践編

PART❷　応用的な図表
8　暦図：農作物や労働者のスケジュールを整理しよう

農業　工業　　　　　　　　　　　　　　　棒　折れ線　円　散布図　表　2軸　複合　**その他**

●目　的

　ある地域の農業の特徴を分析するためには，まず何をしたらよいだろうか。フィールドワークによって田畑に植えられている農作物を記録して地図化することも1つの方法であるが，ある地域の農業の様子を詳しく分析するための第一歩として，栽培歴を作成する方法がある。栽培歴は，播種，定植，収穫などの農業の主要な作業を1年間のどの時期に行っているのかを示す図であり，その地域や農家の1年間の作業の内容と時期を一目で把握することができる。下の図1は，ある地域の栽培歴を示したものである。この図を見ると，年間を通して作物が収穫されている状態であり，1年間中収入が得られるように作物を選んでいることが推測できる。

　栽培歴は農家ごとに作成することも可能であり，同じ地域や農家の栽培歴を経年的に比較することによって，農業のあり方がどのように変化したのかを分析することができる。たとえば，有機農法を取り入れる前後での比較や，流通業者と契約栽培に取り組むなどして出荷先が変化した場合に，農業がどのように変化したのかを分析することができる。

●使用データ

　聞き取り調査等によるデータ

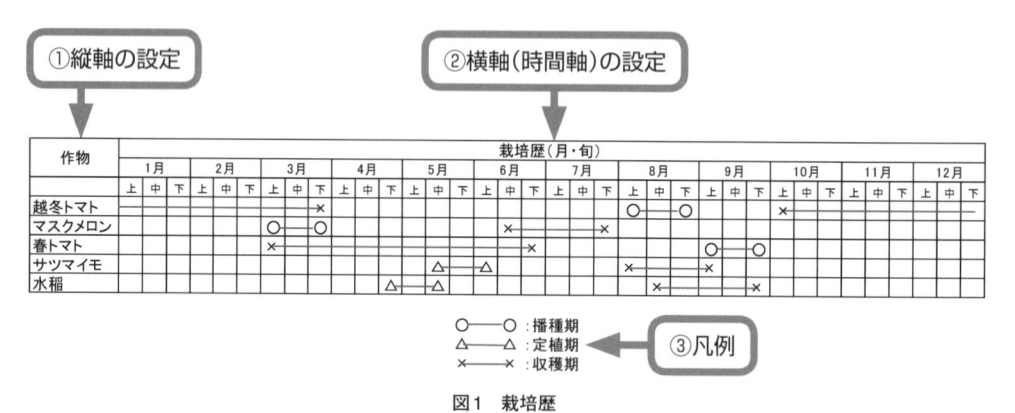

図1　栽培歴

永井伸昌・高橋亮輔・白石寿・深瀬浩三・仁平尊明（2006）千葉県一宮町における施設園芸集落の地域的特色．地域研究年報28　p.177の第5図を改変．

●作成手順

　栽培歴は，Excelのグラフ作成機能でつくるよりも，オートシェイプ機能やセルを利用して作成するとよいだろう。行と列のどちらを時間軸に設定するかについてのルールはないが，一般的には横軸を時間軸とする。ここでは，行を時間軸に設定しよう。栽培歴の作成にあたっては，連続データのコピーを利用すると効率的である（リンク 141ページ）。たとえば，2列目のBとCのセルにそれぞれ1月，2月と入力し，2つのセルを選択する。カーソルを右下の角に合わせると十字に変化するので，そこで右にドラックすると自動的に3月，4月……と入力される。1月から始めても4月から始めてもよいが，図の目的に応じて始める月を設定する。

　栽培歴に最低限必要な情報は，播種（種を播く），定植（苗を田畑に植える），収穫の3つの作業であろう。農業にはその他にもさまざまな作業があるが，栽培歴に必要な項目は，栽培作物の種類によっても異なるし，研究の目的によっても異なるため，下書きの段階では，聞き取り調査で得られた情報を全て書き込んだ方がよいだろう。その後，必要な情報を取捨選択していく。左ページの図1では作物ごとの栽培歴を示しているが，農家ごとの作業歴を作成しても構わない。

①縦軸は，品目を書く場合と，個別農家を書く場合がある。図を作成する目的に応じて縦軸を設定する。
②時間軸は，月のみではなく，上旬・中旬・下旬の3つに区分する。図中に明示してもよいし，各月の間隔で示してもよい。
③作業の開始時期と終了時期を記号で示し，その間を線で結ぶ。記号は分かりやすいものにする。線の種類（破線，波線，二重線など）で作業を分類してもよいだろう。

●ワンポイント

　栽培歴は地理学の論文，とりわけ農業地理学の分野で用いられる図である。栽培歴の作成方法には厳密なルールはない。それゆえ，ある程度は作成者の裁量が許される図である。農業にはさまざまな作業があるが，研究の目的や図で表現したいことを必要最低限の情報に抑えると見えやすくなる。

●暦図のサンプル

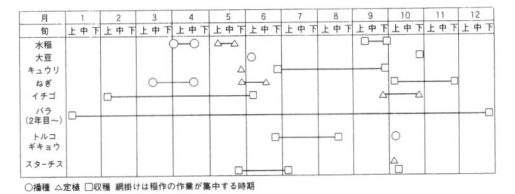

PART ❷ 応用的な図表
9 変遷図：企業の立地を時系列で示そう

商業　工業　全般　　　　　　　棒　折れ線　円　散布図　表　2軸　複合　**その他**

●目　的
　変遷図は，企業や店舗，工場などの設立・閉鎖，統合・分裂を時系列で視覚的に分かりやすく表現したものである。ここでは，小売企業の履歴を表現した図を作成する。例として取り上げたのは，「阪急百貨店」の店舗立地状況である。阪急百貨店は，箕面有馬電気軌道（現・阪急電鉄）の創業者である小林一三氏が創業した百貨店であり，梅田駅に直結した店舗は，日本で初めてのターミナルデパートとして知られている。1950年代以降，阪急百貨店は首都圏にも立地を拡大させ，さらに，1970年の千里阪急開店を皮切りに，郊外住宅地へも積極的に進出していったことが分かる。しかし，2000年代に入ると，百貨店業界は厳しい状況に追い込まれたため，阪急百貨店でも業態の変更や閉店を迫られている。

　企業の変遷は，文章で書き表したり，年表で表現したりすることもできるが，各店舗の開店・閉店・業態変更などを矢印線を用いて示すことで，視覚的に分かりやすく表現できる。

●使用データ
阪急百貨店の沿革／株式会社阪急阪神百貨店ホームページ

	店名／年代	1920	1930	1940	1950	1960	1970	1980	1990	2000	2010
京阪神圏	うめだ本店		○阪急百貨店創業（29年）							＊1	→
	神戸（三宮）		○36年＊2						＊3 ×95年		
	千里						○70年				→
	四条河原町						○76年			×10年	
	川西								○89年		→
	神戸								○92年＊4		→
	宝塚								○93年		→
	堺 北花田									○04年	→
	三田									○05年	→
	西宮									○08年	→
首都圏	大井				○53年					＊5 ＊6	
	数寄屋橋					○56年				＊7	
	有楽町							○84年			→
	都筑									○00年	→
他	博多										○11年→

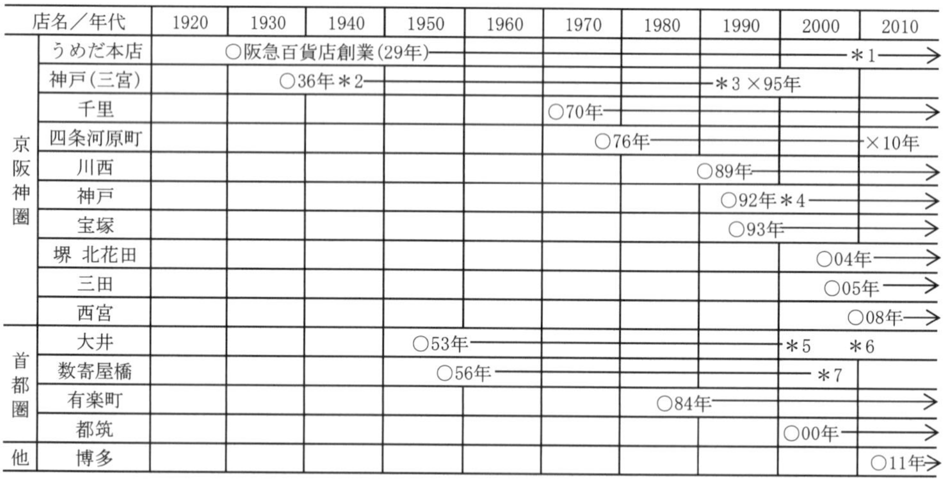

図1　阪急百貨店の立地展開

＊1：うめだ本店に改称（08年），＊2：三宮に神戸阪急開店（36年），＊3：三宮阪急に改称（92年），＊4：神戸ハーバーランドに神戸阪急開店（92年），＊5：閉店および大井阪急食品館に入居（00年），＊6：大井阪急食品館閉店（08年），＊7：閉店およびモザイク銀座阪急開店（04年）

（株式会社阪急阪神百貨店ホームページにより作成）．

●作成手順

　図中の矢印は，［挿入］－［図形］を選択して，さらに「線」－「―（直線）」を選択するとオートシェイプ機能を用いて引くことができる。フリーハンドでは線を水平や垂直に引きにくいので，その場合はキーボードの［Shift］キーを押しながらドラッグする。また，キーボードの［Alt］キーを押しながらドラッグすると，セルの枠線に沿って直線を引くことができる。

　景気変動などによって特定の時期に集中的に開店・閉店が起こり，情報の密度が濃くなることが少なくないが，一目で分かりやすくするために，年代の幅をできるだけ統一することを心がけたい。出来事を古いものから新しいものへ順に並べるときには，原則として時間軸を上から下，あるいは左から右に配置するのが一般的である。

●ワンポイント

　変遷図は質的データだけではなく，質的データ・量的データを組み合わせて表示することもできる。阪急百貨店の例では，会社全体の売上高，経常利益額などのデータを列に加えれば，売上高・経常利益額と店舗立地との関係が分かりやすくなる。また，履歴（ヒストリー）を表現した図は，小売企業だけではなく，製造業の企業の工場・研究所の立地の変遷，M&A（合併・買収）を行った企業の変遷を示す場合などにも利用することができる。

●変遷図のサンプル

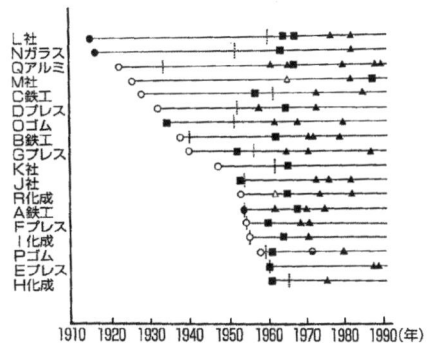

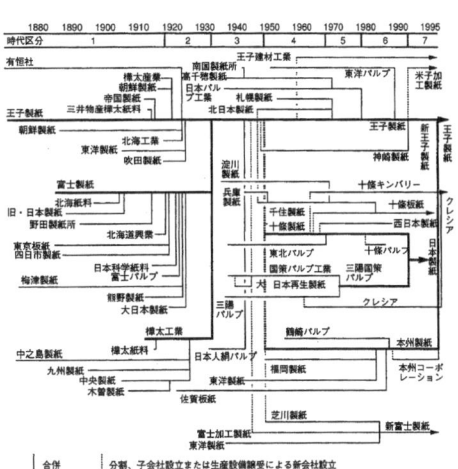

PART❷ 応用的な図表
10　工程図：生産や流通の流れを図化しよう

`工業` `商業`　　　　　　　　棒　折れ線　円　散布図　表　2軸　複合　**その他**

●目　的
　工業は，さまざまな原材料を加工して製品を生産する産業である。製品の生産にあたっては，さまざまな部品が使われたり，さまざまな工程を経たりする。地域分析において工業を研究対象とする場合，まずはその工程を把握する必要がある。生産工程は複雑である場合が多く，ある地域や工場で生産しているものを見ても，それが製品のどの部分であるかは分からない。また，レポートなどを書く場合に，文章だけで説明しても工程は伝わりにくい。このような問題を解決するためには，まず工程図を作成するとよいだろう。

　下の図1は，アパレル製品の中でもニットウェアの生産工程を示したものである。アパレル製品は複数の部品を使うだけではなく，糸の生産から完成品に至るまでさまざまな工程を経ている。また，製糸や染色など各工程に専門的な技術が必要なため，企業間で分業が行われている。さらに，グローバルに分業が行われている産業でもある。アパレルの生産を分析する際に，このような工程図を作成することは，それぞれの工程がどの企業によってどこで行われているのかを分析する第一歩になる。

●使用データ
　聞き取り調査や会社資料等によるデータ

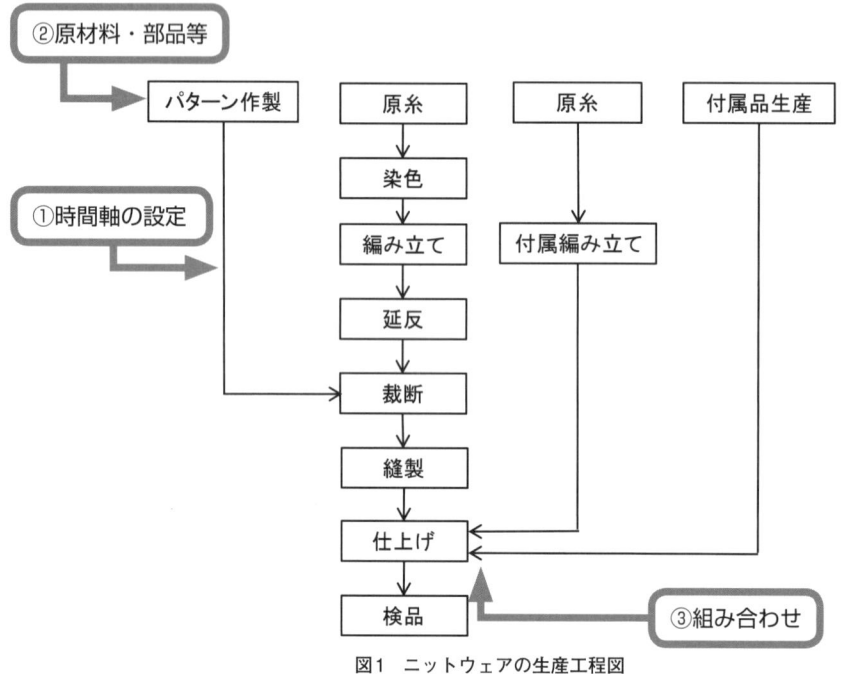

図1　ニットウェアの生産工程図
（聞き取り調査により作成）.

●作成手順

エクセルで工程図をつくるには，オートシェイプの機能を使う。まず製品が完成するまでの工程を全て書き出す。次に，それぞれの工程がどのような順番で，どのような関係になっているのかを整理して並べて矢印で結ぶ。複数の部品等を組み合わせて生産する製品の場合は，並行して他の部品等の生産工程を示す。図形の位置をそろえるためには，揃える図形を複数選択してから［書式］→［配置］を選択し，適当なものを選ぶとよい（右の図）。

① 工程の流れ（時間軸）は，縦でも横でもかまわないが，工程数が多い場合は印刷する紙の幅に合わせて設定する。
② 複数の部品などを組み合わせて生産する場合は，部品や原材料ごとに工程図を作成する。メインの工程は中心に配置する。
③ 部品や原材料ごとの工程は組み合わせる部品や工程につなげる。

●ワンポイント

工程図は，製品の生産工程を示すのに効果的な図である。一般的に，製品の細かい製造工程は知られていない製品が多いため，生産の工程を説明するために工程図を示して，各工程を説明することは論文を分かりやすくする。図中の用語は端的に書くが，本文中でその内容を説明し，特に一般的ではない工程に関しては説明を要する。

工業製品の生産にはさまざまな工程があるが，それを1社だけで完結する場合もあれば，複数企業で分業している場合もある。さらに，1社で全ての工程を担っている場合でも，複数の工場で生産している場合がある。このような場合，各工程を担う企業や工場の立地を示した地図を合わせた図を作成すると，地理学的な分析が深まる（右下のサンプル）。

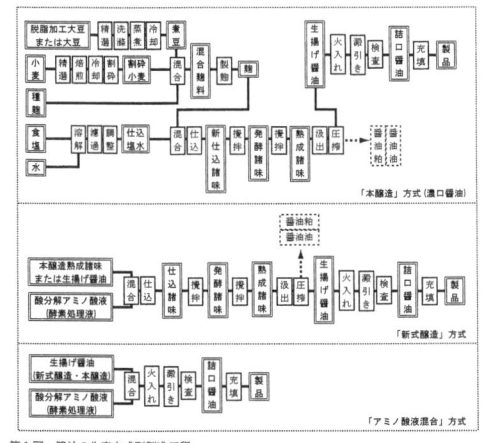

●工程図のサンプル

第1図　醤油の生産方式別製造工程
　　　脱脂加工大豆とは油分を取り去った大豆のこと。
　　　酸分解アミノ酸液は大豆などの植物性タンパク質を酸により分解処理した液のこと。
　　　日本醤油協会資料より作成。

（高木, 2005).

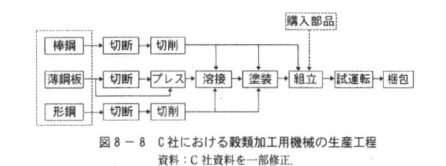

図8－8　C社における穀類加工用機械の生産工程
資料：C社資料を一部修正.

図8－9　東北地方におけるC社の外注先の分布
資料：現地調査より作成.

PART ❸ 指標・係数・モデル
1 特化係数：地域の得意な産業を探ろう

|工業| |商業| |全般|　　　　　　　　棒　折れ線　円　散布図　**表**　2軸　複合　**その他**

●目　的
　企業城下町や地場産業産地などでは，産業構造が特定の産業に特化していることが知られている。たとえば，企業城下町では，トヨタ自動車の本社があり自動車産業の盛んな愛知県豊田市や，新日鉄の製鉄所があり製鉄業の盛んな千葉県君津市，化学メーカー旭化成の創業の地である宮崎県延岡市などがあげられる。地場産業産地では，日本有数の眼鏡のフレーム産地として知られる福井県鯖江市，美濃焼の陶磁器産地として知られる岐阜県東濃地域（多治見市，土岐市，瑞浪市）などがあげられる。
　それぞれの地域が得意な産業は，競争力の高い産業であったり，その地域の経済を支える基盤産業となっていることが少なくない。特化係数の高い業種は何か，その特化係数は時間とともに，どのように上昇・下降しているのかを知ることで，地域で特徴的な産業の動向を把握することができる。

●特化係数とは
　特化係数とは，「A地域における全産業に占めるa産業の割合／全国の全産業に占めるa産業の割合」の値であり，「この数値が1より大であれば，A地域のa産業は全国水準と比べて特化し，1未満であれば非特化を，また，1であれば，全国水準を示す」（『最新地理学用語辞典 改訂版』大明堂，2003年）。
　新潟県三条市は，日本屈指の金属加工の地場産業産地として知られている。三条市の製造業の特徴を知るためには，「工業統計表　市区町村編」を用いて分析できる。県内の他市でも同様に特化係数を算出してみよう。他市と比較することにより，三条市の製造業の特徴がより明確になる（表1）。

●使用データ
産業中分類別従業者数（2009年）／工業統計調査

表1　県内他市との比較（2009年；特化係数が2以上の業種のみ表記）

	三条市	燕市	長岡市	見附市
繊維			2.0	6.9
石油・石炭製品				2.5
プラスチック				2.6
鉄鋼	4.1			
金属製品	4.4	4.7		
生産用機械	2.1		2.3	2.0
業務用機械			2.4	
電子部品			2.1	

（工業統計調査により作成）．

●作成手順

産業（中分類）ごとの従業者数をもとに，特化係数を算出する。当該市の産業（中分類）ごとの従業者数，全国の産業（中分類）ごとの従業者数を用意しておこう。

① 「三条市計のうち当該業種の比率」を算出する。たとえば，計算式を「＝B2／B$2」と入力すれば，後はセルの左下端の十字を下方向にドラッグすると同じ計算式が転写される（リンク 25ページ，141ページ）。$記号を使うと，セルの行・列が固定されるので便利である。

② 同様に，「全国計のうち当該業種の比率」を算出する。

③ ①を②で除算した値が特化係数である。当然のことながら，製造業計の特化係数は1になる。小数点以下の桁が多いと分かりにくいので，セルを右クリックして，[セルの書式設定]→[表示形式]で数値を選択し，小数点以下の桁数は1〜2程度にしておこう（リンク 50ページ）。

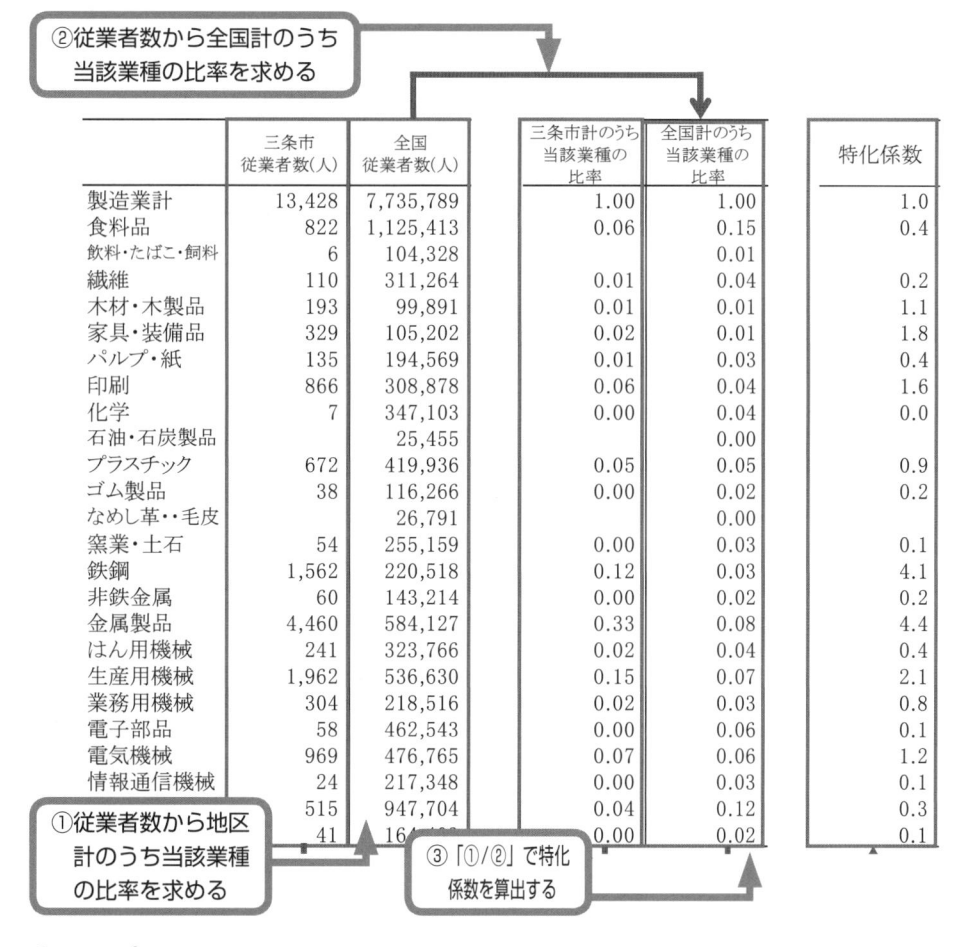

②従業者数から全国計のうち当該業種の比率を求める

	三条市 従業者数(人)	全国 従業者数(人)	三条市計のうち 当該業種の 比率	全国計のうち 当該業種の 比率	特化係数
製造業計	13,428	7,735,789	1.00	1.00	1.0
食料品	822	1,125,413	0.06	0.15	0.4
飲料・たばこ・飼料	6	104,328		0.01	
繊維	110	311,264	0.01	0.04	0.2
木材・木製品	193	99,891	0.01	0.01	1.1
家具・装備品	329	105,202	0.02	0.01	1.8
パルプ・紙	135	194,569	0.01	0.03	0.4
印刷	866	308,878	0.06	0.04	1.6
化学	7	347,103	0.00	0.04	0.0
石油・石炭製品		25,455		0.00	
プラスチック	672	419,936	0.05	0.05	0.9
ゴム製品	38	116,266	0.00	0.02	0.2
なめし革・・毛皮		26,791		0.00	
窯業・土石	54	255,159	0.00	0.03	0.1
鉄鋼	1,562	220,518	0.12	0.03	4.1
非鉄金属	60	143,214	0.00	0.02	0.2
金属製品	4,460	584,127	0.33	0.08	4.4
はん用機械	241	323,766	0.02	0.04	0.4
生産用機械	1,962	536,630	0.15	0.07	2.1
業務用機械	304	218,516	0.02	0.03	0.8
電子部品	58	462,543	0.00	0.06	0.1
電気機械	969	476,765	0.07	0.06	1.2
情報通信機械	24	217,348	0.00	0.03	0.1
	515	947,704	0.04	0.12	0.3
	41	164,	0.00	0.02	0.1

①従業者数から地区計のうち当該業種の比率を求める

③「①/②」で特化係数を算出する

●ワンポイント

従業者数だけではなく，工場数，製造品出荷額等でも同様に特化係数を算出できる。算出された特化係数の値を棒グラフにすると，視覚的に分かりやすくなる。

特化係数は，地域の中でどれだけその業種に特化し，全国と比較してその特化状況がどの程度のものかを算出しており，絶対的な数値ではなく相対的なものである。特化係数の高い産業が，競争力の高い産業であるか，地域の経済を支える基盤産業であるかは，慎重に見極めなければならない。

PART ❸　指標・係数・モデル
2　コーホート分析：人口構成の変化を推計しよう

人口　　　　　　　　　　棒　折れ線　円　散布図　表　2軸　複合　**その他**

●目　　的

　ある地域について，将来の人口や高齢化率を予測してみよう。将来人口推計の方法にはさまざまなものがあるが，その多くは「コーホート分析」の考え方を取り込んだ手法である。ここでは，「コーホート」や「コーホート分析」の概念を簡単に説明したうえで，コーホート分析を取り入れた将来人口推計の手法のうち，最も簡便な手法である「コーホート変化率法」の作業手順を解説する。

　将来人口を予測するためには，最新年度の人口データを基点として，そこからどれだけ人口が増減するかを予測するのが妥当である。この人口増減は，以下の4つの要素——①出生，②死亡，③（人口の）流入，④流出，に分けられる。なお，流入（数）から流出（数）を差し引いたものを純移動（数）という。

　これら要素の数や率は，いずれも年齢層の違いによって大きく変化する。たとえば出生数は，母親世代の女子人口に連動する。死亡率は，（先進国の場合は）高齢となるほど高くなる。人口移動も，たとえば大学進学期の年齢層は大学が少ない地域から多い地域への移動が多いが，40歳代・50歳代といった年齢層の純移動数は20歳代と比べて少ない，といった特徴の違いがある。

　これを考慮すると，将来人口推計にあたっては，最新年度の年齢層別人口データを基点として，年人口増減をその年齢層別に予測する方法が妥当だと考えられる。そこで出てくるのが，「コーホート」や「コーホート分析」である。

●コーホートおよびコーホート分析とは

　「コーホート」とは，同時期に出生や結婚といったイベントを経験した集団のことである。たとえば，1981〜1985年，1986〜1990年に生まれた集団をそれぞれ取り出して「出生コーホート」とよぶ。または，2001年〜2005年に結婚した集団を取り出して「結婚コーホート」とよぶのである。単に「コーホート」といった場合は，このうち出生コーホートのことを指すことが多い。

　「コーホート分析」は，コーホートに関するデータを時系列的に観察・分析する手法である。ある地域について，2000年の15〜19歳人口と2005年の20〜24歳人口（調査日が10月1日であれば，両者はどちらも1980年10月2日〜1985年10月1日生まれのコーホート）とを比較することがこの一例である。

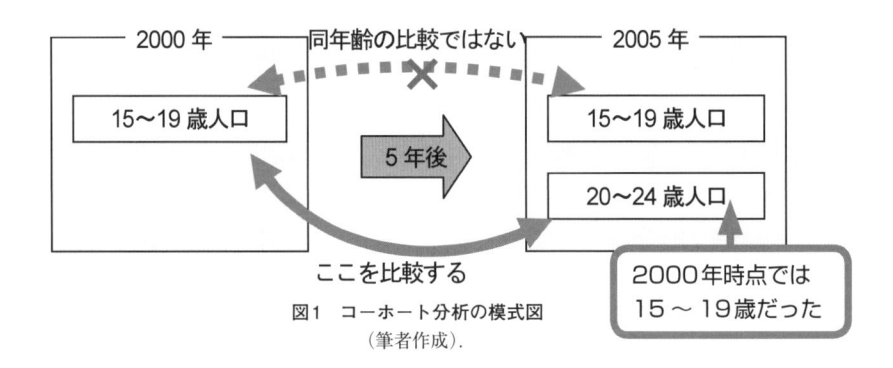

図1　コーホート分析の模式図
（筆者作成）．

●コーホート変化率法の概要

コーホート変化率法の概要（5年後の5歳階級別人口を推計する場合）

【最低限必要な資料】対象地域の最新年次とその5年前の男女別・年齢別人口
【得られる推計結果】対象地域の5年後の男女別・年齢別人口
【推計の仮定】
① 「最新年次でa〜a+4歳のコーホート」のその後5年間の人口増加率は、「5年前にa〜a+4歳であったコーホート」（＝5歳上の世代）の過去5年間の人口増加率からは大きく変化しない。
② 出産年齢の女子人口あたりの0〜4歳の子どもの人口（女性子ども比）は、将来も大きく変化しない。

●使用データ

さいたま市の性別・5歳階級別人口（2000年・2005年）／国勢調査

●作業手順

① 年齢不詳の人口がある場合は、年齢不詳分の人口を「各年齢階級の人口が年齢不詳分を除く全人口に占める割合」に応じて各年齢階級に按分する（割り振る）。これは下の図のように「各年齢階級の人口をそれぞれ、（年齢不詳分を含む全人口）／（年齢不詳分を除く全人口）倍することで、各年齢階級の人口の合計数を、年齢不詳分を含む全人口と等しくする」という作業になる。

さいたま市の性別・年齢別人口

年齢	男 2000年	男 2005年	女 2000年	女 2005年
0〜4歳	29,445	28,228	28,522	27,057
5〜9歳	28,897	29,692	27,626	28,424
10〜14歳	28,196	29,049	27,243	27,789
15〜19歳	32,625	30,453	30,377	28,675
20〜24歳	42,347	36,936	37,760	33,062
25〜29歳	53,072	42,145	49,275	39,567
30〜34歳	49,800	53,744	46,326	51,006
35〜39歳	44,181	49,652	40,536	47,045
40〜44歳	38,058	44,061	34,522	40,960
45〜49歳	38,847	37,806	37,206	34,841
50〜54歳	46,286	38,247	46,984	37,020
55〜59歳	40,712	45,347	41,000	46,154
60〜64歳	33,525	38,982	33,083	39,996
65〜69歳	25,897	31,565	26,340	32,159
70〜74歳	18,177	23,589	20,299	25,448
75〜79歳	10,569	15,697	14,813	19,017
80〜84歳	5,844	8,027	10,200	13,108
85歳〜	4,160	5,299	8,788	12,870
小計	570,638	588,519	560,900	584,158
年齢不詳	1,162	2,453	600	1,184
総数	571,800	590,972	561,500	585,342

さいたま市の性別・年齢別人口（不詳按分後）

年齢	男 2000年	男 2005年	女 2000年	女 2005年
0〜4歳	29,505	28,346	28,553	27,112
5〜9歳	28,956	29,816	27,656	28,482
10〜14歳	28,254	29,170	27,272	27,845
15〜19歳	32,691	30,580	30,409	28,733
...				
80〜84歳	5,856		10,211	13,136
85歳〜	4,168	5,321	8,797	12,896
総数	571,800	590,972	561,500	585,342

① それぞれの人口を d＝ 571,800 / 570,638 倍する。
上から
29,445 × d ≒ 29,505
28,897 × d ≒ 28,956
………

年齢不詳分を、各年齢階級の人口に応じて按分。

② 同一コーホートの人口を比べ、コーホート変化率を算出する。すなわち、期末（2005年）における人口を、期初（2000年）における5歳下の年齢階級の人口で割る。
③ 最高齢の年齢階級（85歳〜、次ページの図「★」欄）については、期末の一番上の年齢階級（85歳〜）を、期初の最年長（85歳〜）とその5歳下（80〜84歳）の年齢階級の

合計人口で割る。

④ 0〜4歳（下図「☆」欄）については，女性子ども比（期末の0〜4歳人口を，期初と期末の15〜49歳女子人口の平均値で割った値）を男児・女児それぞれについて算出する。まず，期初と期末の15〜49歳女子人口を求め，この2つの平均値をとる。

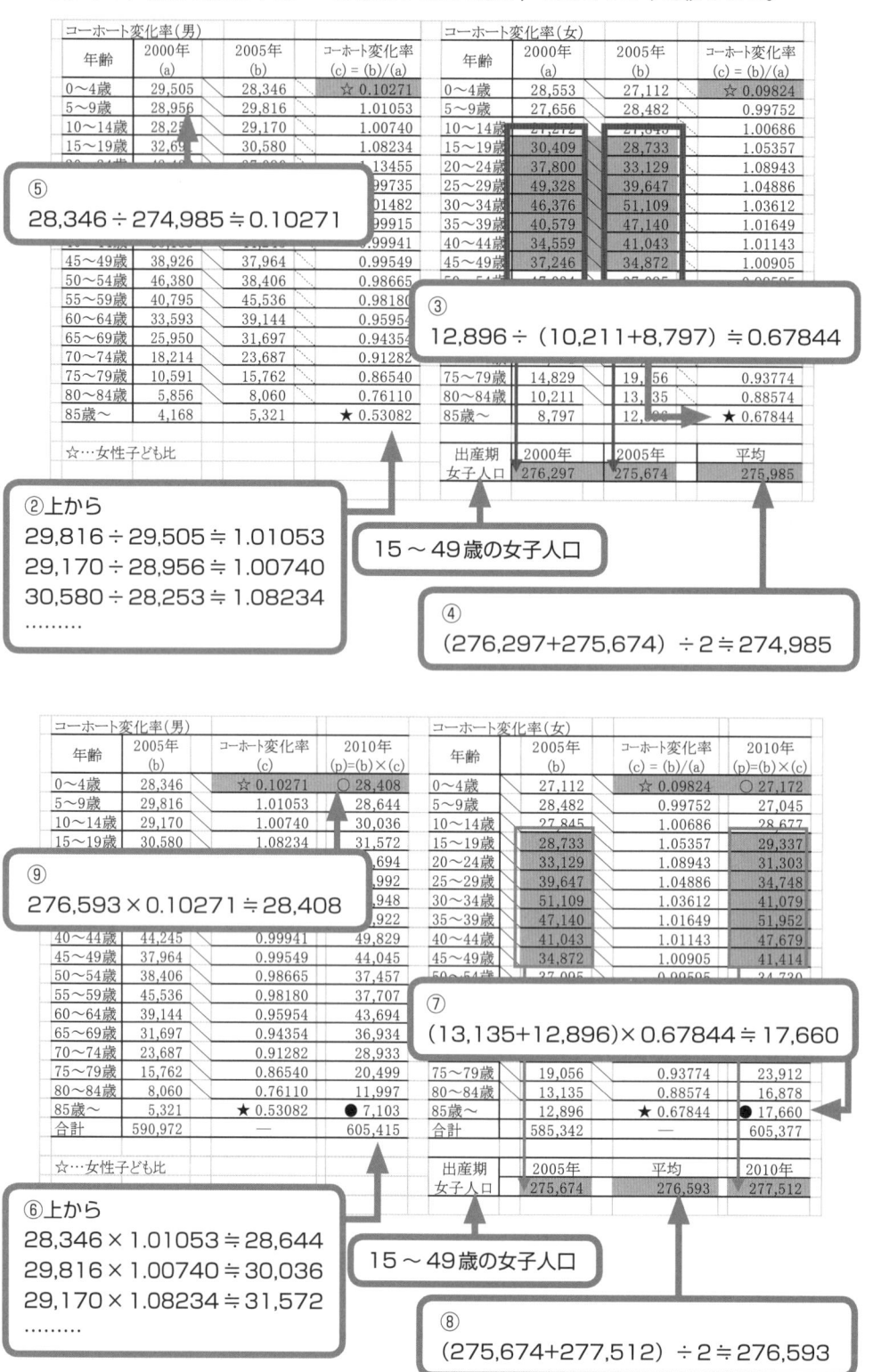

コーホート変化率（男）				コーホート変化率（女）			
年齢	2000年 (a)	2005年 (b)	コーホート変化率 (c)=(b)/(a)	年齢	2000年 (a)	2005年 (b)	コーホート変化率 (c)=(b)/(a)
0〜4歳	29,505	28,346	☆ 0.10271	0〜4歳	28,553	27,112	☆ 0.09824
5〜9歳	28,956	29,816	1.01053	5〜9歳	27,656	28,482	0.99752
10〜14歳	28,253	29,170	1.00740	10〜14歳	27,272	27,545	1.00686
15〜19歳	32,693	30,580	1.08234	15〜19歳	30,409	28,733	1.05357
20〜24歳			1.13455	20〜24歳	37,800	33,129	1.08943
25〜29歳			0.99735	25〜29歳	49,328	39,647	1.04886
30〜34歳			1.01482	30〜34歳	46,376	51,109	1.03612
35〜39歳			0.99941	35〜39歳	40,579	47,140	1.01649
40〜44歳				40〜44歳	34,559	41,043	1.01143
45〜49歳	38,926	37,964	0.99549	45〜49歳	37,246	34,872	1.00905
50〜54歳	46,380	38,406	0.98665				
55〜59歳	40,795	45,536	0.98180				
60〜64歳	33,593	39,144	0.95954				
65〜69歳	25,950	31,697	0.94354				
70〜74歳	18,214	23,687	0.91282				
75〜79歳	10,591	15,762	0.86540	75〜79歳	14,829	19,056	0.93774
80〜84歳	5,856	8,060	0.76110	80〜84歳	10,211	13,135	0.88574
85歳〜	4,168	5,321	★ 0.53082	85歳〜	8,797	12,896	★ 0.67844
☆…女性子ども比				出産期女子人口	2000年 276,297	2005年 275,674	平均 275,985

⑤ 28,346÷274,985≒0.10271

③ 12,896÷(10,211+8,797)≒0.67844

② 上から
29,816÷29,505≒1.01053
29,170÷28,956≒1.00740
30,580÷28,253≒1.08234
………

15〜49歳の女子人口

④ (276,297+275,674)÷2≒274,985

コーホート変化率（男）				コーホート変化率（女）			
年齢	2005年 (b)	コーホート変化率 (c)	2010年 (p)=(b)×(c)	年齢	2005年 (b)	コーホート変化率 (c)=(b)/(a)	2010年 (p)=(b)×(c)
0〜4歳	28,346	☆ 0.10271	○ 28,408	0〜4歳	27,112	☆ 0.09824	○ 27,172
5〜9歳	29,816	1.01053	28,644	5〜9歳	28,482	0.99752	27,045
10〜14歳	29,170	1.00740	30,036	10〜14歳	27,845	1.00686	28,677
15〜19歳	30,580	1.08234	31,572	15〜19歳	28,733	1.05357	29,337
20〜24歳			34,694	20〜24歳	33,129	1.08943	31,303
25〜29歳			37,992	25〜29歳	39,647	1.04886	34,748
30〜34歳			51,948	30〜34歳	51,109	1.03612	41,079
35〜39歳			46,922	35〜39歳	47,140	1.01649	51,952
40〜44歳	44,245	0.99941	49,829	40〜44歳	41,043	1.01143	47,679
45〜49歳	37,964	0.99549	44,045	45〜49歳	34,872	1.00905	41,414
50〜54歳	38,406	0.98665	37,457				34,730
55〜59歳	45,536	0.98180	37,707				
60〜64歳	39,144	0.95954	43,694				
65〜69歳	31,697	0.94354	36,934				
70〜74歳	23,687	0.91282	28,933				
75〜79歳	15,762	0.86540	20,499	75〜79歳	19,056	0.93774	23,912
80〜84歳	8,060	0.76110	11,997	80〜84歳	13,135	0.88574	16,878
85歳〜	5,321	★ 0.53082	● 7,103	85歳〜	12,896	★ 0.67844	● 17,660
合計	590,972	—	605,415	合計	585,342	—	605,377
☆…女性子ども比				出産期女子人口	2005年 275,674	平均 276,593	2010年 277,512

⑨ 276,593×0.10271≒28,408

⑦ (13,135+12,896)×0.67844≒17,660

⑥ 上から
28,346×1.01053≒28,644
29,816×1.00740≒30,036
29,170×1.08234≒31,572
………

15〜49歳の女子人口

⑧ (275,674+277,512)÷2≒276,593

⑤次に，期末の０〜４歳人口を，15〜49歳女子人口の平均値で割る。これが女性子ども比である。

⑥期末（2005年）のn〜n+4歳人口と，②で求めたコーホート変化率（＝期末のn+5〜n+9歳人口を期初（2000年）のn〜n+4歳人口で割った値）を掛けて，5年後（2010年）のn+5〜n+9歳人口を求める。

⑦5年後の最高齢の年齢階級（85歳〜，前ページの図「●」欄）の人口は，期末における一番上（85歳〜）とその１つ下（80〜84歳）の年齢階級の合計人口に，③で求めたコーホート変化率（前ページの図「★」欄）を掛けることで算出する。

⑧5年後の０〜４歳の人口を求める。まず，⑥の結果から5年後の15〜49歳人口を求めて，期末と5年後の15〜49歳女子人口の平均値をとる。

⑨最後に⑧で求めた平均値に，④⑤で求めた女性子ども比（前ページの図「☆」欄）を掛ける。これが０〜４歳の5年後の人口である。これで2010年時点のすべての年齢階級の予測人口がそろう。

●推計結果

　以上のような作業を行うと，さいたま市の2010年人口は男：605,415人，女：605,377人の計1,210,792人で，65歳以上の高齢者の人口割合（高齢化率）は19.3％との予測結果となる。

　これに対し，国立社会保障・人口問題研究所による推計（国や自治体の政策立案等に最も広く用いられる人口推計で，コーホート変化法をさらに精緻にしたコーホート要因法が用いられている）では，人口1,201,252人，高齢化率19.5％となっている。また2010年国勢調査の結果，実際の人口は1,222,434人，高齢化率は19.2％であった。さいたま市については，コーホート変化率法によっておおむね妥当な予測ができたといえよう。

　しかし，コーホート変化率法はあくまでも「直前のコーホート変化率がそのまま維持される」ことを前提とした推計方法である。直前の期間に人口が急増／急減した地域や人口規模の小さい地域では，過去の短期的な人口の動きが推計に反映され，極端な推計結果が出やすいことにも留意が必要である。

PART❸ 指標・係数・モデル
3 ジニ係数：産業の地域的な偏りを見てみよう

社会　人口　　　　　　　　　棒　折れ線　円　散布図　表　2軸　**複合**　その他

●目　的
　仮に，ある地域の人口が1万人であったとしても，その人口が地域内に均等分布していることはまずあり得ない。これは，企業数など他の地域指標においても同様である。したがって，それらの地域指標が相対的に集中立地している地域と，相対的に分散立地している地域が存在する。たとえば，平野部のように全体的に平坦な地域であれば人口は分散しやすいが，山がちな地域であれば人口はわずかな居住地に集中しやすい。このような集中・分散度合いの相違は，地図化によらずとも，把握し比較することができる。その方法が，「ジニ係数」である。

●ジニ係数とは
　ジニ係数（Gini's Coefficient）とは，イタリアの統計学者ジニによって考案された概念であり，所得分配の不平等の度合いを測る指標として用いられている。ジニ係数の値は0から1の範囲をとり，すべての人間が同じ所得である完全平等の場合には0となり，特定の1人が富を独占している場合には1を示す。地域分析では人間ではなく地域を単位として，人口の集中・分散傾向や，特定産業の地域的な不均等分布を検討する際に用いられる。
　ここでは三重県市部における製造業就業者の地域的分布を検討してみる。もし，製造業の就業者が空間的に均等に分布しているならば，各市の面積に比例して製造業就業者が存在しているはずである。

●使用データ
　三重県市部の製造業就業者数と面積（2005年）／国勢調査

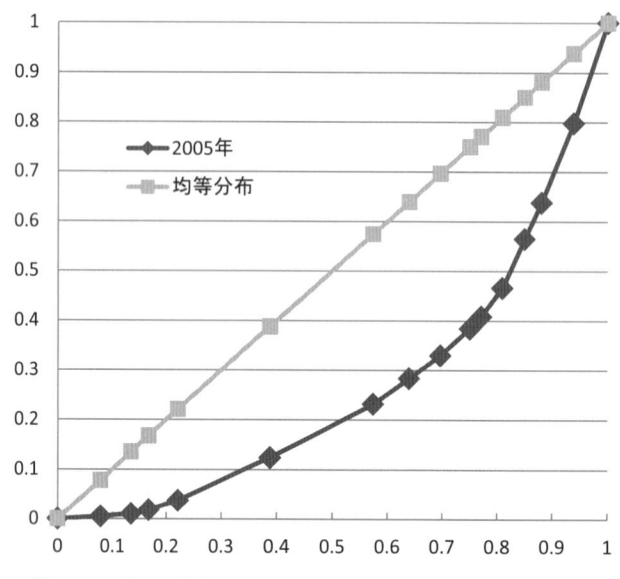

図1　2005年の三重県市部における製造業就業者数のローレンツ曲線
（国勢調査により作成）．

●作成手順

①国勢調査から2005年の三重県15市の製造業就業者数と面積のデータを用意する。製造業就業者数を各市の面積で割ることで密度を算出する。

②その値を基に昇順に並び替える（ リンク 62ページ）。

三重県市部	就業者数	面積(km2)	就業者数/面積
津	13,557	101.89	133.06
四日市	37,416	205.16	182.37
伊勢	9,987	178.97	55.80
松阪	19,950	623.8	31.98
桑名	18,159	136.61	132.93
鈴鹿	29,517	194.67	151.63
名張	10,731	129.76	82.70
尾鷲	1,075	193.16	5.57
亀山	8,730	190.91	45.73
鳥羽	1,354	107.93	12.55
熊野	890	259.96	3.42
久居	4,388	68.2	64.34
いなべ	9,493	219.58	43.23
志摩	3,576	179.67	19.90
伊賀	15,986	558.17	28.64

三重県市部	就業者数	面積(km2)	就業者数/面積
熊野	890	259.96	3.42
尾鷲	1,075	193.16	5.57
鳥羽	1,354	107.93	12.55
志摩	3,576	179.67	19.90
伊賀	15,986	558.17	28.64
松阪	19,950	623.8	31.98
いなべ	9,493	219.58	43.23
亀山	8,730	190.91	45.73
伊勢	9,987	178.97	55.80
久居	4,388	68.2	64.34
名張	10,731	129.76	82.70
桑名	18,159	136.61	132.93
津	13,557	101.89	133.06
鈴鹿	29,517	194.67	151.63
四日市	37,416	205.16	182.37

①就業者数を面積で割る

②昇順に並び替える

③三重県市部に対する各市の製造業就業者数と面積の割合を算出する。そして，②で並び替えた順に下図のように合計していくことで，各市の累積割合を求める。このように算出した面積の累積割合をX軸に，製造業就業者の累積割合をY軸にとってプロットしたものがローレンツ曲線（Lorenz Curve）である。描画の便宜上，就業者と面積の累積割合のはじめに0の値を入力し，累積就業者と累積面積のデータを選択する。そしてExcelメニューから［挿入］→［散布図］→［散布図（直線とマーカー）］を指定すると次ページ上図が表示される。

図の描画の便宜上，0のセルをあらかじめ挿入する

	A	B	C	D	E	F	G	H
1	三重県市部	就業者数	面積(km2)	就業者数/面積	就業者割合	面積割合	累積就業者	累積面積
2							0	0
3	熊野	890	259.96	3.42	0.005	0.078	0.005	0.078
4	尾鷲	1,075	193.16	5.57	0.006	0.058	0.011	0.135
5	鳥羽	1,354	107.93	12.55	0.007	0.032	0.018	0.168
6	志摩	3,576	179.67	19.90	0.019	0.054	0.037	0.221
7	伊賀	15,986	558.17	28.64	0.087	0.167	0.124	0.388
8	松阪	19,950	623.8	31.98	0.108	0.186	0.232	0.574
9	いなべ	9,493	219.58	43.23	0.051	0.066	0.283	0.640
10	亀山	8,730	190.91	45.73	0.047	0.057	0.330	0.697
11	伊勢	9,987	178.97	55.80	0.054	0.053	0.384	0.750
12	久居	4,388	68.2	64.34	0.024	0.020	0.408	0.771
13	名張	10,731	129.76	82.70	0.058	0.039	0.466	0.809
14	桑名	18,159	136.61	132.93	0.098	0.041	0.564	0.850
15	津	13,557	101.89	133.06	0.073	0.030	0.638	0.881
16	鈴鹿	29,517	194.67	151.63	0.160	0.058	0.798	0.939
17	四日市	37,416	205.16	182.37	0.202	0.061	1.000	1.000

各市の就業者数を，三重県市部の就業者数の合計で割る。
例：E5 = B5 / SUM (B$3:B$17)

左と同様に各市の面積を，三重県市部の面積の合計で割る

③各市の就業者数の割合の累積
例：G5 = SUM (E$3:E5)

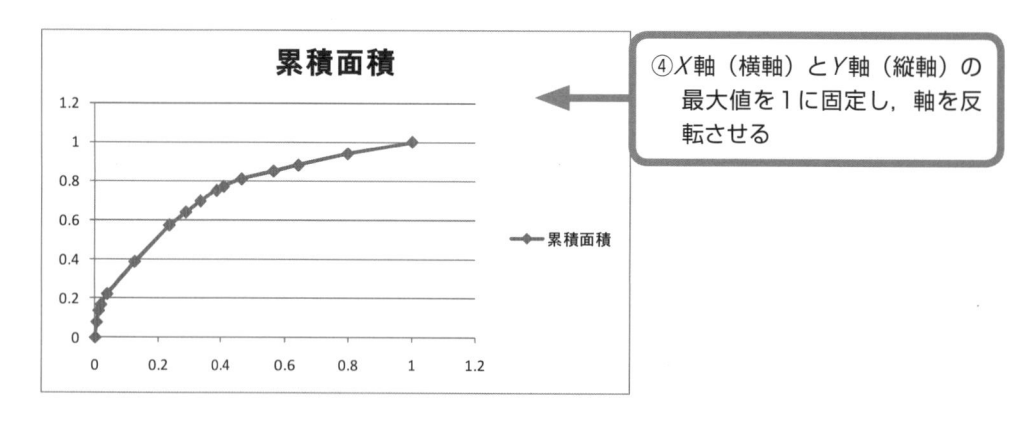

累積面積

④X軸（横軸）とY軸（縦軸）の最大値を1に固定し，軸を反転させる

④ただし，上の図ではX軸に製造業就業者の累積割合が，Y軸に面積の累積割合がとられている点に注意する必要がある。ここでX軸とY軸の対象項目を変更するためには，グラフ上で右クリックをして，［データの選択］を指定する。そして，凡例項目の中から［編集］を選択し，［系列Xの値：］として面積の累積割合のデータを，［系列Yの値：］として製造業就業者の累積割合を指定し，［系列名：］に「2005年」と入力することで，下の図のようなローレンツ曲線が描画される。グラフの見栄えをよくするために，［軸の書式設定］→［軸のオプション］で，X軸とY軸ともに，最大値を1に固定する。またX軸とY軸の項目が逆転しているので，グラフ上で右クリックして修正する必要がある。目盛り間隔や線・マーカーの種類なども適宜変更する。

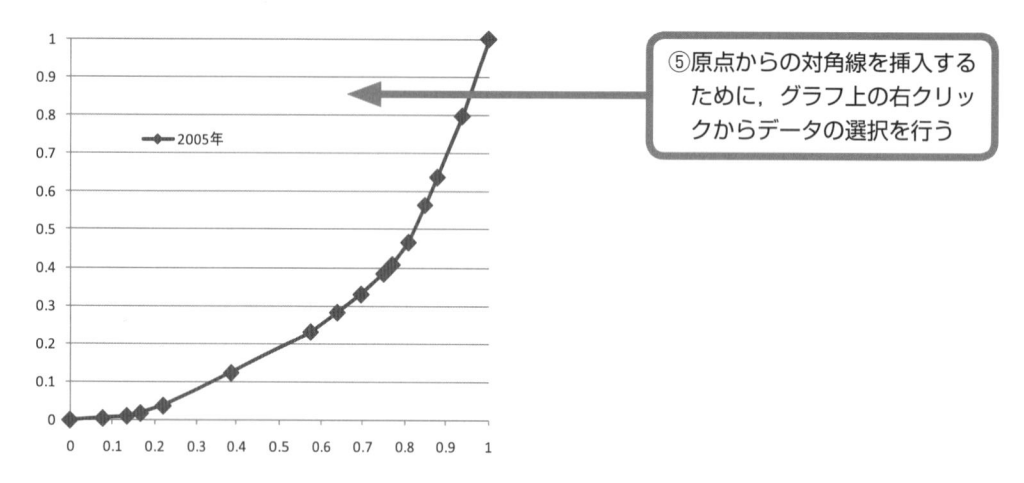

⑤原点からの対角線を挿入するために，グラフ上の右クリックからデータの選択を行う

⑤各市の面積に比例して製造業就業者が存在する均等分布の状況，つまり対角線を表示させるために，グラフ上で右クリックをし，［データの選択］を指定する。凡例項目の中から［追加（A）］を選択し，［系列Xの値］と［系列Yの値］の両方に，面積の累積割合のデータを指定し，［系列名］に「均等分布」と入力する。これによってローレンツ曲線とともに均等分布を示した対角線が引かれる。

⑥ローレンツ曲線が対角線に近いほど均等分布であり，対角線から離れるほど不均等分布であることを意味し，この分布の度合いを指標化したものがジニ係数である。ジニ係数は，対角線とローレンツ曲線に挟まれた弓型の面積の，対角線を斜辺とする直角二等辺三角形の面積（すなわち0.5）に対する割合によって算出される。ローレンツ曲線が下にたわんだ形になるほど不均等であり，ジニ係数は大きくなる。この弓型の面積を求める際には，次ページの図のように各市ごとに区切り，2つの三角形と複数の台形として面積を算出し

て，合計すればよい。台形および三角形を合計した値を0.5で割ると，図のようにジニ係数は0.4726となる。1975年のデータで同様にジニ係数を算出すると0.3952となることから，1975年から2005年にかけてジニ係数は増加しており，三重県市部の製造業就業者の地域的分布が不均等傾向にあることが推察される。

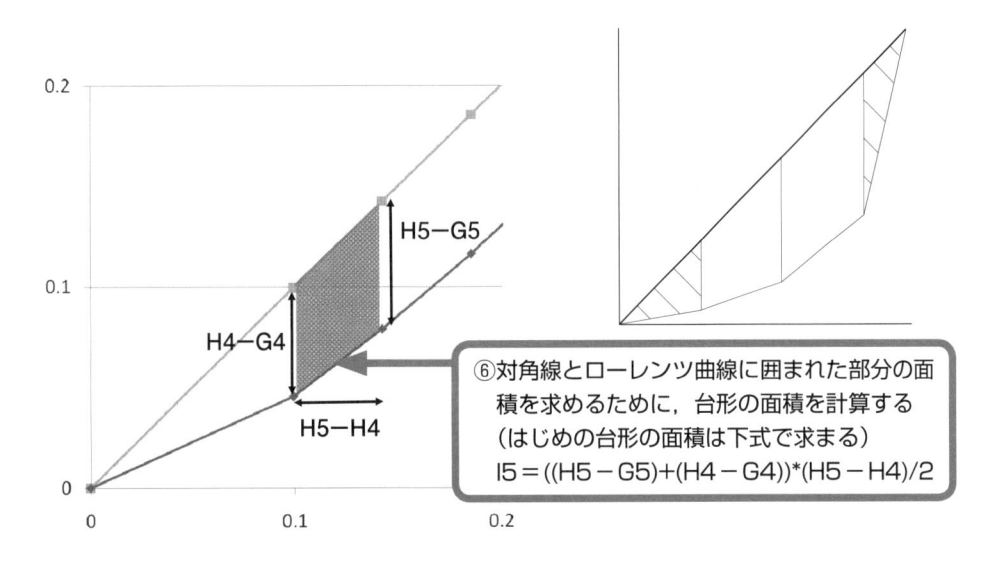

⑥対角線とローレンツ曲線に囲まれた部分の面積を求めるために，台形の面積を計算する（はじめの台形の面積は下式で求まる）
I5 = ((H5−G5)+(H4−G4))*(H5−H4)/2

上式をコピーしすべての部分地域に貼りつけることで，三角形と台形の面積が求まる

	A	B	C	D	E	F	G	H	I
1							y軸	x軸	
2	三重県市部	就業者数	面積(km2)	就業者数/面積	就業者割合	面積割合	累積就業者	累積面積	台形面積
3							0	0	
4	熊野	890	259.96	3.42	0.005	0.078	0.005	0.078	0.0028
5	尾鷲	1,075	193.16	5.57	0.006	0.058	0.011	0.135	0.0057
6	鳥羽	1,354	107.93	12.55	0.007	0.032	0.018	0.168	0.0044
7	志摩	3,576	179.67	19.90	0.019	0.054	0.037	0.221	0.0089
8	伊賀	15,986	558.17	28.64	0.087	0.167	0.124	0.388	0.0373
9	松阪	19,950	623.8	31.98	0.108	0.186	0.232	0.574	0.0565
10	いなべ	9,493	219.58	43.23	0.051	0.066	0.283	0.640	0.0229
11	亀山	8,730	190.91	45.73	0.047	0.057	0.330	0.697	0.0206
12	伊勢	9,987	178.87	55.80	0.054	0.053	0.384	0.750	0.0196
13	久居	4,388	68.2	64.34	0.024	0.020	0.408	0.771	0.0074
14	名張	10,731	129.76	82.70	0.058	0.039	0.466	0.809	0.0137
15	桑名	18,159	136.61	132.93	0.098	0.041	0.564	0.850	0.0128
16	津	13,557	101.89	133.06	0.073	0.030	0.638	0.881	0.0080
17	鈴鹿	29,517	194.67	151.63	0.160	0.058	0.798	0.939	0.0112
18	四日市	37,416	205.16	182.37	0.202	0.061	1.000	1.000	0.0043
19								面積合計	0.2363
20								ジニ係数	0.4726

面積を合計し，0.5で割るとジニ係数が求まる

●ワンポイント

作成手順②において「昇順」に並び替えないと，下に凸の曲線にならないので注意が必要である。なお，テキストの例にある就業者数のように，面積に依存する数値（人口など）は横軸に面積をとり，単位面積当たりの数値（＝傾き）が低い順に並べるが，面積に依存しない数値（所得など）は単に数値が低い順から並べればよい。

PART❸ 指標・係数・モデル
4 修正ウィーバー法：構成比から地域を特徴づけよう

農業 工業　　　　　　　棒　折れ線　円　散布図　**表**　2軸　複合　**その他**

●目　的
　農業では，「稲」「麦・雑穀」「工芸作物」「野菜」「豆類」「いも類」などさまざまな作物が栽培されている。このように地域の農業生産がさまざまな作物から構成されている場合，その地域を代表する作物を特定するにはどのような方法をとればよいだろうか。ある1つの作物のシェアが50％を超えるのであれば，それを地域を代表する作物とみなすことができる。しかし，単一作物のシェアが50％に満たない場合は，地域を代表する作物を特定するのは難しい。このような場合，生産物のシェアから，地域農業を特徴づける方法が必要となる。農産物のシェアから地域農業を特徴づける方法が「修正ウィーバー法」である。

●修正ウィーバー法とは
　農業（農産品出荷額や面積の構成比率）や製造業（分野別従業者の構成比率）など，地域においてさまざまな構成要素からなる事象から，卓越する要素の数や種類を特定するのが修正ウィーバー法である。修正ウィーバー法は一地域の特徴を示すだけでなく，係数を出すことで地域間比較も可能になる。
　修正ウィーバー法では，構成比率を用いて，地域で卓越する機能を特定する。現実の構成比率が，均等に構成される場合（1種類であれば100％，2種類であればそれぞれ50％，3種類であれば33.3％で構成されるとみなす「理論モデル比率」）とどの程度差異があるのかを比べて判断する。現実の構成比率と理論モデル比率の差が最も小さい場合，すなわち最も均等に構成される比率に近い場合，地域を代表する要素と種類とみなす。修正ウィーバー法での値の求め方は以下の通りである。

修正ウィーバー値＝（（ある構成要素の現実の値（％）－理論モデル比率（％））の2乗）の総和

　ここでは，北海道の農業（作付面積）を例にしてみよう。作付面積から判断した場合，北海道の農業は，「麦・雑穀」「稲」「工芸作物」「豆類」「いも類」の5種類で，修正ウィーバー法で算出した値が小さくなる。修正ウィーバー法の考え方では，これら5種類が北海道の農業を代表しているといえる。

●使用データ
北海道の販売目的用作物の作付面積（2005年）／農林業センサス

表1　修正ウィーバー法を用いた北海道の農作物面積の特徴

北海道(2005年)	作付(栽培)面積(ha)	割合(%)
麦・雑穀	131,974	26.1
稲	119,007	23.5
工芸作物	67,253	13.3
豆類	58,457	11.6
いも類	53,496	10.6
野菜	50,286	9.9
花き・種苗類	2,231	0.4
合計	505,841	100.0

種類	構成	修正ウィーバー値
1	麦・雑穀	5462.7
2	麦・雑穀，稲	1272.5
3	麦・雑穀，稲，工芸作物	550.2
4	麦・雑穀，稲，工芸作物，豆類	321.1
5	麦・雑穀，稲，工芸作物，豆類，いも類	254.6
6	麦・雑穀，稲，工芸作物，豆類，いも類，野菜	255.7
7	麦・雑穀，稲，工芸作物，豆類，いも類，野菜，花き・種苗類	457.5

（農林業センサスにより作成）．

●作成手順

実際の農作品別面積シェアを用いて，値を算出していく。

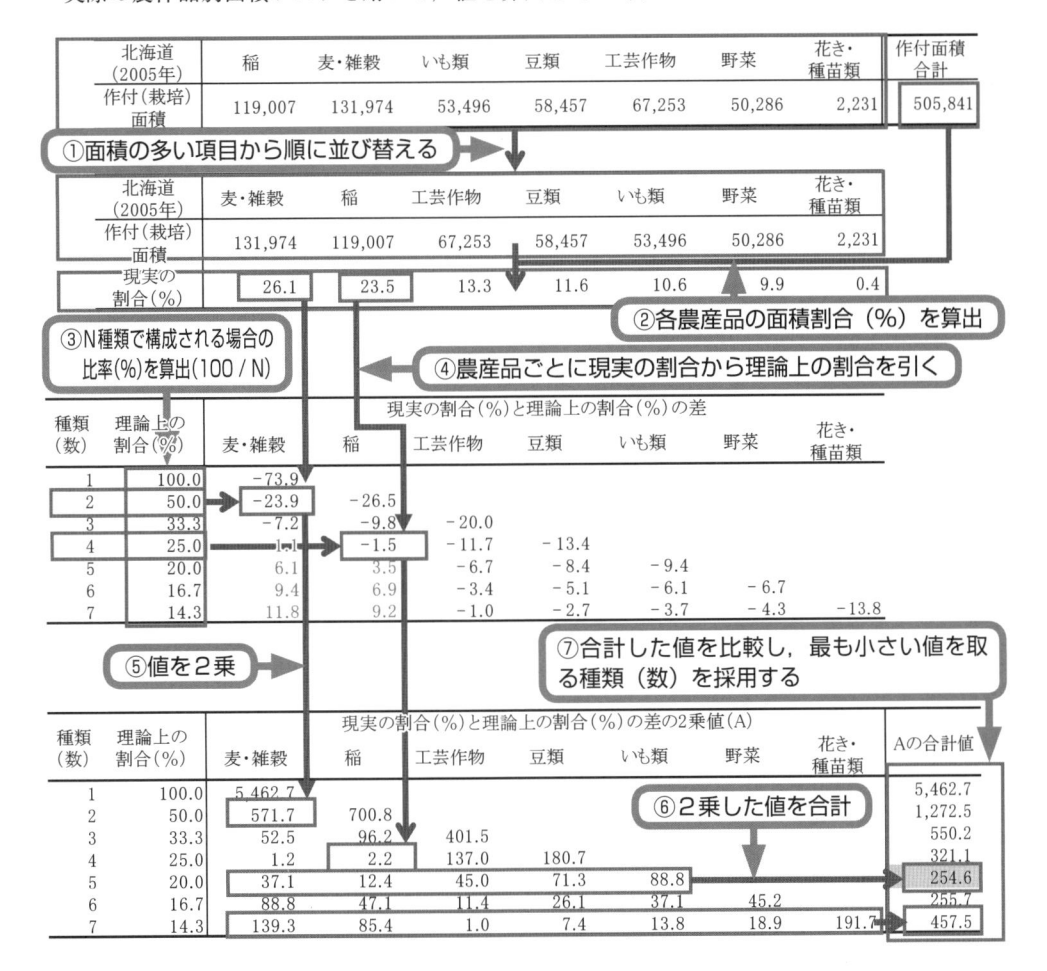

北海道 (2005年)	稲	麦・雑穀	いも類	豆類	工芸作物	野菜	花き・種苗類	作付面積合計
作付(栽培)面積	119,007	131,974	53,496	58,457	67,253	50,286	2,231	505,841

①面積の多い項目から順に並び替える

北海道 (2005年)	麦・雑穀	稲	工芸作物	豆類	いも類	野菜	花き・種苗類
作付(栽培)面積	131,974	119,007	67,253	58,457	53,496	50,286	2,231
現実の割合(%)	26.1	23.5	13.3	11.6	10.6	9.9	0.4

③N種類で構成される場合の比率(%)を算出(100/N)

②各農産品の面積割合(%)を算出

④農産品ごとに現実の割合から理論上の割合を引く

現実の割合(%)と理論上の割合(%)の差

種類(数)	理論上の割合(%)	麦・雑穀	稲	工芸作物	豆類	いも類	野菜	花き・種苗類
1	100.0	-73.9						
2	50.0	-23.9	-26.5					
3	33.3	-7.2	-9.8	-20.0				
4	25.0	1.1	-1.5	-11.7	-13.4			
5	20.0	6.1	3.5	-6.7	-8.4	-9.4		
6	16.7	9.4	6.9	-3.4	-5.1	-6.1	-6.7	
7	14.3	11.8	9.2	-1.0	-2.7	-3.7	-4.3	-13.8

⑤値を2乗

⑦合計した値を比較し，最も小さい値を取る種類（数）を採用する

現実の割合(%)と理論上の割合(%)の差の2乗値(A)

種類(数)	理論上の割合(%)	麦・雑穀	稲	工芸作物	豆類	いも類	野菜	花き・種苗類	Aの合計値
1	100.0	5,462.7							5,462.7
2	50.0	571.7	700.8						1,272.5
3	33.3	52.5	96.2	401.5					550.2
4	25.0	1.2	2.2	137.0	180.7				321.1
5	20.0	37.1	12.4	45.0	71.3	88.8			254.6
6	16.7	88.8	47.1	11.4	26.1	37.1	45.2		255.7
7	14.3	139.3	85.4	1.0	7.4	13.8	18.9	191.7	457.5

⑥2乗した値を合計

●ワンポイント

　修正ウィーバー法は，農業の地域的特徴を示すために考えられた手法であるが，構成比率が示せるものであればさまざまな分野に応用できる。例として，地域の製造業構成（製造品出荷額，従業者数）や，有権者の投票傾向（政党の得票比率）があげられる。

　なお，上の手順⑦で求められた値を，構成する種類の数で割る方法を「ウィーバー法」とよぶ。基本的な考え方は修正ウィーバー法と同じであるが，多種類の構成となるほど，計算により求められる値が小さくなる傾向がある（特徴として採用されやすい）。北海道の事例でウィーバー法を用いた場合，「麦・雑穀」「稲」「工芸作物」「豆類」「いも類」「野菜」の6種類が地域を代表する作物となる。このように，修正ウィーバー法とウィーバー法では，計算により導き出される特徴づけが異なる場合が出てくる。構成要素が多い事象の場合は，どちらの方法が適しているのか慎重に判断する必要がある。

　同じように地域の特徴的な作物や産業を導き出す手法として特化係数（リンク 122ページ）がある。修正ウィーバー法が理論値との比較から地域的特徴を表すのに対して，特化係数は他の産業や地域と比較して，相対的に地域的特徴を表す手法である。例えば，修正ウィーバー法では多くの地域で稲作が特徴的な農業となるが，本当の「米どころ」を調べるには，特化係数による分析も必要となる。

134　実践編

PART❸　指標・係数・モデル
5　シフトシェア分析：雇用の成長要因を分析しよう

工業　社会　　　　　　　　　　棒　折れ線　円　散布図　**表**　2軸　複合　**その他**

●目　的
　ある地域の雇用者数が変化したとき，その要因としてさまざまなことが想定できる。全国的な好景気の影響で雇用者数が増加したのかもしれないし，不況業種が多くあるために減少したのかもしれない。単純な増減数からだけではその内容にまで踏み込むことはできないが，細かい業種ごとのデータがあれば，要因ごとに分解して増減に与えた影響を分析することができる。

●シフトシェア分析とは
　従業者数や出荷額が変動したとき，増減の要因をマクロな統計資料から検討する手法として利用されるのがシフトシェア分析である。現実の変動要因はさまざまだが，シフトシェア分析では「全国成長要因」「産業構造要因」「地域特殊要因」の3種に分解することで，その地域の成長要因を明らかにする。
　全国成長要因は，全国の雇用増減が地域の雇用増減に与えた影響である。たとえばある地域で20％の大幅な雇用増があったとき，全国成長が50％だったとすると，全国成長要因は50％となる。このときこの地域では何らかの要因により30％分の成長が押し下げられていることになり，全国的にみれば相対的に競争力の弱い地域であったと判断できる。
　産業構造要因は，その地域の産業構造が地域の雇用増減に与えた影響である。一般に雇用の増減率は業種によって異なっており，増加率の高い業種を多く抱えている地域ほど，高い雇用成長率が期待できる。全国の業種別増減率と，その地域の業種構成比から，その地域の期待される雇用増減率が計算できる。これを産業構造要因という。
　地域特殊要因は，その地域特有の事情によると考えられる雇用増減である。たとえば地価の高い都市部では新たな工場の立地や雇用増加は望みにくい。逆に積極的に工場を誘致している地域では，全国成長要因や産業構造要因などから期待される以上の雇用が発生すると考えられる。
　このように地域の雇用増減を説明する3つの要因は，合計すると地域における雇用増減に等しい。

地域の成長＝全国成長要因＋産業構造要因＋地域特殊要因

●使用データ
　産業中分類別従業者数（1990年・2000年）／工業統計調査

表1　シフトシェア分析による1990～2000年の従業者数変動要因

まとめ（実数）

	実際増加数	全国成長要因	産業構造要因	地域特殊要因
北海道	-22,229	-42,789	12,100	8,461
東京都	-229,229	-139,722	-11,356	-78,152
愛知県	-135,768	-170,321	5,703	28,850
他	-1,601,770	-1,636,164	-6,447	40,841
全国	-1,988,996	-1,988,996	0	0

まとめ（成長率）

	実際成長率	全国成長要因	産業構造要因	地域特殊要因
北海道	-9.2	-17.8	5.0	3.5
東京都	-29.2	-17.8	-1.4	-10.0
愛知県	-14.2	-17.8	0.6	3.0
他	-17.4	-17.8	-0.1	0.4
全国	-17.8	-17.8	0.0	0.0

（工業統計調査により作成）．

●作成手順

統計から得られる従業者数（1990）と従業者数（2000）の数値を，3つの要因に分解していく。

手順	作業の意味
②	もし全地域の全産業が等しく変化するとしたら（地域特殊要因と産業構造要因を除外する）
③〜④	全体 − 全国成長要因 ＝ 産業構造要因 ＋ 地域特殊要因
⑤〜⑦	それぞれの産業について，もし全地域が等しく変化するとしたら（地域特殊要因を除外する）
⑧	（全国成長要因 ＋ 産業構造要因）− 全国成長要因 ＝ 産業構造要因
⑨	（産業構造要因 ＋ 地域特殊要因）− 産業構造要因 ＝ 地域特殊要因

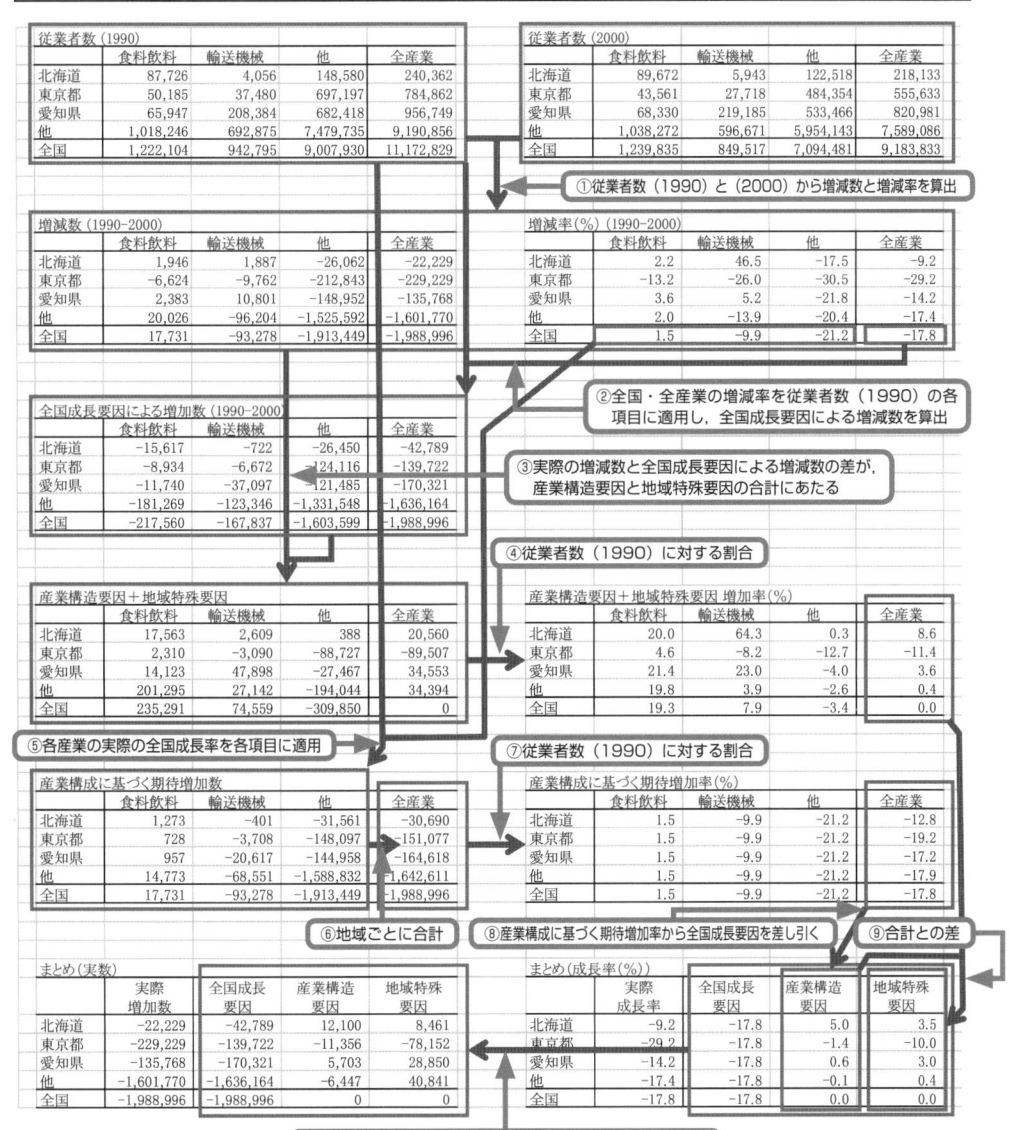

従業者数 (1990)

	食料飲料	輸送機械	他	全産業
北海道	87,726	4,056	148,580	240,362
東京都	50,185	37,480	697,197	784,862
愛知県	65,947	208,384	682,418	956,749
他	1,018,246	692,875	7,479,735	9,190,856
全国	1,222,104	942,795	9,007,930	11,172,829

従業者数 (2000)

	食料飲料	輸送機械	他	全産業
北海道	89,672	5,943	122,518	218,133
東京都	43,561	27,718	484,354	555,633
愛知県	68,330	219,185	533,466	820,981
他	1,038,272	596,671	5,954,143	7,589,086
全国	1,239,835	849,517	7,094,481	9,183,833

①従業者数（1990）と（2000）から増減数と増減率を算出

増減数 (1990-2000)

	食料飲料	輸送機械	他	全産業
北海道	1,946	1,887	−26,062	−22,229
東京都	−6,624	−9,762	−212,843	−229,229
愛知県	2,383	10,801	−148,952	−135,768
他	20,026	−96,204	−1,525,592	−1,601,770
全国	17,731	−93,278	−1,913,449	−1,988,996

増減率(%) (1990-2000)

	食料飲料	輸送機械	他	全産業
北海道	2.2	46.5	−17.5	−9.2
東京都	−13.2	−26.0	−30.5	−29.2
愛知県	3.6	5.2	−21.8	−14.2
他	2.0	−13.9	−20.4	−17.4
全国	1.5	−9.9	−21.2	−17.8

②全国・全産業の増減率を従業者数（1990）の各項目に適用し，全国成長要因による増減数を算出

全国成長要因による増加数 (1990-2000)

	食料飲料	輸送機械	他	全産業
北海道	−15,617	−722	−26,450	−42,789
東京都	−8,934	−6,672	−124,116	−139,722
愛知県	−11,740	−37,097	−121,485	−170,321
他	−181,269	−123,346	−1,331,548	−1,636,164
全国	−217,560	−167,837	−1,603,599	−1,988,996

③実際の増減数と全国成長要因による増減数の差が，産業構造要因と地域特殊要因の合計にあたる

④従業者数（1990）に対する割合

産業構造要因 ＋ 地域特殊要因

	食料飲料	輸送機械	他	全産業
北海道	17,563	2,609	388	20,560
東京都	2,310	−3,090	−88,727	−89,507
愛知県	14,123	47,898	−27,467	34,553
他	201,295	27,142	−194,044	34,394
全国	235,291	74,559	−309,850	0

産業構造要因 ＋ 地域特殊要因 増加率(%)

	食料飲料	輸送機械	他	全産業
北海道	20.0	64.3	0.3	8.6
東京都	4.6	−8.2	−12.7	−11.4
愛知県	21.4	23.0	−4.0	3.6
他	19.8	3.9	−2.6	0.4
全国	19.3	7.9	−3.4	0.0

⑤各産業の実際の全国成長率を各項目に適用

⑦従業者数（1990）に対する割合

産業構成に基づく期待増加数

	食料飲料	輸送機械	他	全産業
北海道	1,273	−401	−31,561	−30,690
東京都	728	−3,708	−148,097	−151,077
愛知県	957	−20,617	−144,958	−164,618
他	14,773	−68,551	−1,588,832	−1,642,611
全国	17,731	−93,278	−1,913,449	−1,988,996

産業構成に基づく期待増加率(%)

	食料飲料	輸送機械	他	全産業
北海道	1.5	−9.9	−21.2	−12.8
東京都	1.5	−9.9	−21.2	−19.2
愛知県	1.5	−9.9	−21.2	−17.2
他	1.5	−9.9	−21.2	−17.9
全国	1.5	−9.9	−21.2	−17.8

⑥地域ごとに合計　⑧産業構成に基づく期待増加率から全国成長要因を差し引く　⑨合計との差

まとめ (実数)

	実際増加数	全国成長要因	産業構造要因	地域特殊要因
北海道	−22,229	−42,789	12,100	8,461
東京都	−229,229	−139,722	−11,356	−78,152
愛知県	−135,768	−170,321	5,703	28,850
他	−1,601,770	−1,636,164	−6,447	40,841
全国	−1,988,996	−1,988,996	0	0

まとめ (成長率(%))

	実際成長率	全国成長要因	産業構造要因	地域特殊要因
北海道	−9.2	−17.8	5.0	3.5
東京都	−29.2	−17.8	−1.4	−10.0
愛知県	−14.2	−17.8	0.6	3.0
他	−17.4	−17.8	−0.1	0.4
全国	−17.8	−17.8	0.0	0.0

⑩従業者数（1990）に各要因による成長率を掛けて算出

●ワンポイント

シフトシェアは雇用成長要因の説明に利用されることが多いが，雇用などの人数ばかりではなく，製造品出荷額などにも利用できる。なお，抽出する産業によって得られる結果（各要因の数値）は異なるので，基本的には地域で主要な産業を選ぶことが望ましい。

PART❸ 指標・係数・モデル
6 B／N分析：地域を支える経済活動を分析しよう

[工業] [農業] [商業]　　棒　折れ線　円　散布図　表　2軸　複合　**その他**

◉目　的
　地域経済の成長にとって重要な要素が、地域外の需要を取り込む移出活動である。移出活動が活発な地域であれば、地域外からの収入によって地域内の経済活動も活発化し、地域内需要よりもはるかに大きな経済規模の達成が期待できる。一方、移出活動が不活発な地域では、経済規模が地域内需要に依存することになる。一般的に、1つの国の中にはこれらの地域が複数存在しており、前者は大都市が典型例となり、国の財政支出などに依存する度合いが低く、後者は小都市が典型例になり、国の財政支出などに依存する度合いが高い。
　このように、地域の経済力へ大きな影響を及ぼす移出活動を最も単純に推計し把握する手法が「B／N分析」である。

◉B／N分析とは
　B／N（ベーシック・ノンベーシック）分析では、都市や地域の経済活動を基盤産業（ベーシック産業：basic industry）と非基盤産業（ノンベーシック産業：non-basic industry）とに区分して検討していく。基盤産業とは、地域内の需要とともに地域外の需要をも対象とした部門で、地域経済の成長の「基盤」となる産業を指し、地域全体の雇用を牽引する役割を持つ。また地域内で生産された財を地域外へ移出することから移出産業ともよばれ、製造業がそれに相当することが多い。一方、非基盤産業は地域内の需要を対象とした産業であり、主に小売業や不動産業などのサービス部門が中心となる。
　地域の基盤産業の就業者数を推計するために、まず具体的にどのような産業が地域における基盤産業であるのか特定する必要がある。B／N分析においてそのような基盤産業の規模を特定する際には、データの入手のしやすさや手法の簡便さから、特化係数（**リンク** 122ページ）の大きさを判断基準としたアプローチが一般的である。ここでは産業大分類の業種のうち、特化係数が1より大きい業種を基盤産業とし、特化係数が1より小さい産業を非基盤産業と考えることにする。

◉使用データ
　産業大分類別就業者数（2005年）／国勢調査

表1　B／N分析による岩手県における基盤産業の概要（2005年）

産業大分類業種	就業者数	特化係数	基盤的活動就業者数
農業	83,430	2.76	53,163
林業	2,508	4.81	1,986
漁業	8,499	3.52	6,083
鉱業	729	2.42	428
建設業	68,437	1.13	8,070
医療，福祉	62,767	1.05	2,832
複合サービス事業	12,045	1.58	4,439
公務	26,887	1.14	3,396

（国勢調査により作成）.

●作成手順

　2005年の岩手県における産業大分類別就業者を例に説明する。下の図で特化係数が1を超える業種は，農業，林業，漁業，鉱業，建設業，医療・福祉，複合サービス事業，公務であり，これらが岩手県の基盤産業となる。それら以外の業種はすべて非基盤産業であると仮定する。

　ただし基盤産業で生産した財の全てが地域外の需要を対象としているわけではない。基盤産業の中でも非基盤的活動（すなわち地域内の需要に対応する経済活動）に従事する就業者も存在する。そのため，簡便な分析では基盤産業の中身を，地域外の需要を対象とした基盤的活動と，地域内の需要を対象とした非基盤的活動とに区分し，各々の就業者数を推計していることが多い。

　基盤産業の中で基盤的活動に従事している就業者を推計する際には，基盤産業の特化係数から1を引き，その値が当該産業の特化係数の値に占める割合を，各基盤産業の就業者数と掛け合わせることによって算出する。すなわち，特化係数で1を超えている部分が，地域外需要に対応した経済活動であると考えるのである。なお特化係数が1以下である非基盤産業については，基盤的活動就業者数は0と考える。たとえば農業の基盤的活動就業者数は下の図の①のように推計される。

　分析の結果，②のように岩手県では全就業者の1割を超える約8万人が基盤的活動に従事していることが分かる。特に，基盤産業の1つである農業では5.3万人が基盤的活動に従事しており，岩手県の主要な基盤産業であることが明らかになった。また，このようにして算出された基盤的活動就業者数の合計を，総就業者数から引くことで，③のように岩手県における非基盤的活動の就業者数が得られる。この基盤的活動就業者数と非基盤的活動就業者数との比はBN比とよばれ，基盤産業の地域的な位置づけを判断する指標となる。

E3 　fx =D3/C3*B3

①E3=D3/C3*B3

岩手県産業大分類別就業者数（2005年）

産業大分類	就業者数	特化係数	特化係数-1	基盤的活動就業者数
農業	83,430	2.76	1.76	53,163
林業	2,508	4.81	3.81	1,986
漁業	8,499	3.52	2.52	6,083
鉱業	729	2.42	1.42	428
建設業	68,437	1.13	0.13	8,070
製造業	108,876	0.91		
電気・ガス・熱供給・水道業	2,986	0.95		
情報通信業	7,467	0.41		
運輸業	29,620	0.84		
卸売・小売業	114,484	0.93		
金融・保険業	13,285	0.77		
不動産	3,750	0.39		
飲食店, 宿泊業	33,109	0.92		
医療, 福祉	62,767	1.05	0.05	2,832
教育, 学習支援業	28,716	0.95		
複合サービス事業	12,045	1.58	0.58	4,439
サービス業	78,499	0.79		
公務	26,887	1.14	0.14	3,396
分類不能の産業	2,520	0.20		
総就業者数	688,614			
			基盤合計	80,398
			非基盤合計	608,216
		BN比(非基盤／基盤)		7.57

②全ての基盤的活動の合計

③総就業者数と基盤合計との差

④非基盤合計を基盤合計で割る

PART❸ 指標・係数・モデル
7 重力モデル：地域間の結びつきを測定しよう

人口　交通観光　　　　　　　　棒　折れ線　円　**散布図**　表　2軸　複合　**その他**

●目　的
　OD表（リンク 108ページ）で見たように，現代社会において人やモノ，カネなどは特定の地域から別の地域へと移動しており，統計データをもとに，それらを量的に把握することも可能である。ここでは，それら地域間の流動を説明する単純なモデルについて理解し，実際にデータを用いて検討してみよう。

●重力モデルとは
　人口移動や物流，交通量ならびに情報量などの流動データ（フローデータ）で示される地域間の結合力や関係性は，空間的相互作用とよばれている。ここで扱う重力モデルは，地域間の空間的相互作用の大きさを検討する際に用いられる古典的なモデルの1つである。重力モデルは，2地域間の結びつきの大きさが，2地域間の距離が近いほど大きくなり，距離が離れていくに従って指数関数的に減少するような社会的・経済的現象などに対して応用が可能である。一般的な重力モデルは，以下のようにニュートンの万有引力の法則と類似した式で表される。

$$I_{ij} = k \frac{p_i \, p_j}{d_{ij}^{\alpha}} \qquad (1)$$

　ここでI_{ij}は地域iと地域jの間の空間的相互作用の大きさである。p_iおよびp_jは地域iと地域jの規模（人口規模や経済規模など）であり，d_{ij}は地域iと地域jとの間の距離（最短距離，時間距離，費用距離など）である。αおよびkはパラメータである。このように重力モデルにおいて地域間の結びつきの強さは2地域の規模に比例するが，距離のα乗に反比例すると考える。

●使用データ
　人口（2005年）／国勢調査
　都道府県間の人口移動（2005年）／住民基本台帳人口移動報告
　都道府県庁間の距離／国土地理院

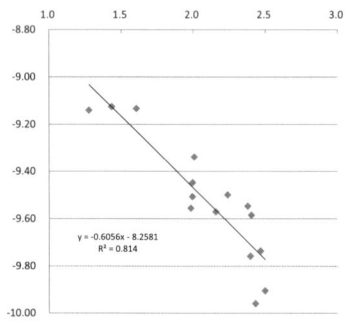

図1　距離（X軸）と空間的相互作用（Y軸）の散布図（2005年）
　　（国勢調査と住民基本台帳人口移動報告により作成）．

●作成手順

いま，不明なパラメータ α と k をデータから推計してみよう。ここで (1) 式を以下のように変形する。

$$\frac{I_{ij}}{p_i p_j} = \frac{k}{d_{ij}^{\alpha}} \quad (2)$$

対数をとることで (2) 式から以下の式が得られる。

$$\log\left(\frac{I_{ij}}{p_i p_j}\right) = \log k - \alpha \log d_{ij} \quad (3)$$

(3) 式は $\log\left(\dfrac{I_{ij}}{p_i p_j}\right)$ を Y，$\log d_{ij}$ を X とおくと下式となる。

$$Y = -\alpha X + \log k \quad (4)$$

このように (1) 式の重力モデルは，(4) 式のような線形関係で表すことができる。したがって，説明変数が1つである単回帰分析（リンク 150ページ）として，パラメータ α と k を推計することが可能となる。

例として東京近辺の15県からの東京都への人口移動を対象として分析してみよう。なお，ここでは規模として人口規模を採用しており，距離として東京都庁と各県庁間の最短距離（測地線長）を用いている。下の図のようにデータを整理し，パラメータ α と k を求めることができる。

②各県庁から東京都庁までの最短距離
③各県の人口

	A	B	C	D	E	F	G
1		東京都への移動数	距離(km)	人口	東京都人口	Y	X
2	福島県	7,459	238.9	2,091,319	12,576,601	-9.5473	2.3782
3	茨城県	13,368	99.3	2,975,167	12,576,601	-9.4470	1.9969
4	栃木県	7,903	98.8	2,016,631	12,576,601	-9.5064	1.9948
5	群馬県	7,096	96.4	2,024,135	12,576,601	-9.5548	1.9841
6	埼玉県	64,045	19	7,054,243	12,576,601	-9.1415	1.2788
7	千葉県	56,029	40.2	6,056,462	12,576,601	-9.1334	1.6042
8	神奈川県	82,744	27.2	8,791,597	12,576,601	-9.1259	1.4346
9	新潟県	7,949	252.7	2,431,459	12,576,601	-9.5851	2.4026
10	富山県	2,440	249.4	1,111,729	12,576,601	-9.7582	2.3969
11	石川県	2,709	293.6	1,174,026	12,576,601	-9.7364	2.4678
12	福井県	1,287	316.1	821,592	12,576,601	-9.9046	2.4998
13	山梨県	5,106	101.7	884,515	12,576,601	-9.3382	2.0073
14	長野県	8,731	172.8	2,196,114	12,576,601	-9.5002	2.2375
15	岐阜県	2,904	271.3	2,107,226	12,576,601	-9.9603	2.4334
16	静岡県	12,812	142.8	3,792,377	12,576,601	-9.5709	2.1547

①各県から東京都への人口移動数
④F2=log(B2/D2/E2)
⑤G2=log(C2)

①表に挙げた各県から東京都へどれだけ人口が移動しているのかについて，住民基本台帳人口移動報告をもとにデータを入力する。なお，これが (1) 式の I_{ij} に対応する。

②今回の分析では都県間の距離について，各県庁から東京都庁までの最短距離を代用してい

る。どのような距離を用いるかは分析内容に応じて適宜決定すればよい。これが（1）式の I_{ij} に対応する。

③各県の人口および，東京都の人口を入力する。これが（1）式における各地域の規模 p_i および p_j である。

④各県ごとに（4）式の左辺 Y を求める。$Y=\log\left(\dfrac{I_{ji}}{p_i p_j}\right)$ なので，福島県の場合には表のように F2 のセルにおいて「=log(B2/D2/E2)」と入力すればよい。この式をほかの県のセルにコピー＆ペーストすることで，全ての県において Y が求められる（ リンク 141 ページ「オートフィルの使い方」）。

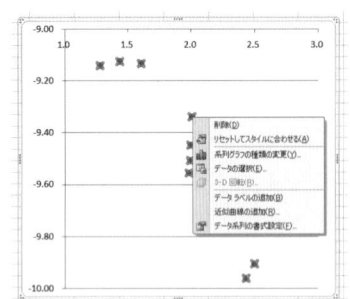

⑤（4）式の X は，②で入力した各都県間の距離を対数化したものである。④と同様に全ての県に対して X を計算する。

⑥ Y を縦軸に，X を横軸にとった散布図を作成する（ リンク 42–47 ページ）。表の Y 軸と X 軸の全てのデータ範囲を選択し，散布図を作成すればよい。その際に X 軸と Y 軸のデータが入れ替わっている場合には，グラフツール上の［デザイン］から［データの選択］をクリックするか，もしくはグラフ上での右クリックメニューから［データの選択］を選び，［系列の編集］から X 軸と Y 軸のデータ範囲を改めて選択する。

⑦続いて散布図のポイント上で右クリックをし，［近似曲線の追加］を選択する。近似曲線のオプションから［線形近似］を選択し，［グラフに数式を表示する］と［グラフに R-2 乗値を表示する］にチェックを入れる。すると散布図上に直線が引かれ，同じく表示された数式からパラメータ α と k が明らかになる。図より $\alpha=0.6056$，$\log k=-8.2581$ である（ リンク 147 ページ）。

☞ オートフィルの使い方

　重力モデル（リンク 138ページ）による分析でも必要となったように，同じ文字や計算式を複数のセルにわたって記入したい場合がある。このときに，全てのセルに対してそれぞれ入力したり，コピー＆ペーストを行ったりするのは，大変に非効率な作業となってしまう。そこで，手間を省くために多用する機能が「オートフィル」である。重力モデルのデータを使って説明しよう。

　右上図のように，あるセルを選択するとそのセルを囲む黒い線が表示されるので，その右下にカーソルを持ってくると，白い十字であったカーソルが黒い十字へと変わる。次に，右中図のように，その箇所でクリックをしたまま下へとドラッグをする。そこで，クリックを止めると，選択していたセルにあった情報がそのまま下のセルへとコピーされ，右下図のようになる。ちなみに，上・右・左へドラッグすれば，その方向のセルへと情報がコピーされる。

　通常のコピー＆ペーストと同じく，元のセルにあった情報が計算式であった場合には，ドラッグしていったセルの位置に合わせて計算式が自動的に変更される。つまり，この画像でいえば，元のF2セルに入力されている計算式が，「=log(B2/D2/E2)」なので，ドラッグするとF3セルでは「=log(B3/D3/E3)」，F4セルでは「=log(B4/D4/E4)」……と自動的に入力されていく。

PART ❸ 指標・係数・モデル
8 ハフモデル：買い物行動を予測しよう

`商業` `交通観光`　　　棒　折れ線　円　散布図　表　2軸　複合　**その他**

●目　的
　ある商業施設／地域が消費者を集められる範囲を「商圏」という。これが広ければ広いほど，その商業施設／地域の商業収入が高くなることが予想される。また，複数の商業施設／地域同士の商圏が重なっていればいるほど，それらの間では集客競争が激しくなることが予想される。このように重要な概念である商圏をどのように導出したらよいだろうか。

　ここでは，買い物に出かける先として複数の選択肢が存在する場合に，ある地点に立地する消費者がどこへどれくらいの確率で買い物に出かけるのか推定することで，商圏を分析する。

●ハフモデルとは
　ハフモデルとは，アメリカの経済学者ハフによって考案された商圏分析の際の古典モデルの1つである。ハフモデルの特徴は，消費者の選択行動を「確率論的」に説明する点にある。

　ここでは図1のような地域における商圏を考える。この地域には商業施設が4つあり，それぞれの規模（通常，売場面積を用いる）はs_1, s_2, s_3, s_4であるとする。地域内のある地点Oから各商業施設までの距離（通常，時間距離を用いる）をt_1, t_2, t_3, t_4とすると，地点Oに居住する消費者が規模s_1の商業施設を利用する確率p_1は，以下の式で表すことができる。なお，αとβは定数である。

$$p_1 = \frac{\dfrac{s_1^{\alpha}}{t_1^{\beta}}}{\left(\dfrac{s_1^{\alpha}}{t_1^{\beta}} + \dfrac{s_2^{\alpha}}{t_2^{\beta}} + \dfrac{s_3^{\alpha}}{t_3^{\beta}} + \dfrac{s_4^{\alpha}}{t_4^{\beta}}\right)} \quad (1)$$

　なお地点Oに居住する消費者が，規模s_2およびs_3のショッピングセンターを利用する確率p_2, p_3, p_4も同様に，(1)式の分子をそれぞれ$\dfrac{s_2^{\alpha}}{t_2^{\beta}}$, $\dfrac{s_3^{\alpha}}{t_3^{\beta}}$もしくは$\dfrac{s_4^{\alpha}}{t_4^{\beta}}$に置き換えることで表すことができる。

●使用データ
商業集積地区別売場面積（2007年）／商業統計調査　立地環境特性別集計編
時間距離／小田急線時刻表

表1　ハフモデルを用いた買い物確率

	新宿	下北沢	経堂	町田
代々木上原	0.800	0.102	0.019	0.079
登戸	0.527	0.073	0.073	0.327
新百合ヶ丘	0.347	0.040	0.032	0.581

（商業統計調査　立地環境特性別集計編により筆者作成）．

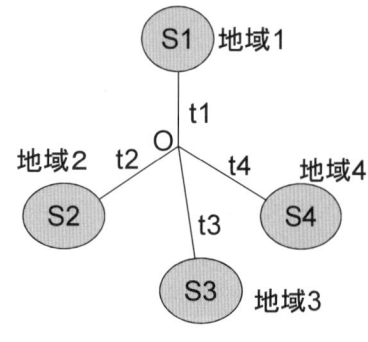

図1　ハフモデルの例

●作成手順

α, βの値は地域や交通手段などによって帰納的に決定されるが，ここでは$\alpha=1$，$\beta=1$と仮定し，小田急線沿線の4駅（新宿，下北沢，経堂，町田）の商圏について，ハフモデルを用いて分析してみよう。具体的には代々木上原，登戸，新百合ヶ丘の消費者が，上記の4駅にどのような確率で買い物に行くのか検討していく。

① まず新宿，下北沢，経堂，町田の4駅周辺の商業施設が有している売場面積のデータを，商業統計調査から得る必要がある。商業統計調査では東京都の商業地区に関して，地域範囲が細かく設定されたデータを得ることができるため，それらをもとに分析に応じて駅周辺の商業地区を再集計し，下の図のように整理する。

② 分析対象とする消費者の立地点から，商業施設までの距離を求める。ここでは小田急線の時刻表を参考に，各駅間の時間距離を定義している。

③ 売場面積と時間距離をもとに，買い物確率を計算する（**リンク** 25ページ）。

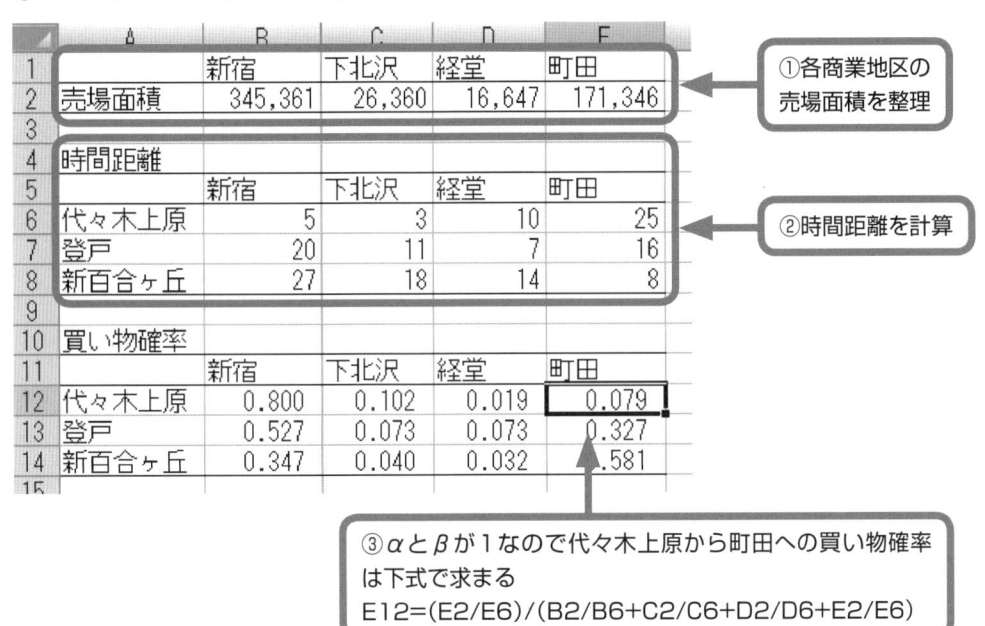

	A	B	C	D	E
1		新宿	下北沢	経堂	町田
2	売場面積	345,361	26,360	16,647	171,346
3					
4	時間距離				
5		新宿	下北沢	経堂	町田
6	代々木上原	5	3	10	25
7	登戸	20	11	7	16
8	新百合ヶ丘	27	18	14	8
9					
10	買い物確率				
11		新宿	下北沢	経堂	町田
12	代々木上原	0.800	0.102	0.019	0.079
13	登戸	0.527	0.073	0.073	0.327
14	新百合ヶ丘	0.347	0.040	0.032	0.581

① 各商業地区の売場面積を整理

② 時間距離を計算

③ αとβが1なので代々木上原から町田への買い物確率は下式で求まる
E12=(E2/E6)/(B2/B6+C2/C6+D2/D6+E2/E6)

●ワンポイント

ハフモデルで分析に用いる地域は，それぞれが独立した点として認識されることが前提となる。ここで例としたような比較的広域の買い物行動では，「下北沢」や「町田」はひとつの点になるが，例えば町田市内の日常的な買い物行動を分析する際には，個々の商店街や店舗が点となるように，買い物行動の範囲に応じて適切な分析単位を設定する必要がある。

PART ❹ 多変量解析
1 基本統計量：データの特徴を把握しよう

全般　　　　　　　　　　　　棒　折れ線　円　散布図　表　2軸　複合　**その他**

● 目　的
　統計（学）は「記述統計」「推測統計」に大別される。記述統計とは，収集したデータの基本統計量（平均，分散など）を計算して分布を明らかにすることにより，データの示す傾向や性質を知る手法である。どのようなデータを扱うにせよ，まずデータの構造を知ることが肝要となる。一方，推測統計とは，データからその元となっている諸性質を確率論的に推測する手法である。多くのデータは標本（Sample）抽出されたものであるため，そもそもの母集団（Population）に比してバイアス（偏り）がかかっている。それらのバイアスがどの程度の「確率」で生じているのかを「推測」する統計手法である。

●基本統計量とは
　標本の分布の特徴を代表的に（要約して）表す統計学上の値であり，記述統計量，基本統計量，代表値ともいう。正規分布の場合は，平均と分散または標準偏差で分布を記述できる。

・算術平均と幾何平均
$$\bar{x} = \frac{(x_1 + x_2 + x_3 + \cdots + x_n)}{n} \quad \bar{x} = (x_1 \times x_2 \times x_3 \times \cdots \times x_n)^{1/n}$$

・分散
　n個のデータ $x_1, x_2, \cdots, x_n$ からなる標本があって，$\bar{x}$ をそのデータの相加平均とした時に，$(\bar{x}-x_i)^2$ の平均の総和を n で除したもの。分散の平方根が標準偏差となる。分散を σ^2，標準偏差を σ で表すことも多い。

$$\sigma^2 = \frac{1}{n} \sum_{i=1}^{n} (\bar{x} - x_i)^2$$

●作成手順
①平均，数値の個数，最大値，最小値などは［ホーム］タブの右側にある［Σ］記号から簡単に計算できる。

②Excelのアドイン機能をオンにして，[データ] タブの [データ分析] にある [基本統計量] を使えば，平均，標準偏差，分散，合計値など主要な統計量が簡単に算出できる（リンク 148ページ）。

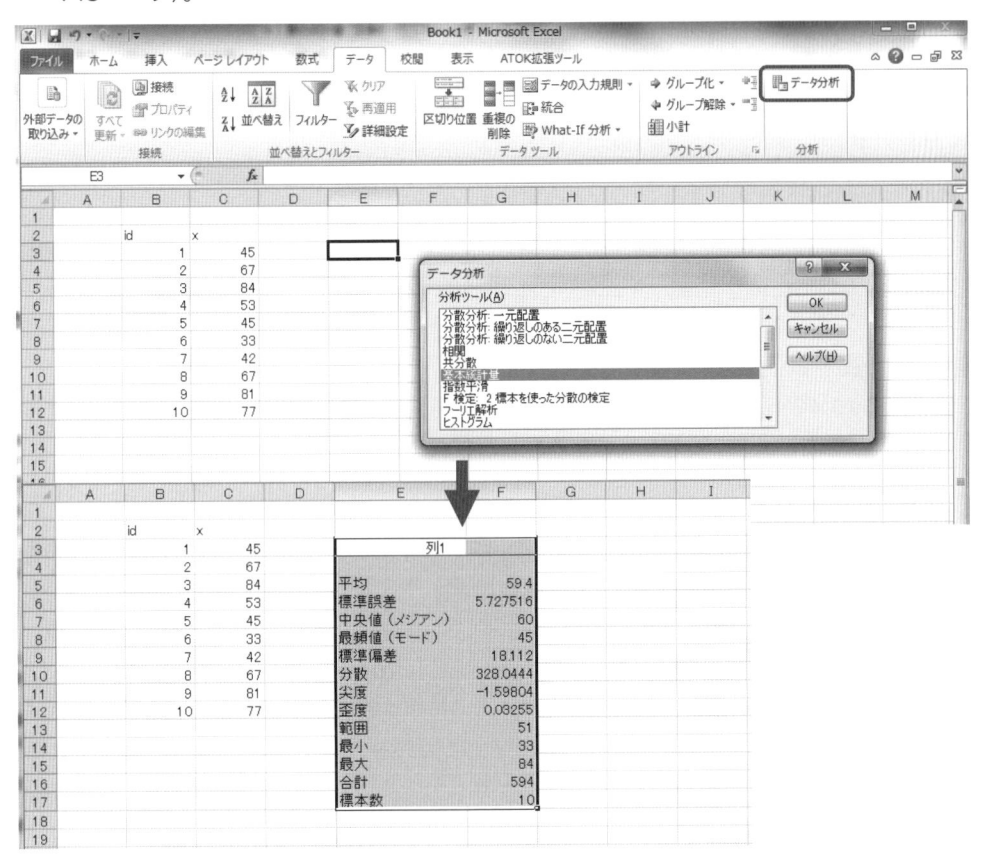

●ワンポイント

データ（あるいは変数，測定）の尺度は，一般的に次のような種類（水準）に分類される。尺度水準によって，統計に用いるべき基本統計量や統計検定法が異なる（リンク 「準備編」9-10ページ）。

- **質的データ／カテゴリデータ**
   名義尺度：単なる番号で順番の意味はない。電話番号，背番号など。
   順序尺度：順序が意味を持つ番号。階級や階層など。
- **量的データ／数値データ**
   間隔尺度：順序に加え間隔にも意味がある（単位がある）が，ゼロには絶対的な意味はない。摂氏・華氏温度，知能指数など。
   比率尺度：ゼロを基準とする絶対的尺度で，間隔だけでなく比率にも意味がある。一般的なデータはこのカテゴリに属する。

PART❹ 多変量解析
2　相関係数：地域データの相互関係を明らかにしよう

`行財政` `全般`　　　棒　折れ線　円　**散布図**　表　2軸　複合　その他

●目　的
　地域に関する変数（指標）にはさまざまなものがあり，それらはお互いに関係していることも多い。このような場合，2つの変数がお互いに関係しているのか，どのように判断すればよいだろうか。基礎編で学習した散布図を使えば，2変数間での関係はある程度傾向がつかめる。しかし，お互いの関係を厳密に表すうえでは，数値を用いて示す必要がある。

●相関係数・決定係数とは
　独立した2変数間で関係があるかを判断するときに用いられるのが，相関係数である。相関係数は，−1から1までの値をとり，相関係数の絶対値が1に近いほど，強い相関がある（＝変数間での関係が強い）とみなせる。逆に相関係数の絶対値が0に近いと相関していない（＝変数間で関係がない）とみなす。相関係数の符号がプラスの場合，正の相関（片方の変数が増加すれば，もう一方の変数も増加する）であり，符号がマイナスの場合は負の相関（片方の変数が増加すれば，もう一方の変数は減少する）である。

　相関係数は2変数間での関係を理論的に判断するものだが，理論モデル値がどの程度実際の変数にあてはまるか，確認する必要がある。その確認に用いられるが，決定係数である。ここで取り扱う独立した2変数間での相関の場合，決定係数は相関係数の値を2乗すれば求められる（R^2とよばれる）。したがって，2変数での相関では決定係数は0から1の間に収まり，1に近いほど理論的な値と一致し，強い相関関係があるとみなしてよい（リンク 150ページ）。

　図1は，北海道の146町村の財政状況について，相関係数を求めたものである。人口一人あたり普通交付税歳入額と人口一人あたり人件費歳出額（左図）には正の相関関係（普通交付税歳入額が増えるほど人件費額も多くなる）が見られる。一方，人口一人あたりの普通交付税歳入額と第2次産業比率（右図）の間には，はっきりとした相関関係は見られない。

●使用データ
　普通交付税歳入額，人件費歳出額（2008年）／市町村別決算状況調
　第2次産業人口比率（2005年）／国勢調査報告

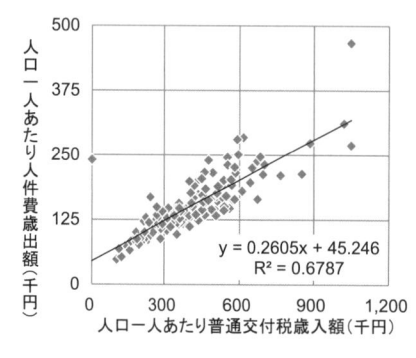

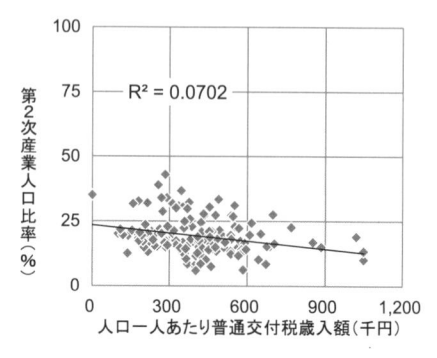

図1　北海道の町村の財政状況における相関関係

●作成手順

相関係数は以下の手順で作成できる。

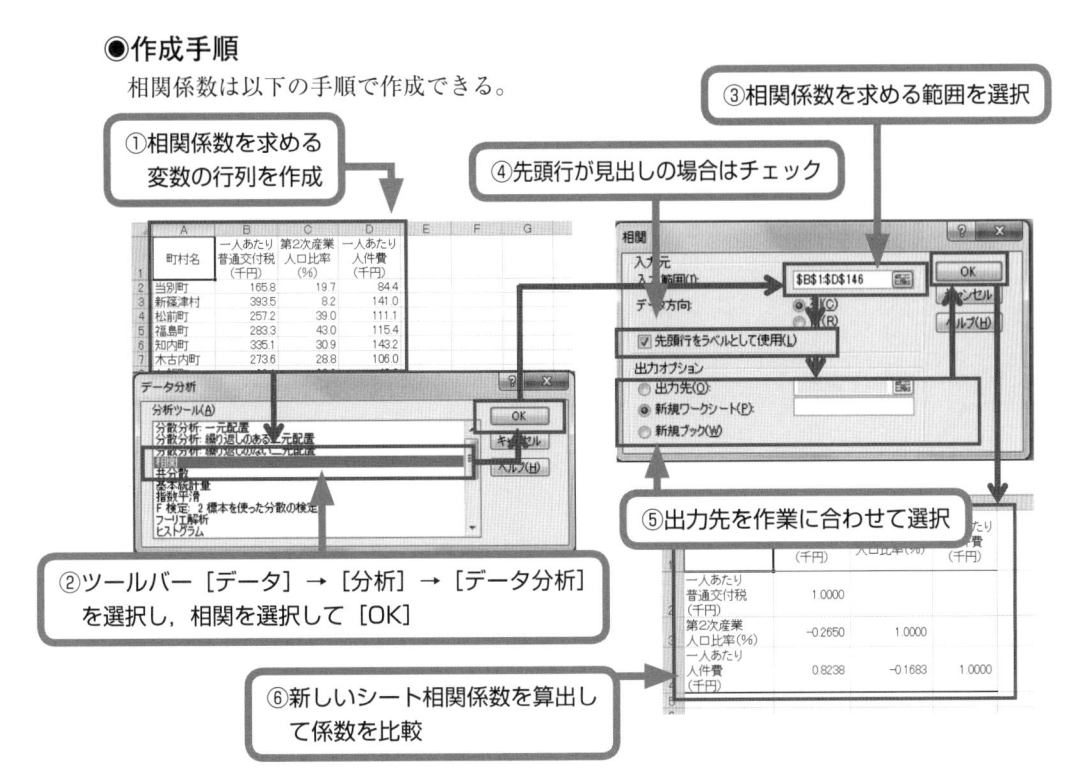

① 相関係数を求める変数の行列を作成

② ツールバー［データ］→［分析］→［データ分析］を選択し，相関を選択して［OK］

③ 相関係数を求める範囲を選択

④ 先頭行が見出しの場合はチェック

⑤ 出力先を作業に合わせて選択

⑥ 新しいシート相関係数を算出して係数を比較

決定係数は，散布図をつくったうえで，下記の手順で作成できる。

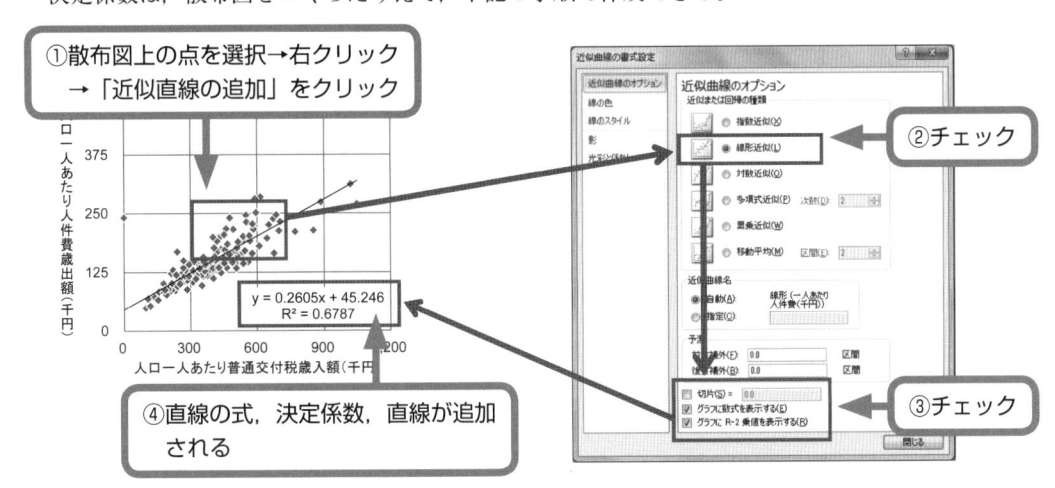

① 散布図上の点を選択→右クリック→「近似直線の追加」をクリック

② チェック

③ チェック

④ 直線の式，決定係数，直線が追加される

$y = 0.2605x + 45.246$
$R^2 = 0.6787$

●ワンポイント

　データ分析ツールは，Excelの基本設定では選択できないようになっている。データ分析ツールを立ち上げるには，ファイル［オプション］を選択し，下の手順で設定すると，Excelに組み込まれる。

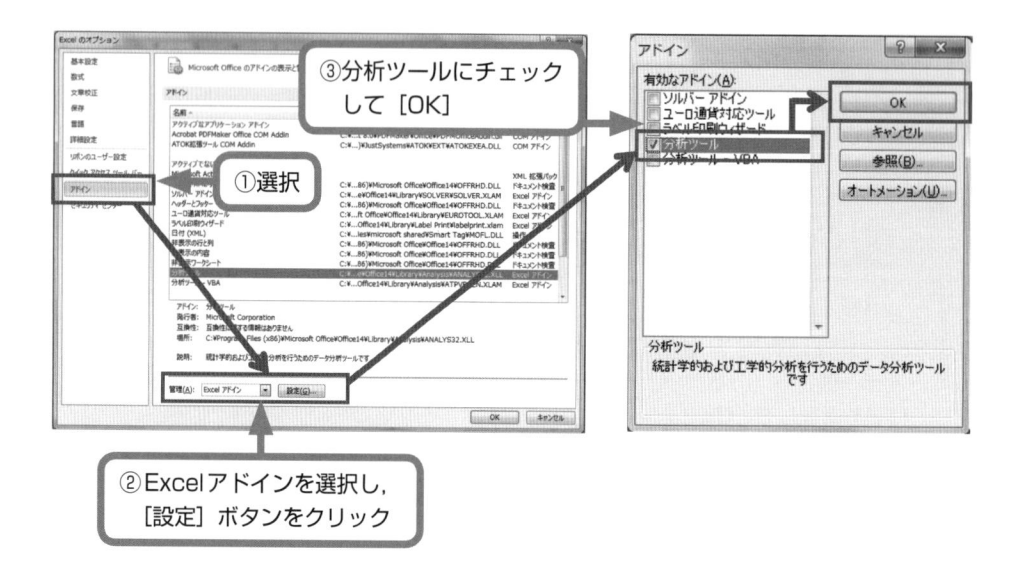

☞ **市町村合併には注意しよう！**

　地域分析を進めるにあたり，最初に取り組むべき作業は，市区町村別に集計された統計データを入手して地図を描くことだろう。分析対象地域の選定など，地域の特徴を捉えるには，データを経年比較すると，その地域の変化が明確になり効果的である。過去数十年の国勢調査や事業所・企業統計調査などの基本統計は，「政府統計の総合窓口（e-Stat）」からExcel形式やCSV形式でダウンロードでき，直ちに表計算ソフトを用いて分析に取りかかることができる。しかし，いざ表計算ソフトとGISを駆使して市区町村別に集計されたデータを経年比較しようとすると，市町村合併や政令市移行に伴う区政施行によって，新旧の市区町村がうまく合致しないという難題に直面することが多い。

　それぞれの自治体には，上2桁で都道府県，下3桁で市区町村を表す5桁の地方公共団体コード（市町村コード）が割り振られている。この市町村コードは，合併や区政施行などによって随時，変更される。たとえば，編入合併の場合は，編入する側のコードが引き続き利用され，編入される側のコードは消滅する。一方，新設合併の場合で新しい名称の自治体が誕生すると，新たなコードが割り振られる。そのため，市区町村別の統計データを経年で比較しようとすると，どうしても市区町村の数にずれが生じてしまうのである。

　こうした問題を回避するためには，たとえば，合併前の市区町村境界で集計する方法や自治体の領域を面積按分して数値を推計する方法（詳細はMunicipality Map Maker（MMM）ウェブ版を参照されたい）などがある。また，市区町村よりもミクロな集計単位の町丁目・大字とよばれる小地域単位統計データを用いれば，そもそも境界やコードの変更による影響を受けずに分析できる。小地域単位統計データは，個人情報保護法の観点から非公開となっているデータが少なくないが，研究・学術目的での公開は徐々に進んでいる。地域分析では，できるだけ小地域で集計されたデータを入手するように心掛けたい。つまり統計データは「大（地域）は小（地域）を兼ねる」ではなく「小は大を兼ねる」のである。

PART ❹ 多変量解析
3 回帰分析：人口規模から小売販売額を予測しよう

商業　全般　　　　　棒　折れ線　円　**散布図**　表　2軸　複合　その他

●目　的
　回帰分析は，ある変数によって，別の変数の変動を説明したり予測したりする際に用いられる。たとえば，ある地域の犯罪発生率は，失業率の変動にどれだけ影響を受けているのだろうか。あるいは，失業率が上がると，どれだけ犯罪発生率が上がると予想されるだろうか。このような問いに答えるためには，回帰分析が有効である。

●回帰分析とは
　変動が説明される変数を「従属変数（または被説明変数や目的変数）」，従属変数の変動を説明する変数を「独立変数（または説明変数）」とよぶ。従属変数は1つだけ設定されるが，独立変数は1つ以上設定される。説明変数が1つだけの場合は「単回帰」，説明変数が2つ以上の場合は「重回帰」とよばれ区別される。ここでは重回帰の説明は省略し，より単純な単回帰に焦点を当てる。
　以上の用語を用いて，「目的」で取り上げた例を説明すると，犯罪発生率が従属変数で，失業率が独立変数であり，独立変数が1個だけの単回帰であるといえる。

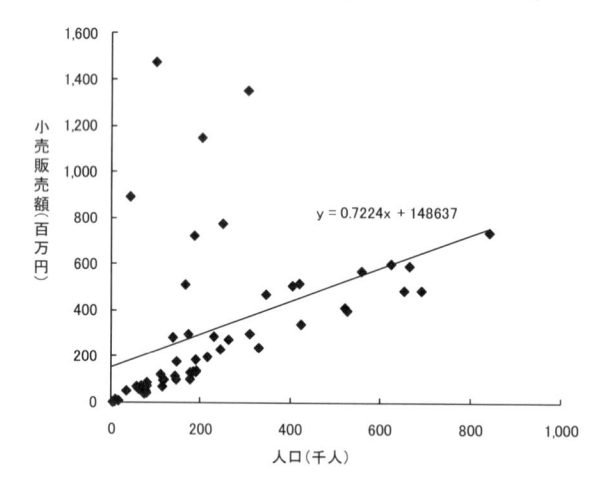

　単回帰は，1次関数の形（単回帰式）で表現できる。単回帰式「$y = a+bx$」が表す直線を「回帰直線」といい，y切片であるaに対して，式の傾きbを特に「回帰係数」という。この時，yは従属変数であり，xは独立変数である。たとえば，上の散布図は，東京都の市区町村別の人口をX軸，小売販売額をY軸にとったものであり，回帰直線と回帰式も散布図上に記載されている。この回帰式は，「小売販売額（百万円）= 0.7224 × 人口 +148637」という意味であり，人口増減に対して，どれだけ小売販売額が変動するかを表している。つまり，人口が10万人の自治体では，「0.7224 × 100000+148637 = 220877」であり，220,877百万円の小売販売額があると予測される。
　次に，この回帰式はあくまで予測であるため，どこまで妥当性のある予測であるかが問題になる。別の言い方をすると，この回帰式は，データ全体を説明するものとして，「当てはまりがよいのか」を検証せねばならない。それを表す値を決定係数といい，R^2とよばれる（**リンク** 146ページ）。R^2は，被説明変数の変動のうち，説明変数で説明できる割合はどれくらいかを

意味している。値の範囲は$0 \leq R^2 \leq 1$であり，1の場合は，回帰式における説明変数が被説明変数の変動を完全に説明しているといえ，0の場合は，逆に全く説明していないといえる。つまり，$R^2 = 0.6$であれば，被説明変数の60％を説明変数が説明していることを表している。

ここで注意してほしいのは，R^2がどれだけ高ければよいのかという統一された基準はないことである。$R^2 = 0.1$である時に，対象となる回帰式の従属変数が，人間の行動のように複雑なものであれば，考えようによっては，10％も1つの説明変数で説明できるのはすごい，とも捉えられる。重要なことは，回帰分析を行った際にR^2値をきちんと記載することであり，表示されたR^2をもとに，分野と対象の違いによって，その回帰分析の妥当性が判断される。

なお，単回帰の場合，このR^2は，yとx間の相関係数rの2乗値に一致する。

☞ 重回帰分析結果の読み方

このコラムでは，基本的な多変量解析の例として，実践編❹-3で簡単に触れた重回帰分析について，結果の読み取り方を説明する。

下の表は，九州で情報サービス産業に従事する労働者の年収に，どのような要素が影響を与えているか重回帰分析を行った結果である。ここでは，「年齢」，「勤務地福岡県ダミー」などが独立変数であり，「年収」が従属変数である。なお，「切片」は独立変数ではなく「定数項」を意味する。「ダミー」という表記があるのは，たとえば勤務地が福岡県であるか否かという，本来数字で表せない属性を，数値で扱うための工夫をしているためである。

まず，表全体に関わる結果として，表の下にある「自由度調整済み決定係数」を見ると0.4616となっており，ここで用いられた従属変数が，「年収」の変動の約46.2％を説明していることを意味する。また，$F(9, 327) = 33.002$　$p < .00000$とは，自由度はそれぞれ9と327で，F値$= 33.002$であり，p値が0.00000より小さいことを表すF検定の結果である。細かい説明は省くが，p値が0.01＝1％未満であるため，この分析は全体として妥当とみなせる。

次に，それぞれの独立変数に存在する「回帰係数」「標準回帰係数」「t値」「p値」の意味を順に見る。一番見なければいけないのは「p値」であり，これが大きいと，その独立変数は従属変数の説明に用いるべきではない。この表では，10％の有意水準とみなしているので，「p値」が0.1未満ならば，有効な従属変数と捉えられる。なお，「t値」も検定のための値であるが，とりあえず有意か否かを判断するためには「p値」を見ておけばよいので，気にしなくてよい。ただ，「t値」の右上に「＊」などがついて，この表と同じく有意水準を示す場合が多いので，それには注意する。

「回帰係数」は独立変数の変動がどれだけ従属変数の変動に影響するかを見るので，たとえば「年齢」が1歳増えると，「年収」が27.4万円増えることを意味する。ただ，「回帰係数」は元の数字の単位に影響されるため，どの独立変数の影響が説明変数に与える影響が大きいのか，単純な比較はできない。そのため，単位の影響を排除した「標準回帰係数」が用いられる。

	回帰係数	標準回帰係数	t値	p値
年齢	27.4397	1.1989	3.6359＊＊	0.0003
年齢2乗	−0.1928	−0.6278	−1.9450†	0.0526
勤務地福岡県ダミー	37.6182	0.1128	2.7663＊＊	0.0060
職業ダミー　システムエンジニア	39.1111	0.1179	2.2280＊＊	0.0266
基準　その他の技術者	40.9994	0.0667	1.4180	0.1571
プログラマー　管理職	113.4615	0.2188	4.1717＊＊	0.0000
転職ダミー　九州外からの転職	−46.2430	−0.1247	−2.5741＊	0.0105
基準転職なし　九州内での転職	−15.7121	−0.0448	−0.9344	0.3208
事業所規模	0.4383	0.1038	2.4837＊	0.0135
切片	−295.8874		−2.2127＊	0.0276

＊＊：1％水準で有意　　＊：5％水準で有意　　†：10％水準で有意
サンプル数：337
自由度調整済み決定係数：0.4616
$F(9, 327) = 33.002$　　$p < .00000$
最小2乗法で推定

(中澤高志 (2002) 九州における情報技術者の職業キャリアと労働市場．地理学評論　75: 837–857.)

PART❹ 多変量解析
4 因子分析と主成分分析：少ない変数で事象を説明しよう

全般　　　　　　　　棒　折れ線　円　散布図　表　2軸　複合　**その他**

◉目　的
　地理データの多くは，行に地域（空間単位），列に各種データ（属性）を配置した地理行列で表現される（リンク 2ページ）。たとえば，行に都道府県を配置し，列に人口，産業などのデータが並んでいるものなどである。こうした地理行列は，広範囲の地域を対象として，各種のデータを豊富化するほど，変数Xは大量になる。都道府県を行におき，10の属性データで表される地理行列では，変数が470になる。こうした大量の変数を処理する分析方法を多変量解析とよぶ。多変量解析のうち，地域分析でよく用いられる手法に因子分析と主成分分析がある。数多くの変数から関係性を分析し，小数の変数に変換して説明する手法として，どちらも地域データの処理でよく使う手法である。

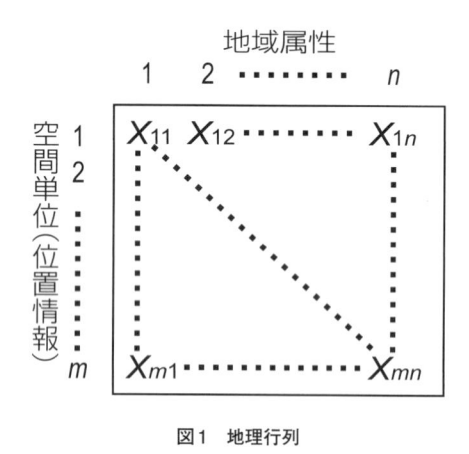

図1　地理行列

◉因子分析と主成分分析とは
　因子分析と主成分分析は，どちらも数多くの変量を少数の変数にまとめ上げる手法である。一般的に，因子分析では潜在的な因子を探るもので，主成分分析は変数を合成して成分を求めるものとされる。
　因子分析では，因子は相関をもつ変数群をまとめたものであり，因子間には相関がない。変数と因子の関係を示すものは因子負荷量とよばれ，それぞれの地域（空間単位）において因子のもつ値を因子得点という。分析手順としては，固有値1以上（1変数以上の説明量を意味する）か寄与率（説明量）5％以上の因子を複数求める。寄与率の高いほうから第1因子，第2因子，第3因子となる。次に，それらの因子の意味を因子負荷量から考察し，各地域（空間単位）の特性については因子得点の分布図から検討する。
　一方，主成分分析はもともとの変数を重視して，変数1×ウェイト1＋変数2×ウェイト…と表現する乗積モデルである。言い換えると，「基準地価」，「人口密度」，「千人当たりの飲食店数」などの個別変数をいちいち判断するのは煩雑なので，加乗することによって1つの指標にまとめて「都市化指標」とでもいうべき変数を合成する方法である。この合成変量を「主成分得点」と呼ぶ。
　この2つは使用する目的も，アウトプットされる統計量も似かよっているために，一般的には「同じようなもの」と思われているが，本質的には大きく異なる。主成分分析はもともとの

変数に基づいて合成変数をつくるものであるが，因子分析はもともとの変数にはあまり重きをおかず，多くの測定可能な変数の裏には測定不可能な「因子」（潜在変数）が存在することを仮定し，それを明らかにすることが目的である。

実際には2つの手法は同じ目的で使われているために，使い分けの基準は曖昧で分析者の好みに委ねられているのが実情である。ただし，分析の手順および方法に関しては，主成分分析のほうが分かりやすく，因子分析は理解しにくい。両手法を下のパス図で示すとその違いは明確である。因子分析では潜在的な因子を仮定する必要があり，その仮定に基づいて，各変数を説明できる「共通因子」と特定の因子のみ説明する「特殊因子」を想定しながら，因子負荷量を推定しなければならないからである。分析の目的が「変数の縮約」であれば主成分分析を用い，「現象の背景にある構造を探る」目的であれば因子分析を用いる，というのが標準的なアプローチといえる。

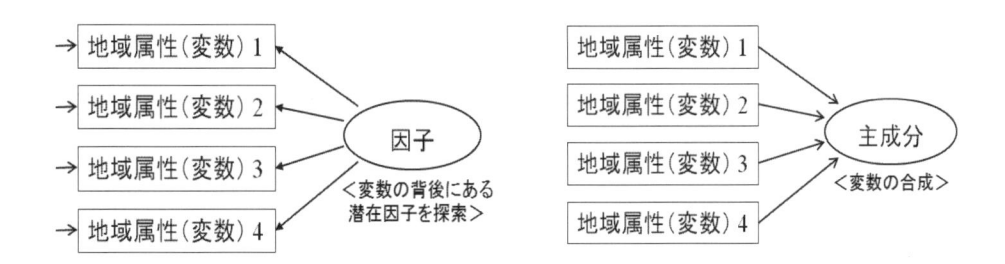

因子分析と主成分分析のパス図

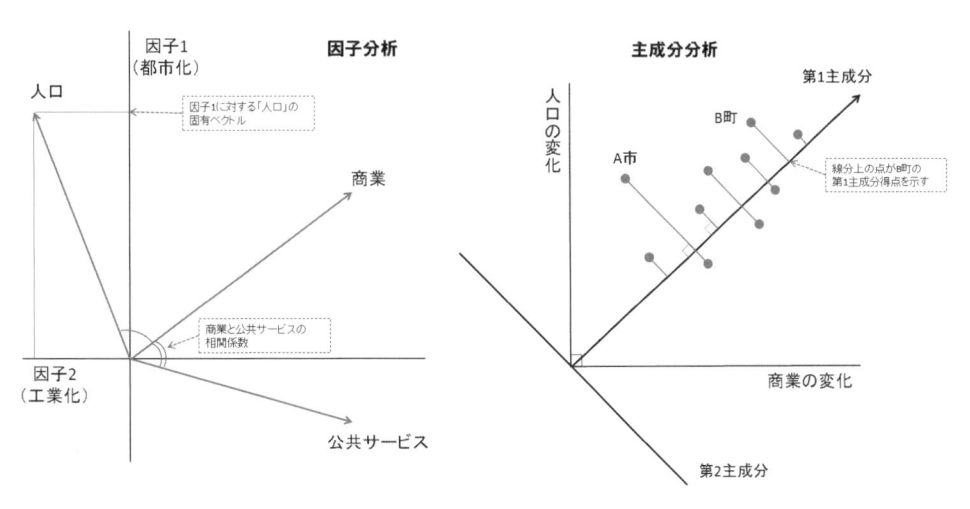

因子分析と主成分分析の概念図

PART ❹ 多変量解析
5 クラスター分析：類似した地域をまとめて分類しよう

【全般】　　　　　　　　　棒　折れ線　円　散布図　表　2軸　複合　**その他**

●目　的
　複数の地域をいくつかのグループに分類してみることは，地域分析の中でも基本的な作業の1つといえるだろう。ところが，分類の基準となる地域の属性が非常に多い場合や，属性は少なくても似たような地域が多い場合は，分類することも容易ではない。クラスター分析は，この分類という作業をできるかぎり論理的に行う手法である。

●クラスター分析とは
　クラスター（cluster）という単語が「群」や「（ぶどうなどの）房」を意味するように，クラスター分析とは，データの中から類似したものを集めて，いくつかのグループにまとめていく手法である。このとき，「似ている」と判断するための何らかの基準が必要となるが，クラスター分析ではデータ間の「距離」によって，類似性を判断する。具体的には，次のような手順で分類を進める。
　①まずはn個のデータ（地域）それぞれをクラスターとみなし，n個のクラスターとする
　②全てのクラスター間の距離を求め，最も近い2つを結合して新しいクラスターをつくる
　③最終的にクラスターが1つになるまで，②の手順を繰り返す
　このように，似ているものを順にまとめていく方法は階層的クラスター分析とよばれ，その結果は図1のような樹形図（デンドログラム）として表現される。ここでは，縦軸はクラスターを結合した際の距離を示し，樹形図をどの高さで切断するかによって，分類の結果も異なる。

●使用データ
　転入者数・転出者数（2009年）／住民基本台帳人口移動報告
　出生数・死亡数（2009年）／人口動態調査

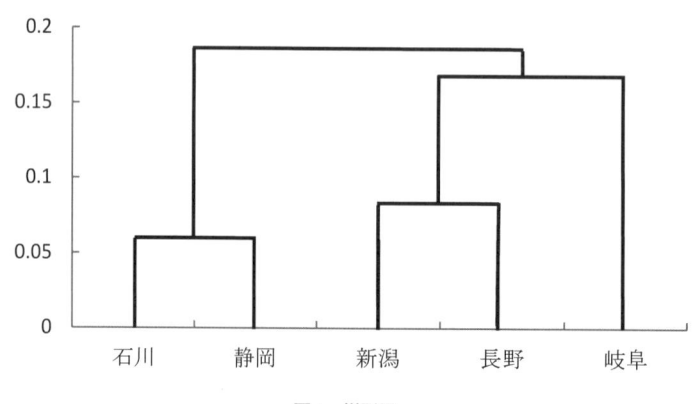

図1　樹形図

実践編 PART ❹ 多変量解析　155

●作成手順

クラスター間の距離の計測方法には次にあげるようないくつかの方法があり，分類の結果も異なる。比較的バランスのよい結果が得られるウォード法がよく使われるが，計算は煩雑なので統計ソフト等が必要となる。ここでは重心法を用いて，自然増加率と社会増加率から中部地方5県を分類してみよう。

最短距離法	2つのクラスターに属するデータのうち，最も近いデータ間をクラスター間の距離とする方法
最長距離法	2つのクラスターに属するデータのうち，最も遠いデータ間をクラスター間の距離とする方法
群平均法	2つのクラスターに属するデータの全ての組み合わせの距離の平均をクラスター間の距離とする方法
重心法	2つのクラスターの重心の距離をクラスター間の距離とする方法
ウォード法	全体のクラスター内のデータの散らばり具合を最小にする方法

①右図のような地理行列から5つのクラスター（県）間の距離をそれぞれ求める。たとえば新潟と石川の間の距離は，
$\sqrt{((-0.30)-(-0.12))^2+((-0.19)-(-0.07))^2}=0.216...$ となる。平方根と2乗の計算は，SQRT関数とPOWER関数をそれぞれ利用する。

	自然増加率	社会増加率
新潟	-0.30	-0.19
石川	-0.12	-0.07
長野	-0.22	-0.21
岐阜	-0.10	-0.25
静岡	-0.06	-0.08

②距離が最小となる2つ（石川と静岡）をまとめて1つのクラスターとして，クラスターの位置として重心（右下図の×）の値を求める。

	新潟	石川	長野	岐阜	静岡
新潟		0.216	0.082	0.209	0.264
石川			0.172	0.181	0.061
長野				0.126	0.206
岐阜					0.175
静岡					

③新たに4つのクラスター間の距離を求め，全体が1つのクラスターになるまで②の手順を繰り返す。

	新潟	{石,静}	長野	岐阜
新潟		0.236	0.082	0.209
{石,静}			0.187	0.175
長野				0.126
岐阜				

④新しいクラスターがつくられた順序と，その際の距離をもとに樹形図を描く。樹形図は，各地域が最初にクラスター化される際の距離を用いた棒グラフを作成し，それを下書きにして［挿入］→［図形］から線を描き，後で棒グラフを無色にする。

●ワンポイント

クラスター分析に利用する属性は互いに独立している必要があるが，あまりに脈絡のない属性を選ぶと解釈が難しくなり，「分類のための分類」になりがちなので注意が必要である。また，クラスター間の距離の計測方法や樹形図を切断する高さによって結果が変わってくるように，クラスター分析は完全に客観的な論拠とはならない点にも注意したい。

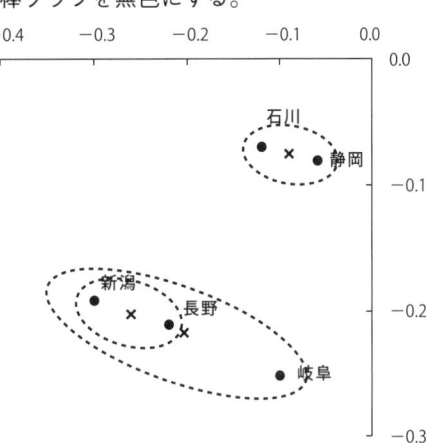

PART ❹　多変量解析
6　ネットワーク分析：社会的なつながりを定量化しよう

全般　　　　　　　　　　　　　　　　棒　折れ線　円　散布図　表　2軸　複合　**その他**

◉概　要
　人々のつながりや企業間関係，産学連携，航空網など，世の中にはネットワーク状につながっている事象が数多く観察される。こうしたネットワークを可視化し，それらを定量化する手法をネットワーク分析という。地理学ではこれまで点パターンの分布として分析が進められてきたが，近年では社会全般のありとあらゆるネットワーク的現象を扱う社会ネットワーク分析の興隆がみられ，社会科学の新たな分析手法として地位を確立している。

◉ネットワーク分析とは
　ネットワークとは，事象aと事象bが何らかの関係をもつ状態をいう。事象aと事象bが人や企業のような主体であれば，人間関係や人脈，企業間関係を意味する。また，事象aと事象bが地域や施設であれば，都市や空港などの地理的な関係性を示すものとなる。こうした事象aと事象bをノードnodeとよび，ネットワークの結節点として位置づけられる。他方，ノードab間のつながりをリンクlinkとよび，ネットワークの状態を表す連鎖線と考えることができる。

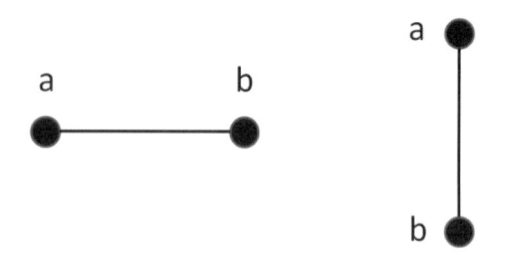

リンクとノード

　もし，ノードab間に階層性があり，上の図の右側のネットワークのように，ノードaの機能がノードbの上位にあるような垂直的なつながりであれば，垂直的ネットワークと考えられる。ノードの違いや階層性を考慮したネットワークを考える場合，樹形図（**リンク** 106ページ）も含まれる。すなわち，都市システムはノード間の階層性を含むネットワークの特殊形として考えることもできる。また，こうしたネットワークが何らかの目的のもと形成され，かつそれらがつながることにより，ネットワーク全体で独自の機能を発揮する場合はシステムとよばれる。いわば合目的性と全体性を有しているネットワークは，システムとして捉えることができる。
　ネットワーク分析には2つの目的があり，事象のつながりを可視化する目的と，つながりを定量化する目的がある。前者はノードの数と位置，ノード間のリンクを把握することが重要であり，それらノード間の関係を数値化し，統計量を求めるのが後者といえる。

ネットワーク分析の基本的な考え方を示そう。ノード（結節点）をn，リンクをlとすると，ネットワークの効率性は以下の指標で表される。

・コネクティビティ指数 = l/n

・アクセシビリティ指数　$Ai = \sum_{j=1}^{n} d_{ij}$

距離d_{ij}はノード間を結ぶ最短のリンク数を示す。たとえば，下の図にあるようなネットワークを考える。ノード（結節点）はa～gまでの7個になる。各ノードのリンクを表記すると，7×7の行列となる。たとえば，ノードaの直接的なつながりはbのみであるが，cへはbを経由していて2本のリンクでつながっている。ノードac間の2はリンク数，すなわち距離d_{ij}を意味する。行方向でリンクの合計を出せば，それぞれのノードのアクセシビリティ指数となる。下の図では，ノードbが最もアクセシビリティ指数が小さくなっており，他のノードへの行きやすさやつながりの距離が短くなっている。ノードbから他のノードへ直接リンクしているのは4本であり，ネットワーク全体で最も中心性をもったハブであると解釈できる。なお，社会ネットワーク分析ではより複雑な関係を縮約化する目的で，ノードとリンクの関係を次数中心性，近接中心性，媒介中心性などとして表す。

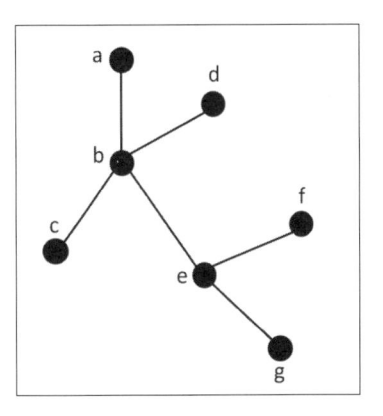

	a	b	c	d	e	f	g	Ai
a	–	1	2	2	2	3	3	13
b	1	–	1	1	1	2	2	8
c	2	1	–	2	2	3	3	13
d	2	1	2	–	2	3	3	13
e	2	1	2	2	–	1	1	9
f	3	2	3	3	1	–	2	14
g	3	2	3	3	1	2	–	14

一方，下の図のようにそれぞれのノードとリンクがどのような形状でつながっているのかをコネクティビティ指数で定量化する場合，それぞれの接続性を比較することができる。この場合，ネットワークが密であるほどコネクティビティ指数は高くなる。

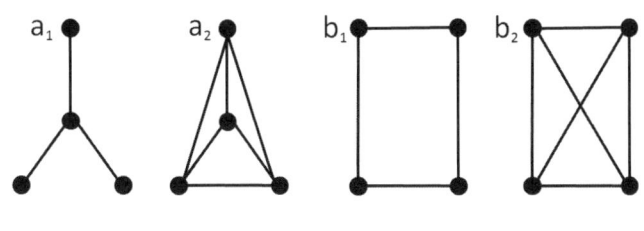

	a_1	a_2	b_1	b_2
リンク数l	3	6	4	6
ノード数n	4	4	4	4
コネクティビティ指数	0.75	1.50	1.00	1.50

発展編

　実践編までは図表づくりに焦点をしぼってきたが，発展編ではそこから少し離れて，図表づくりの「前後の話」を扱う。図表をつくるためには，まずデータが必要である。ここまでは主にインターネット上のデータを利用することを前提にしてきたが，発展編の前半では，自らデータを集める「アンケート調査」について，分析方法と併せて説明する。一方，つくった図表は，最終的には論文の中で自分の主張を裏づける「証拠」として使われる。発展編の後半では，図表をどのように論文に組み込んだらよいか，表現方法も含めて説明する。

発展編(1) アンケート調査による地域分析

　最近ではインターネット経由で統計データの公開が進み，すぐに加工できる形で，さまざまなデータを入手できるようになった。しかし，必要なデータがネット上にないからといってあきらめてはいけない。自分でExcelに入力する手間を惜しまなければ，私たちが地域分析に利用できる統計は，種類についても，時代についても，より幅が広がる。本書のここまでの部分では，公開されている統計を加工・編集して有益な情報を引き出す方法について学んできた。入手可能な統計を使いこなせば，私たちが知りたいことのうち，大抵のことはわかる。しかし，それだけでは知り得ないことが残るのも事実である。それを知るためには，いくつかのアプローチがあるが，ここではその1つとして，調査票を用いたアンケート調査を取り上げる。表1は，アンケート調査からデータの入力・分析までの大まかな流れを示したものである。この流れに沿って，以下ではアンケート調査による地域分析の方法を説明したい（Step①～⑥については，中澤高志（2007）アンケートによる地域調査—調査票から見えてくる個人のライフコース，梶田真・仁平尊明・加藤政洋編『地域調査ことはじめ—あるく・みる・かく—』ナカニシヤ出版：83-94.も参考にしてほしい）。

表1　アンケート調査からデータの入力・分析までのステップ

Step①	研究課題の設定 問題意識の明確化 文献の検索・収集・読解
Step②	二次データの収集と分析 統計や各種資料のグラフ化・表化・地図化とその解釈
Step③	オリジナルな調査の企画 適切な調査方法の選定 アンケート調査の実行可能性
Step④	調査票の作成 分量の設定，質問内容と質問順序の検討，質問方法の選定 項目の取捨選択や質問順序，表現，語句の再検討
Step⑤	調査票配布の下準備 プレテスト 依頼状の作成 調査票・依頼状・封筒などの印刷，料金受取人払などの手続 調査票等封入，宛名ラベル貼りなど 調査票配布のための名簿や住宅地図の準備
Step⑥	調査票の配布と回収 郵送or戸別訪問にて配布・回収 回収した調査票のナンバリング
Step⑦	データの入力・クリーニング 入力用テンプレートの作成とデータ入力 フィルタ・フォームを用いた入力ミスチェック
Step⑧	データの分析と解釈 ピボットテーブルによる集計 分析結果の可視化とその解釈

Step① 研究課題の設定

どのような調査方法をとるにしても，オリジナルな調査を実施するまでには周到な準備が必要である。まずしなければならないことは，何を，何のために研究するのかを明らかにすること，すなわち研究課題の設定である。研究課題の根っこは，実生活の中から沸いてきた素朴な疑問にあったとしてもかまわない。しかし研究として手がける以上は，学問的な意義づけとオリジナリティが求められる。したがって，関係する文献を収集して読み，自分の研究課題が先行研究とどのような関係にあり，どのような「新しい貢献」を付け加えられそうかを見極める必要がある。

Step② 二次データの収集と分析

研究課題の設定がある程度できたら，いきなりフィールドへ行ってみてもよいかもしれない。しかし，そうして得られる成果は，せいぜい現場感覚が身につく程度だろう。通常は，e-Statなどの入手可能なデータ（二次データ）を駆使して，対象（地域）に対する理解を深め，研究課題の絞り込みを行う。繰り返しになるが，研究によって答えるべき課題のうち，丹念に二次データを収集し，それを適切に分析すれば，ほとんどのことは答えが得られる。それが得られない課題についてのみ，オリジナルな調査を計画すればよいのである。

他の調査方法もそうであるが，学術研究とよぶに足るアンケート調査を計画し，実行するのには大変な労力と時間がかかる。何よりも，調査に協力して下さる人の貴重な時間を奪い去ることを忘れてはいけない。アリバイづくりのためのアンケート調査など，調査する側（調査者）にとっても調査される側（対象者）にとってもよいことはない。安易にアンケート調査に飛びつくのではなく，明確に研究課題を設定し，アンケート調査を行う必然性があると認められた場合にのみ実施するべきである。

Step③ オリジナルな調査の企画

そもそもアンケート調査は万能薬ではなく，二次データの詳細な解析や，インタビュー調査，あるいは文書資料の収集と読解の方が調査方法として適している研究課題も多い。アンケート調査は，対象者の回答から得られる変数間の関係を定量的に把握することが，研究課題に答えるうえで意味がある場合にこそ，威力を発揮する。その点を考慮して，調査を企画する。

たとえば，「社会階層による住宅取得行動の違い」という研究課題を設定したとする。社会階層は学歴や職業，あるいは所得（社会階層と経済階層は必ずしも一致しないが）などの変数に翻訳できる。住宅取得行動という概念はあいまいであるが，初めて持家を取得した時の世帯主の年齢，取得した持家の都心からの距離，前住地からの距離などであれば，アンケート調査でも把握できる。これら変数間の関係を定量的に分析し，一定の傾向を見出すことに意味があると思うのであれば，アンケート調査を実施することを考えてみてもよい。これに対して，住まいに関する夫婦間の優先事項がどう異なり，それをすり合わせて世帯が住宅購入に至るまでにどのような過程を経たのかに興味があり，それを社会階層の違いと絡めて検討したいと思ったとする。こうした主観の領域に関心があるならば，インタビュー調査などを検討したほうが実り多いだろう。

研究課題を設定し，調査方法の選定の段階に至っているならば，すでに調査の対象者が具体的に決まっているということである。ここで多くの場合に問題となるのは，どうやってその対象者に調査票を届けるのかということである。そのための有効な方法が見つからなければ，研

究課題に照らしてアンケート調査が最適な調査方法であるとしても，実施をあきらめなければならないこともある。アンケート調査が本当に実行可能か，実行するためには何が必要かについても十分に検討しておこう。

Step④　調査票の作成

　アンケート調査を行うことを決めたら，調査票の作成という最も大切な作業に移る。アンケート調査では，調査者と対象者のコミュニケーションは調査票のみを介して行われ，同じ対象に対して補足調査をすることはまず不可能である。したがって，聞くべき内容は漏らさず調査票に盛り込まなければならない。一方で，これと矛盾するが，調査票に盛り込むべき項目は徹底的に絞り込まなければならない。なぜなら，調査項目を増やすと対象者の負担が増加し，回収率が低下するからである。昨今の調査では，個人情報の保護意識の高まりにより，ただでさえ回収率が低くなる状況にあるので，データの信頼性を高めるためには少しでも回収率を高くする努力をしたい。

　こうした制約を念頭に置いたうえで，質問すべき内容を具体的な質問項目に落とし込む作業に移る。細かく説明するだけの紙幅はないが，質問形式にはいろいろあり，聞きたい内容に最も適した形式を選定する。たとえば，対象者の年収に関する情報を得たい場合，下のAのように具体的な数字の記入を求めることも，Bのようにいくつかの選択肢を用意することもできる。

＜A＞　世帯全体の昨年の収入（税込）をお答えください。　（　　　　　　）万円

＜B＞　世帯全体の昨年の収入（税込）について，該当する番号に○を付けてください。
　　1．300万円以下　　2．300〜499万円　　3．500〜699万円
　　4．700〜999万円　　5．1,000〜1,499万円　　6．1,500万円以上

　Aでは回答から平均や標準偏差などの計算ができるうえに，Bのような階層に集計し直すことも可能である。しかし，年収のようなデリケートな内容は，回答することに対する抵抗が大きいために空欄となる可能性が大きく，悪くすると調査票全体の回収率を押し下げてしまう。そうした判断から，回答への心理的な抵抗をある程度和らげ，かつ最低限必要な情報を得るために，Bのような選択肢を使った質問形式をとることも多い。

　調査票を作成する際には，言葉の使い方にも十分に配慮しよう。対象者に質問の意図が明確に伝わるようになっているのはもちろんのこと，対象者に不快感を与えない，1つの質問で2つ以上のことを聞かない，特定の回答へ誘導しないなど，守るべき約束事が多い（これについては，大谷信介・後藤範章・永野武・木下栄二・小松洋『社会調査へのアプローチ―論理と方法（第二版）』（ミネルヴァ書房，2005年）の第4章を参考にするとよいだろう）。

　質問項目の配列は，プレゼンテーションや論文の場合と同じで，一般的なものから個別的なものへ，簡単なものから複雑なものへという流れを基本とする。調査の「肝」となる最も重要な質問は，対象者が回答に慣れてくる真ん中のやや後ろあたりに配置するとよい。回答をしているうちに調査の意図が伝わるような，ストーリー性を感じさせる調査票であれば，対象者も無意識のうちに調査に協力する意義を感じ取ることができるだろう。ちなみに，対象者の属性に関わる一連の質問項目はフェイスシートとよばれる。その名の通り，かつては調査票の始めの部分に置かれていたものであるが，プライバシーに対する意識が高まっている現在では，対象者の抵抗感に配慮して，逆に最後に配置する場合も多い。調査結果を送付する必要がある場合は，フェイスシートに宛先（企業の場合は担当者名）やメールアドレスを記入してもらう必

要もあるだろう。

　見やすい調査票にするためには，フォントや文字の組み方などにも注意を払ってほしい。質問文はゴシック体，選択肢は明朝体にするなどフォントを使い分けると，メリハリがついて見やすくなる。質問文のうち，特に注意してほしい点については，アンダーラインを引くなどの工夫をするとよい。各質問の間や，質問文と選択肢の間は1行あけるか，行間を広めにしておくと見やすい。

　以上の点に注意しながら，いざ質問すべき内容をすべて質問項目に落とし込んでみると，多くの場合，予定した分量には収まらないものである。表現を少し変えたり，フォントを小さくしたり，字・行間を少し詰めたりといった工夫はするにしても，やりすぎると回答しづらくなる。質問順序の変更も同様で，極端にストーリー性が失われる変更はするべきではない。限られたスペースを有効利用する方法として，いくつかの質問項目を表形式に組み上げる方法を紹介しておこう。

問. あなたが大学（院）を卒業してから結婚するまでのお住まいについて，下の表にしたがってご記入ください。				
	住み始めた時期	場所 (千葉市, さいたま市, 横浜市, 川崎市など, 政令指定市は区まで書いてください)	住宅の所有形態	親と同居していた場合は○
卒業直後	年から	都道府県　市町村　区	1. 実家　2. 寮・社宅・官舎 3. 下宿・賃貸　4. あなたの持家 5. その他（　　　）	
卒業後 2ヶ所目	年から	都道府県　市町村　区	1. 実家　2. 寮・社宅・官舎 3. 下宿・賃貸　4. あなたの持家 5. その他（　　　）	
卒業後 3ヶ所目	年から	都道府県　市町村　区	1. 実家　2. 寮・社宅・官舎 3. 下宿・賃貸　4. あなたの持家 5. その他（　　　）	
卒業後 4ヶ所目	年から	都道府県　市町村　区	1. 実家　2. 寮・社宅・官舎 3. 下宿・賃貸　4. あなたの持家 5. その他（　　　）	
卒業後 5ヶ所目	年から	都道府県　市町村　区	1. 実家　2. 寮・社宅・官舎 3. 下宿・賃貸　4. あなたの持家 5. その他（　　　）	

　ここに挙げたのは居住歴に関する質問項目である。時間の流れに沿って同じような項目を答えていくため，思考の流れとしても表形式の方がふさわしいといえる。しかしだからといって，省スペースという目的を達成するために，何でも表にするのはよくない。見た目が複雑になって回答意欲を削ぐうえに，質問文が省略されるためにどうしてもあいまいな聞き方になるからである。

Step⑤　調査票配布の下準備

　調査票の案ができあがったらStep⑤に入る。まずは実際に自分で調査票に記入して回答してみるほか，他の人にも回答してもらい，誤字脱字やあいまいな表現，論理的におかしな点などを徹底的に見つけ出すプレテストを実施しよう。試しに回答してもらう場合には，似たようなテーマに関心を持つ人よりは，その調査が想定する対象者に近い属性を持つ人にお願いした方が，調査票の欠点が適切に見いだせる。

　つづいて同封する依頼状を作成する。研究課題のあらましとその意義を書いたうえで，アン

ケート調査の必要性を分かりやすく説明する。対象者は，どうして自分の所にこのような調査票が届けられたのかを不審に思うので，対象者の選定方法についても記しておく。卒業生名簿などに基づく場合には，名簿の入手先についても記す。名簿の発行元に対して，あらかじめアンケート調査を行うことの了承を取っておくことはいうまでもない。また，アンケートの回答期限についても，1ヶ月程度を目安に明記しておいた方がよい。

それから，対象者が疑問点などを問い合わせられるように，調査者の連絡先を必ず明記する。「こんな調査をして何の意味があるのか」といった批判も含め，何件かの問い合わせは必ずあると覚悟しておく。それに対して誠実に答える用意がないのなら，どんな調査もするべきではない。

調査票が確定したら，調査票や依頼状を印刷し，配布用と返信用の封筒を用意する。郵送で調査票を回収する場合，調査票の発送元（＝返信先）は，調査者個人よりも研究室などの組織や団体の方が回収率が高まる。また，返信用封筒に切手を貼った方が回収率は高まる。しかし，そこまでの費用はなかなか負担できないので，通常は料金受取人払の手続きを郵便局で行い，返信用封筒に印刷する承認番号とバーコードをもらう。Wordでも料金受取人払のバーコードの印刷はできるので，調査票一式を自分で印刷してもよいが，やはり業者に依頼した方がきれいである。また，費用さえ負担すれば調査票一式を折って配布用封筒に封入し，あとは配るだけの状態で納入してくれる。

最後に調査票を配布するための準備をする。名簿などに基づいて調査票を郵送する場合には，宛名と住所のデータベースを作成し，Excelなどを使ってタックシールを印刷し，配布用封筒に貼り付ける。調査対象が企業や行政機関の場合，担当者の名前を調べて宛先に記入した方が回収率が高まる。

Step⑥　調査票の配布と回収

調査票の郵送は，切手を買ってきて貼り付けてもよいし，料金別納としてまとめて料金を払ってもよい。調査票を戸別配布する場合には，対象地域の住宅地図を用意し，それぞれの調査員が担当する部分を明示しておく。事業所や店舗，集合住宅などを配布対象から除く場合には，あらかじめそれも抽出しておく。なお，調査票を配布する時期についても，対象者の繁忙期を避けるなど，回収率を少しでも高める工夫をしたい。

調査票の配布方法に郵送と戸別配布があるように，調査票の回収方法にも郵送と戸別回収がある。後者の場合，回収と同時に回答の不備などをチェックすることもできるが，莫大な手間がかかる。しかし郵送アンケートの回収率がきわめて低くなっている現在，もっと積極的に取り入れるべき方法である。郵送回収の場合，回収できる調査票の過半数は，1週間以内に返送されると考えてよい。回収率が芳しくない場合は，郵送先にリマインダー（催促状）を送付したり，電話をかけて協力をお願いする方法もある。

回収方法にかかわらず，回収した調査票にはナンバリングを施しておく。このナンバーが，次に説明する対象者のID番号となる。

Step⑦　データの入力とクリーニング

Step⑦-1　テンプレートの作成

調査票が回収されたら，データ入力の作業がはじまる。入力作業をはじめるにあたり，調査項目に対応したフィールドを一番上の行に入力したテンプレートを作成する。第1列（フィールドの一番左）はIDとし，調査票にナンバリングされているID番号を入力する。

それぞれのフィールドのタイトルは短くする。しかし問1，問2……だけでは何の調査項目

なのか分からず，作業効率が悪くなるので，問番号＋内容を表すランニングタイトルとする。

　テンプレートをつくる際の大原則は，1つの質問項目の中であっても，分けられるものは別のフィールドに分けておくことである。下に例示した調査票では，問1に「出身地（中学まで主に住んでいた場所）」という項目があり，都道府県と市区町村で答えるよう設計されている。この場合「問1夫出身地」というフィールドを設けて，○○県××市という入力するのではなく，「問1夫出身地（都道府県）」，「問1夫出身地（市町村）」という別々のフィールドにしておく。Excelでは文字列と文字列を結合することは，＆という演算子を使えば簡単にできるが，○○県××市と入力されてしまったものを後で○○県と××市に分けることは非常に困難だからである。

問1. あなた方ご夫婦のことについて，以下の表にしたがってお答えください。

	ご主人	奥様
現在の年齢	歳	歳
出身地（中学まで主に住んでいた場所）	都・道・府・県 市・区・町・村	都・道・府・県 市・区・町・村
最後に卒業した学校（中退も含む）	1. 中学校　　2. 高校 3. 短大・専門学校　　4. 四年制大学 5. 大学院 6. その他（　　　　　　　　）	1. 中学校　　2. 高校 3. 短大・専門学校　　4. 四年制大学 5. 大学院 6. その他（　　　　　　　　）
最後に卒業した学校の所在地	都・道・府・県	都・道・府・県
学卒直後の勤務先所在地	都・道・府・県	都・道・府・県
結婚した時の年齢	歳	歳
初めて大分市に住み始めたきっかけ	1. 生まれたときから　　2. 進学 3. 就職　　4. 結婚　　5. 転勤 6. 転職　　7. 住宅取得のため 8. 子どもの教育のため 9. その他（　　　　　　　　）	1. 生まれたときから　　2. 進学 3. 就職　　4. 結婚　　5. 転勤 6. 転職　　7. 住宅取得のため 8. 子どもの教育のため 9. その他（　　　　　　　　）

　複数回答が設定されている質問項目の扱いも，分けられるものは分けておくという大原則に照らして行う。下のような質問項目の場合，「問9近隣変化」というフィールドを設定し，「1,2,8,9」，「2,7」，「3,4,8」などと入力していくと，集計する際に極めて使いにくくなる。テンプレート作成時の手数が増えるが，ここは「問9近隣変化（高齢化）」，「問9近隣変化（子ども減）」，「問9近隣変化（人通り減）」などとし，それぞれ○が付いていた場合には「1」を入力していった方がよい。また，「11. その他」に関しても，「問9近隣変化（その他）」と「問9近隣変化（その他記述）」に分け，調査票の「11. その他」に○があった場合には，前者に1を，後者にカッコ内の記述を入力するほうが無難である。

問9. お住まいの住宅地で，最近気になる変化は何ですか。該当する番号にいくつでも○を付けてください。

　1. 高齢者の増加　　2. 子どもの減少　　3. 人通りの減少　　4. 転出者の増加
　5. 生活マナーの悪化　　6. 地域活動の停滞　　7. 空き家の増加　　8. 空き店舗の増加
　9. 空き地の増加　　10. 敷地の細分化　　11. その他（　　　　　　　　　　　）

Step⑦-2 データ入力

テンプレートができたら，入力を効率よくするための準備をしておこう。以下の作業をすることで入力を重ねていっても第1行のフィールドと第1列のIDがスクロールで消えることがなくなるとともに，Enterキーを押すとセルが右に移動して，次のフィールドの入力が素早くできるので作業効率がよくなる。

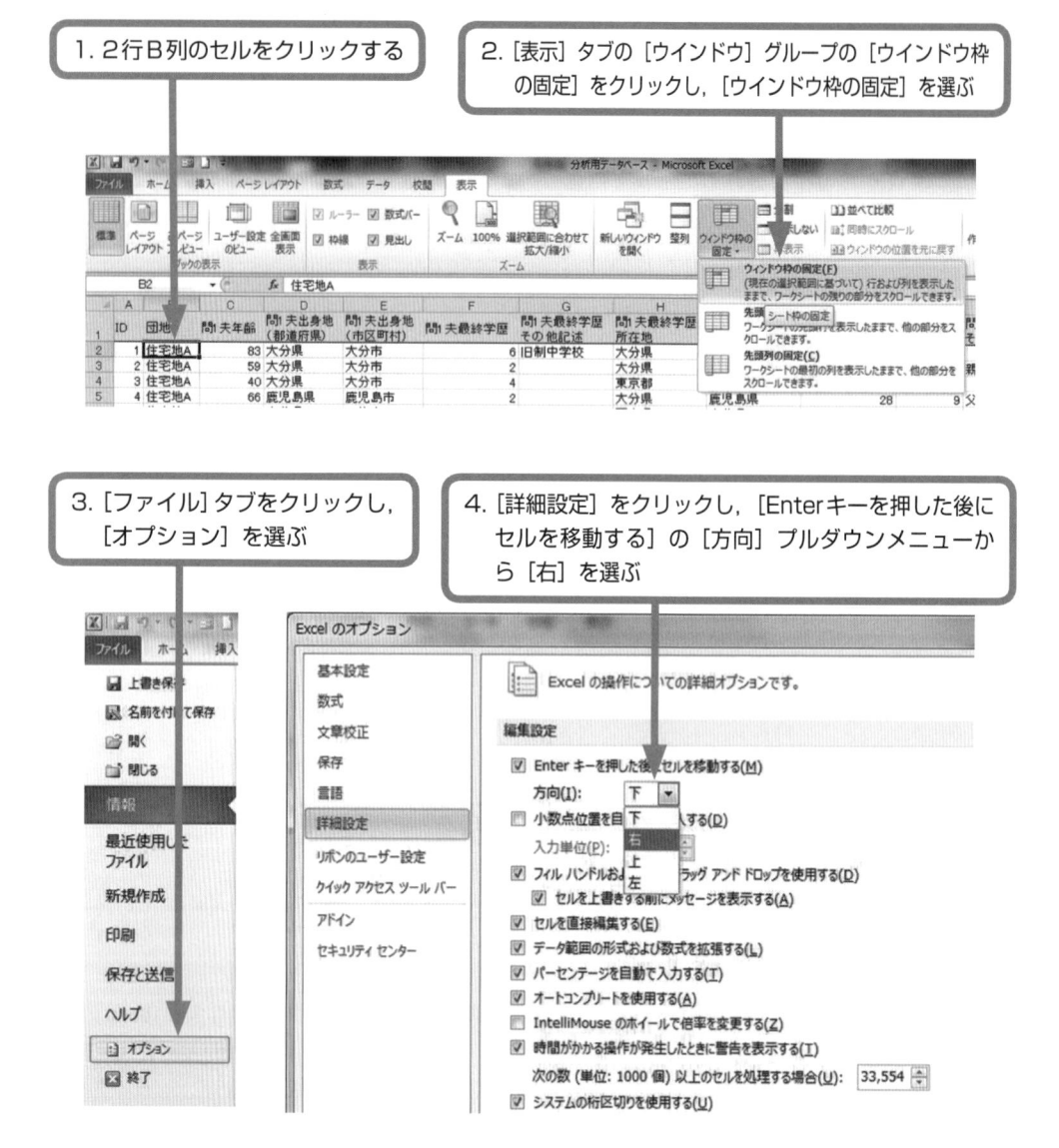

1. 2行B列のセルをクリックする

2. [表示]タブの[ウインドウ]グループの[ウインドウ枠の固定]をクリックし，[ウインドウ枠の固定]を選ぶ

3. [ファイル]タブをクリックし，[オプション]を選ぶ

4. [詳細設定]をクリックし，[Enterキーを押した後にセルを移動する]の[方向]プルダウンメニューから[右]を選ぶ

　入力の際の大原則は，入力の統一を図ることである。これができていれば，後のクリーニングの作業負担は軽減される。先の「問1夫出身地（都道府県）」を例に取ると，入力作業を何人かで分担した場合，都道府県を省いて「東京」だけを入力した人と，都道府県も含めて「東京都」と入力している人が混在する場合が多い。GISなどを用いて地図化することを考えると，自治体名は「都道府県」，「市区町村」を含めるよう統一するべきである。通勤時間なども，60分と1時間など，入力が混在しやすい。60進法はややこしいので，分換算の方が後の処理は楽である。また，数字を入力する場合は必ず半角で入力する。

　データ入力は，速さよりも正確さに重点を置いて，無駄なルーチンワークとは思わないで取り組む。対象者と対話するつもりで調査票を読み込み，今後の分析の方向性を考えながら作業

を進める。そして作業内容をこまめに保存することも心掛けたい。Excelに突然不具合が起こって強制終了してしまうことは，入力作業中いつでも起こりうるので，調査票の入力が1枚終わったら必ず内容を保存する。保存のショートカットは［Ctrl］＋［S］であるから，手を休めるときは左手で［Ctrl］＋［S］を押す癖をつけておこう。

Step⑦-3　データのクリーニング

　入力作業にいくら正確を期しても，人間である以上誰にでも間違いはある。そのため，データ入力が終わったら，分析に移る前に丁寧なクリーニングを必ず行う。クリーニングに威力を発揮するのがオートフィルターである。

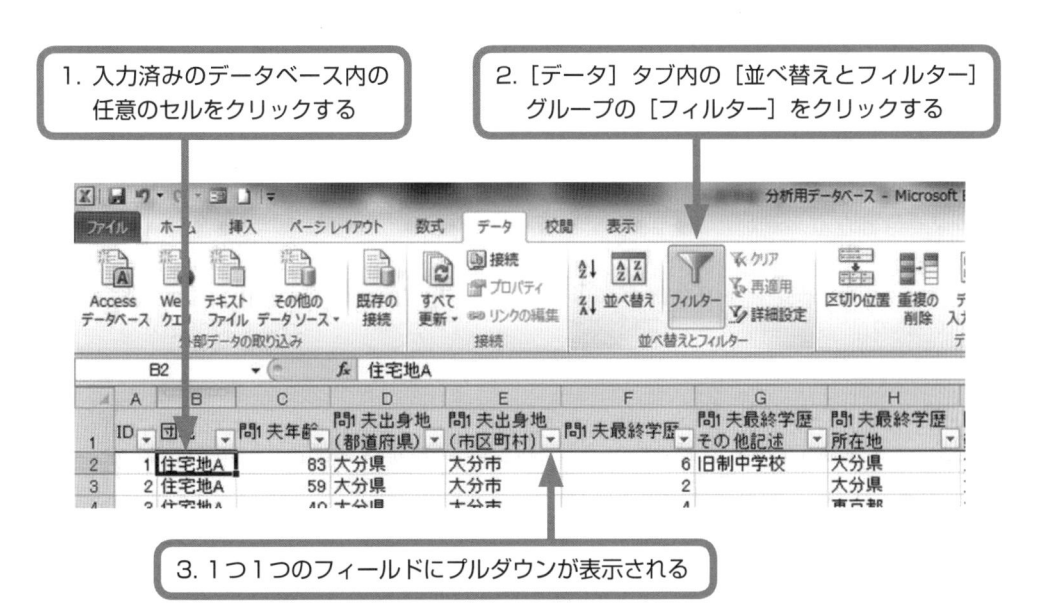

1. 入力済みのデータベース内の任意のセルをクリックする

2. ［データ］タブ内の［並べ替えとフィルター］グループの［フィルター］をクリックする

3. 1つ1つのフィールドにプルダウンが表示される

4. 「問1 夫年齢」をプルダウンすると，そのフィールドに入力された数字のリストが全て表示される

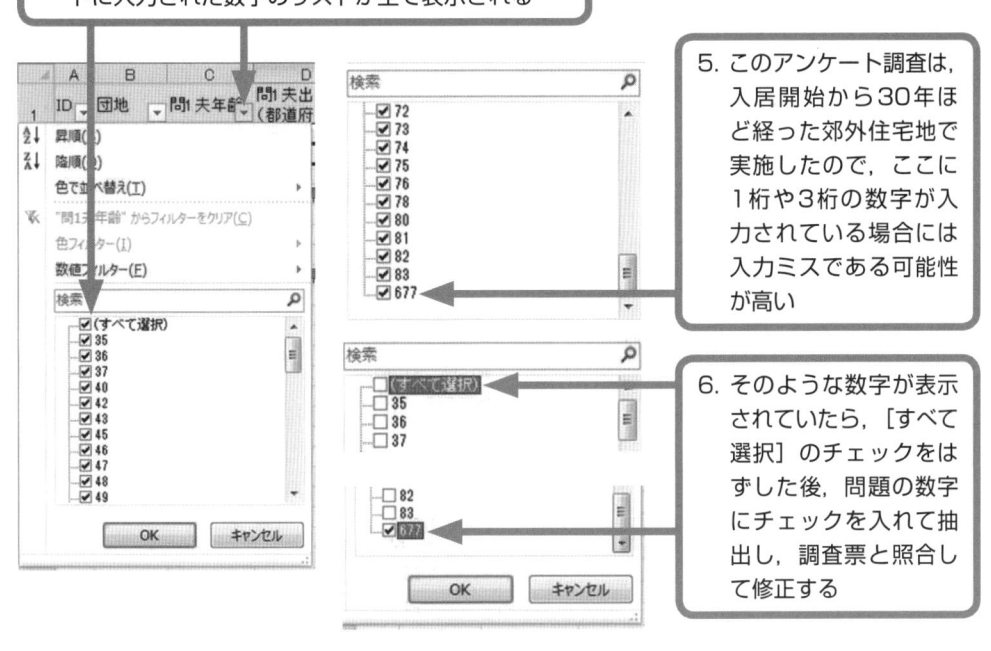

5. このアンケート調査は，入居開始から30年ほど経った郊外住宅地で実施したので，ここに1桁や3桁の数字が入力されている場合には入力ミスである可能性が高い

6. そのような数字が表示されていたら，［すべて選択］のチェックをはずした後，問題の数字にチェックを入れて抽出し，調査票と照合して修正する

「問1夫出身地（都道府県）」のフィールドであれば，都道府県を付け忘れた入力や変換ミスを抽出し，修正する。「問1夫最終学歴」では，6以上のあり得ない数字や全角数字の修正に役立てる。

　フィルターを使えば，系統的な入力ミスの修正と形式の統一はほとんどできる。しかし「問1夫年齢」に65と入力すべきところを56と入力してしまうミスや，「問1夫最終学歴」で2と入力すべきところに1と入力してしまうミスは，フィルターでは発見できない。この手のミスは調査票とデータベースを照合して発見するしかない。セルを右に移動させながら1レコードずつ確認していってもよいが，効率が悪いうえに見にくいので，発見できるミスも見逃してしまう可能性がある。こういう場合の便利な機能に，データベースのレコードを単票形式で表示してくれる「フォーム」がある。ただし，フォームで表示できるフィールドの数には限りがあり，調査票全体を表示できるわけではない。問1のように，調査票上でも視覚的に1つのまとまりがある項目は，フォームを作成して点検すれば作業能率が上がる。それ以外の調査項目については，調査票を1枚ずつ繰りながら，縦方向に見ていった方が早くかつ正確かもしれない。

1. さきほどの［Excelのオプション］ダイアログから，左端のボックスの［クイックアクセスツールバー］をクリックする

3. ［追加］ボタンを押して右側のメニューに［フォーム］が追加されたら，右下の［OK］ボタンを押す

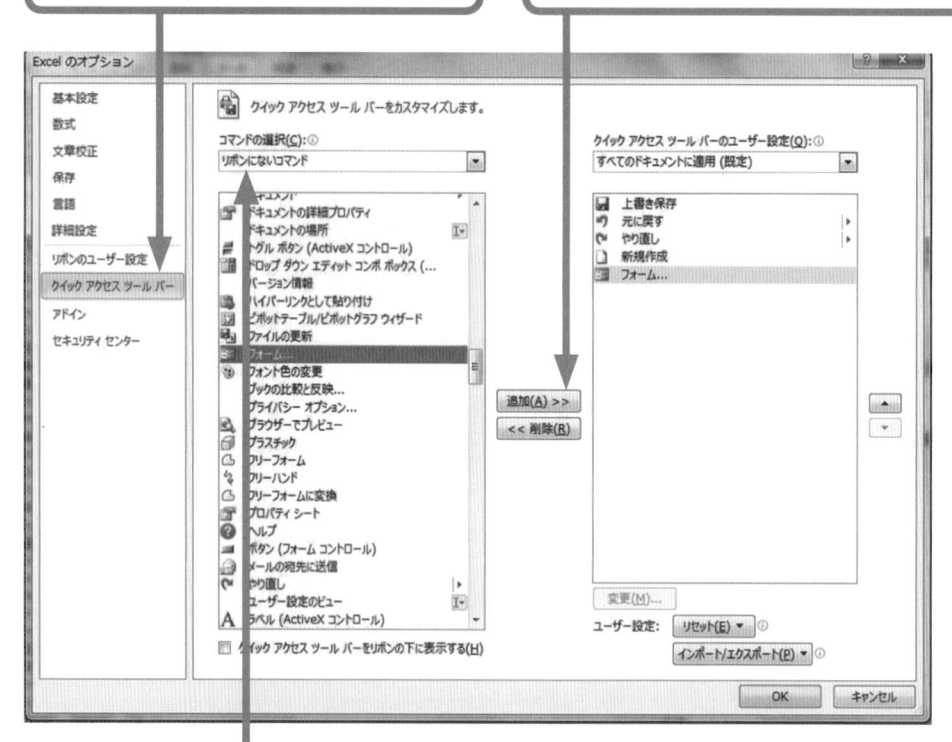

2. ［コマンドの選択］プルダウンメニューで［リボンにないコマンド］を選ぶと，その下にたくさんのメニューが50音順に出てくるので，その中から［フォーム］を選択する

4. 上の作業をすると，画面左上隅の［クイックアクセスツールバー］に「フォーム」のアイコンが追加される

5. 165ページに示した問1に相当する部分をデータベース上で選択し，［フォーム］アイコンをクリックする

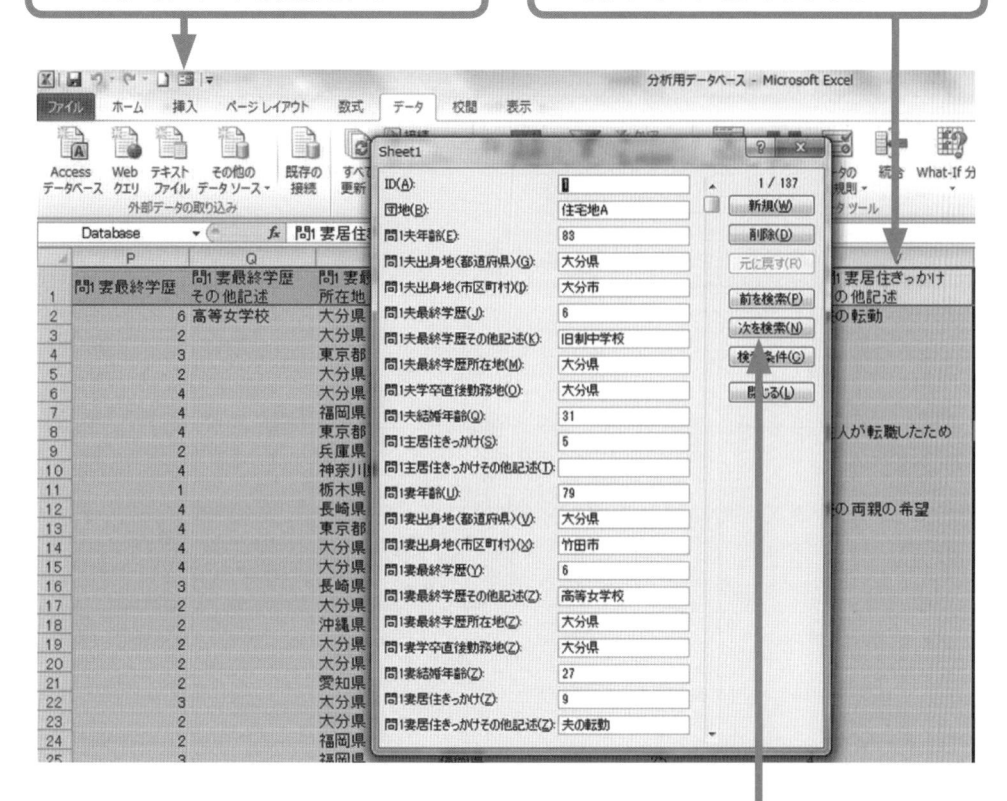

6.「フォーム」内の［次を検索］ボタンを押せば，次のデータに移行するので，調査票と照らし合わせてクリーニングする

　クリーニングが終わったデータベースは保存用とし，同じファイルのコピーをつくってそれを分析用ファイルとする。分析用ファイルでは，数字で回答されているフィールドのうち，選択肢の文字数が多すぎないものについては選択肢の内容に置き換えておくと集計結果が分かりやすくなる。「問1夫最終学歴」であれば，その下のデータ部分を全て選択し，［ホーム］タブの［編集］グループの［検索と選択］をクリックし，［置換］を選択する。そうすると［検索と置換］ダイアログボックスが表示されるので，［置換］タブ内の［検索する文字列］に「1」と入力，［置換後の文字列］に「中学校」と入力し，［すべて置換］ボタンをクリックする。これで「1」と入力されていたセルは，「中学校」と置き換えられる。同じようにして，「2」を「高校」に，「3」を短大・専門学校にというようにしておけば，集計作業の結果が分かりやすくなる。

Step⑧ データの分析と解釈

Step⑧-1 ピボットテーブルの作成

調査票から作成されたデータベースは，Excelのピボットテーブルという機能を使ってクロス表を作成することを通じて分析するのが基本である。以下の操作を行うと，新しいワークシートが追加され，[ピボットテーブル]本体と，ピボットテーブルに使うフィールドを指定するための[ピボットテーブルのフィールドリスト]が表示される。

1. データベースの任意のセルをクリックする

2. [挿入]タブの[テーブル]グループの[ピボットテーブル]をクリックする

3. 同じように「問5直前住居所有」を[列ラベル]ボックスにドラック＆ドロップする

Step⑧-2 クロス表の作成

次に，新しく追加されたワークシート上で，前住地の場所と住宅の所有の関係を示すクロス表をつくってみよう。はじめにクロス表の左端に縦に並ぶ項目である[行ラベル]，クロス表の上端に横に並ぶ項目である[列ラベル]をそれぞれ配置し，次にクロス表の各セルに該当するデータの個数を表示させる。

発展編（1） アンケート調査による地域分析　171

2. [行ラベル] という表示の下に「大分市」,「大分市以外の県内」,「大分県外」という選択肢が並ぶ

1. [ピボットテーブルのフィールドリスト]にある「問5直前居住地」を下に位置する[行ラベル]ボックスにドラック＆ドロップする

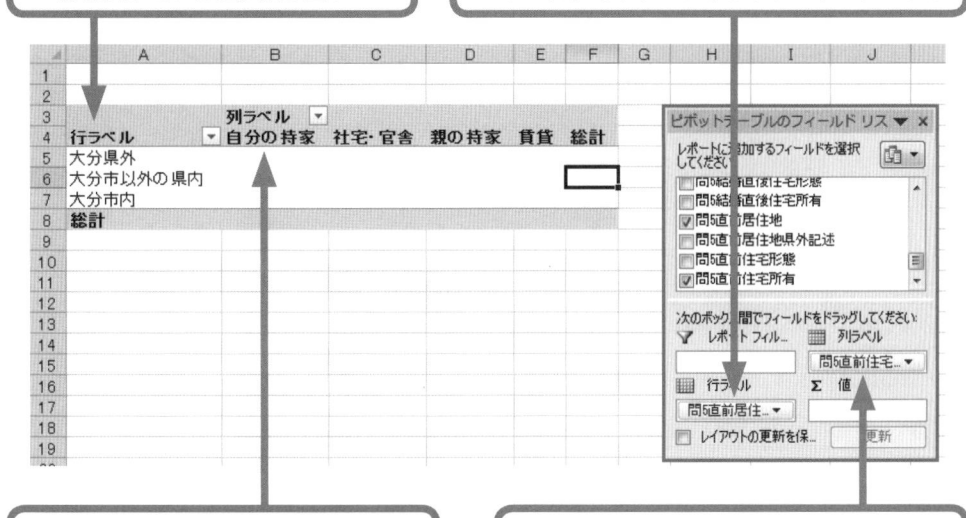

4. [列ラベル] という表示の下に,「自分の持家」,「親の持家」,「賃貸」,「社宅・官舎」という選択肢が並ぶ

3. 同じように「問5直前住居所有」を[列ラベル]ボックスにドラック＆ドロップする

7. [ピボットテーブルツール] タブの下の [オプション] タブを選択する

8. [計算方法] グループの [集計方法]をクリックし,その中から[データの個数]を選ぶ

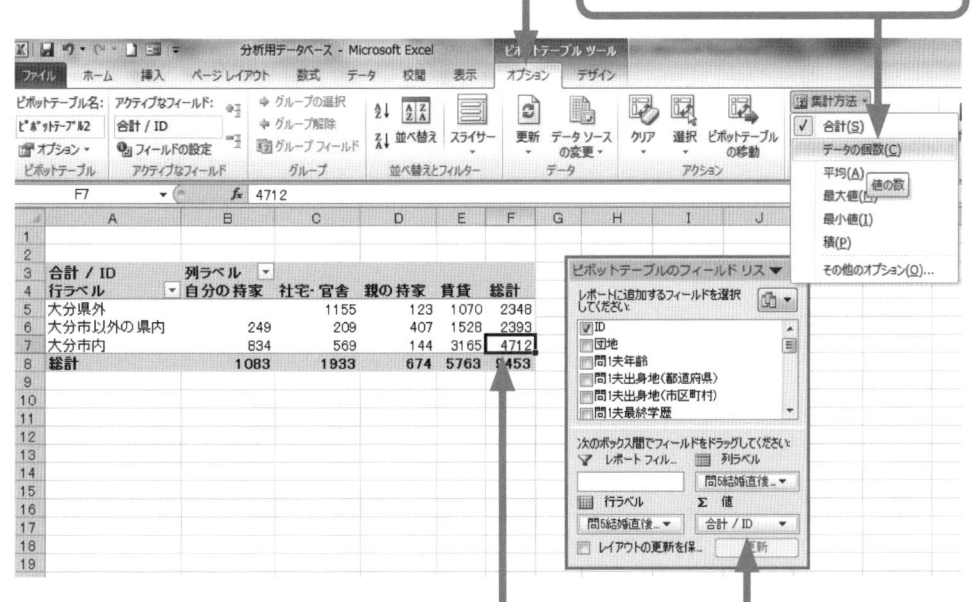

6. ピボットテーブル上の [値] フィールドに相当する任意のセルをクリックする

5. [ピボットテーブルのフィールドリスト]から「ID」を選び,[値]ボックスにドラック＆ドロップする

☞ データ個数の表示

　5までの手順を反映して，クロス表の各セルは数字で埋められることになるが，まだこの時点では各セルに当てはまるデータの個数は表示されていない。ピボットテーブルでは，[値] ボックスに数値が入力されたフィールドを指定すると，その数値の合計をセルごとに計算して表示する。IDのフィールドには調査票にナンバリングした数値が入力されているため，セルごとにIDの数値を足しあげた無意味な数値が表示されてしまうのである（前ページの図の状態）。これを各セルに当てはまるデータの個数の表示に変更する必要があるため，6〜8の手順で進める。

データの個数 / ID	列ラベル				
行ラベル	自分の持家	社宅・官舎	親の持家	賃貸	総計
大分県外		14	2	17	33
大分市以外の県内	3	3	6	20	32
大分市内	12	10	2	48	72
総計	15	27	10	85	137

☞ クロス表の貼り付け

　ピボットテーブルはあくまでも集計用の道具なので，つくったクロス表は必ず図表用に別のブックを用意して，そこで形を整えたり，グラフ化したりして，プレゼンテーションやレポート，論文などに使用する。ピボットテーブルでつくったクロス表をコピーし，そのまま他のシートに貼り付けると，後で非常に扱いづらくなる。貼り付けるときは，[ホーム] タブの [クリップボード] グループの [貼り付け] をクリックし，[値の貼り付け] の中の [値] アイコンを選んで貼り付ける。

Step⑧-3 スライサーによるデータの絞り込み

この集計を，大分県出身者についてのみ行いたいという場合にはどうすればよいのだろうか。Excelには，こうした場合に便利な「スライサー」という機能が用意されている。

1. ピボットテーブル内の任意のセルを選択し，［ピボットテーブルツール］タブ内の［オプション］タブをクリックする

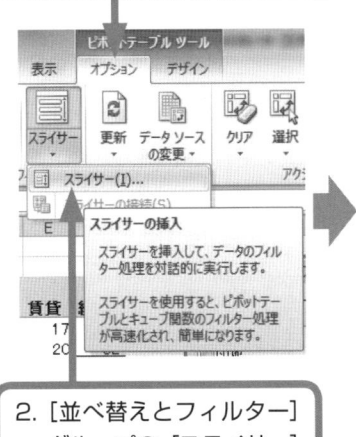

2. ［並べ替えとフィルター］グループの［スライサー］をクリックする

3. ［スライサーの挿入］ダイアログボックスが表示されるので，大分県出身者のみを抽出するために「問1夫出身地（都道府県）」にチェックをつけ，［OK］ボタンを押す

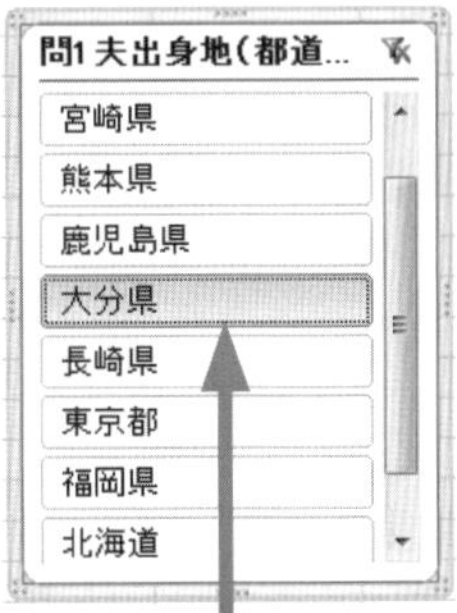

3. 「問1. 夫出身地（都道府県）」のスライサーが表示されるので，スライサーに並んだボタンの中で［大分県］をクリックすれば，「問1夫出身地」（都道府県）」が「大分県」であるデータのみが抽出される

☞ **連続しているセルの同時選択**

大分県を含め，九州7県の出身者を抽出したい場合はどうすればよいか。その場合には，「大分県」のボタンをクリックした後，［Ctrl］キーを押しながら「鹿児島県」「熊本県」「佐賀県」「長崎県」「福岡県」「宮崎県」をクリックすればよい。Excelでは，一般的に連続していないセルや行列を同時に選択する場合は，［Ctrl］キーを押しながら選択をする。

Step⑧-4 多重クロス表の作成

上記の集計を住宅地Aと住宅地Bのそれぞれについて行う場合には，クロス表の［列ラベル］（または［行ラベル］）に「団地」のフィールドを加え，多重クロス表をつくればよい。先ほど使用したスライサーは解除し，出身地にかかわらず集計するものとして話を進めよう。

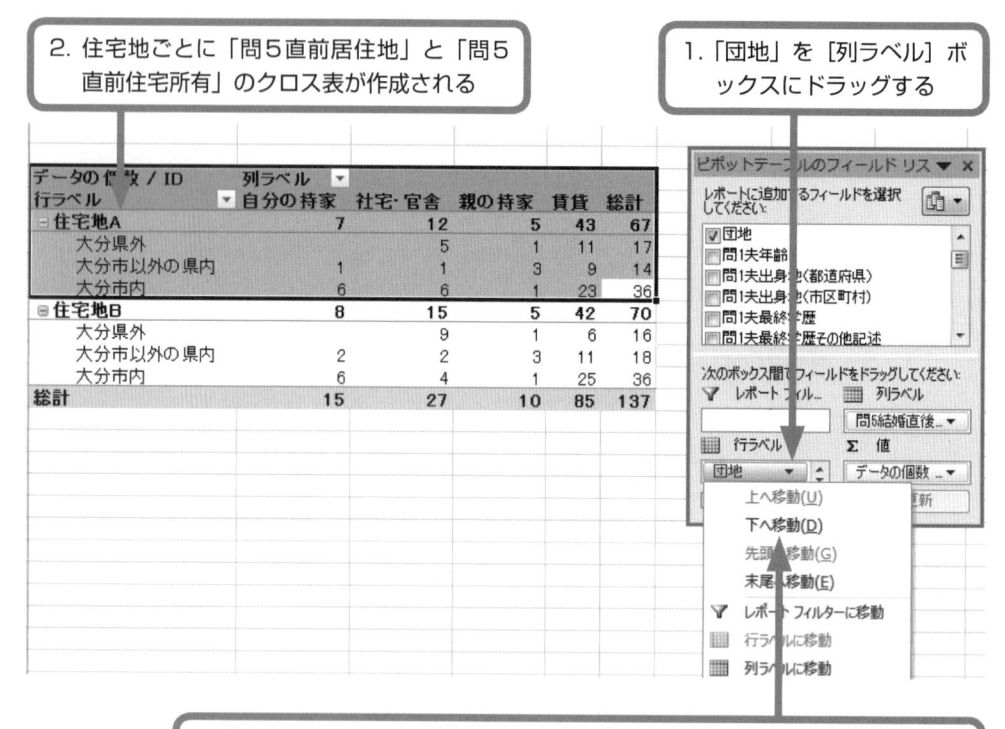

2. 住宅地ごとに「問5直前居住地」と「問5直前住宅所有」のクロス表が作成される

1. 「団地」を［列ラベル］ボックスにドラッグする

データの個数 / ID	列ラベル				
行ラベル	自分の持家	社宅・官舎	親の持家	賃貸	総計
住宅地A	7	12	5	43	67
大分県外		5	1	11	17
大分市以外の県内	1	1	3	9	14
大分市内	6	6	1	23	36
住宅地B	8	15	5	42	70
大分県外		9	1	6	16
大分市以外の県内	2	2	3	11	18
大分市内	6	4	1	25	36
総計	15	27	10	85	137

3. 「大分市内」，「大分市以外の県内」，「大分県外」の下に，それぞれ「住宅地A」，「住宅地B」が並んでしまっている場合には，［列ラベル］ボックスをクリックし，［下へ移動］あるいは［上へ移動］をクリックして調節する

Step⑧-5 項目のグループ化

クロス表からグラフをつくる場合を例にとって，グループ化について説明しよう。住宅地Aと住宅地Bについて，入居時の夫の年齢を比較することにする。行ラベルも列ラベルも変更することになるが，これはそれぞれ［行ラベル］ボックスと［列ラベル］ボックスからドラッグして，［ピボットテーブルのフィールドリスト］ダイアログの外に落とせばよい。そして新たに［行ラベル］ボックスには「問2入居時夫年齢」，［列ラベル］ボックスには「団地」を指定する（図は省略）。

これで団地ごとの入居時の夫の年齢を示すクロス表ができたことになるが，各セルのデータの個数が少なすぎて傾向が見えにくい。そこで，入居時の夫の年齢を5歳刻みにしてみよう。

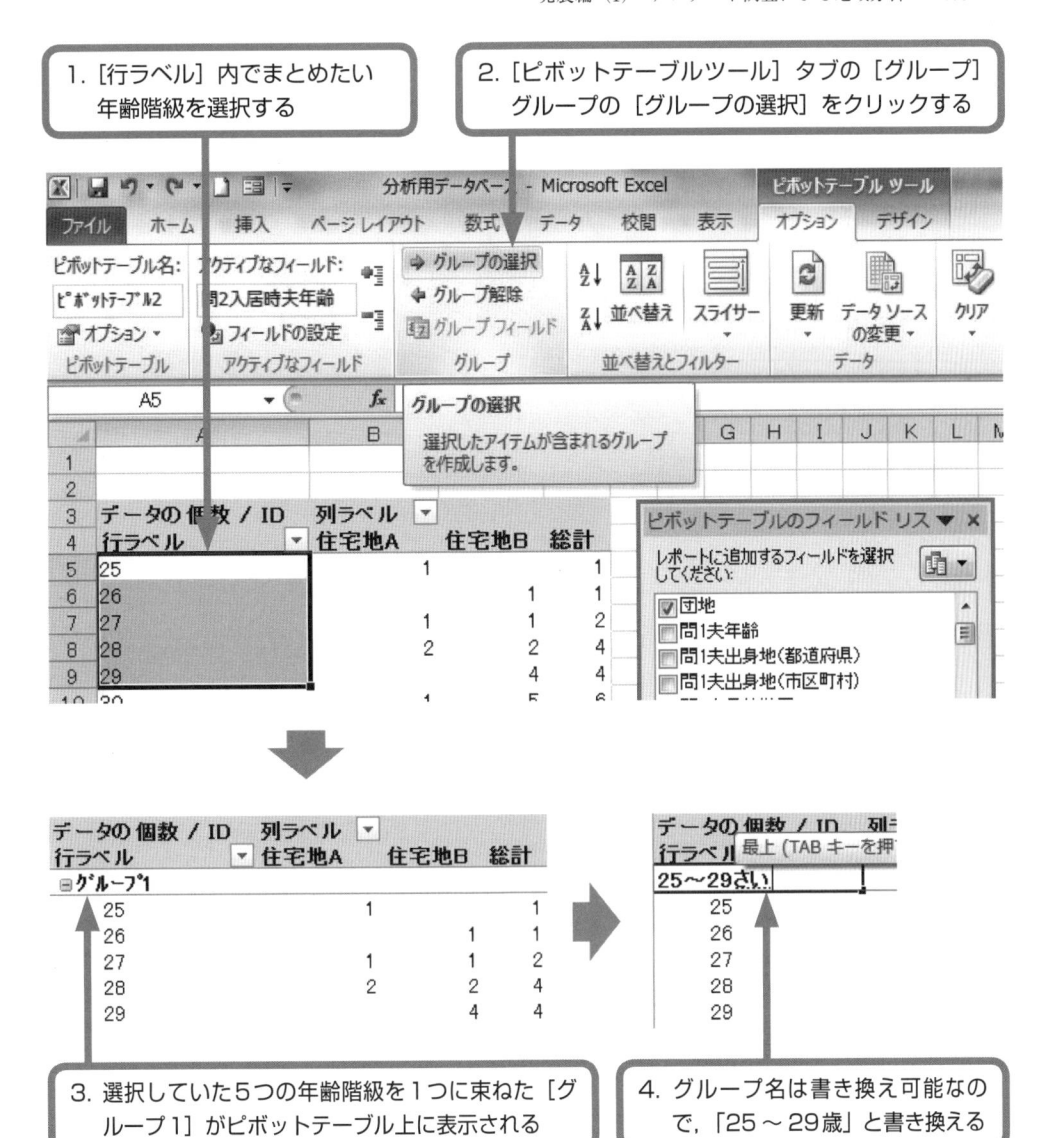

1. [行ラベル] 内でまとめたい年齢階級を選択する

2. [ピボットテーブルツール] タブの [グループ] グループの [グループの選択] をクリックする

3. 選択していた5つの年齢階級を1つに束ねた [グループ1] がピボットテーブル上に表示される

4. グループ名は書き換え可能なので，「25～29歳」と書き換える

> **☞ ピボットテーブルでの計算方法**
>
> ピボットテーブルでは，いくつかの計算方法が用意されている。ここでは，入居時の夫の年齢の平均を計算してみよう。ピボットテーブル上の任意のセルをクリックしておき，[ピボットテーブルツール] タブの下の [オプション] タブを選択する。そして [計算方法] グループの [集計方法] をクリックし，その中から [平均] を選ぶ。総計のところに表示されるのが，住宅地Aおよび住宅地Bにおける入居時の夫の年齢の平均である。

176　発展編

1. 新しくつけたグループ名をダブルクリックすると，5つの年齢階級に相当するデータの個数が合計される

2. 同じようにして，25～29歳，30～34歳……とグループ化していくと，入居時の夫の年齢を5歳刻みにしたクロス表ができる

3. これを図表用のブックに移して縦棒グラフを描けば，住宅地ごとの違いが分かりやすくなる

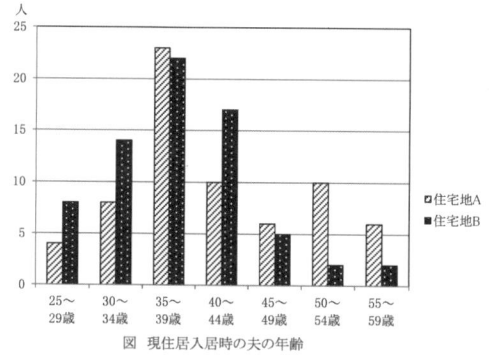

図　現住居入居時の夫の年齢
資料：アンケート調査により作成.

☞ アンケート調査に基づく論文執筆

　図表を活かして論文を執筆する過程については，次の章でも説明するのでここでは述べずにおき，少し違った観点から，アンケート調査に基づく論文執筆について思うところを書いておくことにする。

　十分な数の対象者を無作為抽出して調査票が配布され，100％に近い回収率を達成したアンケート調査，つまり対象者の代表性が担保されている調査であれば，特定の調査の対象者という部分から全体について語ることも許される。しかし残念なことに，そのような理想的な社会調査は現在ほとんど存在しない。したがってアンケート調査の分析結果を一般化することに対しては，極めて慎重になるべきである。

　だからといって，自分だけのデータの世界にひきこもり，分析結果を淡々と羅列する箱庭のような論文が決していいわけではない。やはりアンケート調査で集めたデータという世界から，外側に打ってでる勇気が必要である。先行研究における分析結果や議論，二次データの分析結果と照らし合わせながら，アンケート調査の分析結果をより広い社会経済的文脈の中に位置づけて捉えなおしてみる。場合によってはアンケート調査の回答者から協力者を募ってインタビュー調査を行い，そこから得られた知見に立脚して，アンケート調査の分析結果を再解釈してみる。仮説―検証という意味での実証性には難点があるデータであっても，工夫と思考力次第では魅力的な仮説や分析視角の提示に結びつく素材となる可能性は残されている。

発展編(2) 図を活かした論文の執筆

1 そもそも図か表か

　ここまでいろいろな種類のグラフや表のつくり方を示してきたが，最終的な目的は，それらの図表を使ってよい論文やレポートを書くことになるだろう。そこで最後に，論文を書くにあたっての図表の使い方について説明することにしよう。まずはじめに，Excelに入力されたデータを図にするべきか，表にするべきか。はじめて論文を書くときには迷うこともあるだろう。実際，どちらにすべきかを判断する明確な基準があるわけではなく，同じデータでも何を読み手に伝えたいかによって，判断が異なることもある。ここでは1つの判断基準として，図ではなく表にすべきデータのパターンを参考までに例示しておこう。逆にいえば，これらのパターンに当てはまらないデータは図にすべきである。

(1) 合計値を示す必要がある／地域間で数値に著しい差がある

　それぞれの地域の値とは別に，合計値を示す必要がある場合は，図にすると合計値のみ突出して，地域間の比較ができなくなってしまうため，下の例のように表形式にすべきである。同様に，値が突出した地域があるなど，地域間の値に著しい差がある場合も，図にすると小さい方の数値の判読が難しくなるため，表にする必要がある。

第1表　政府補助事業によるみかん園造成面積

	パイロット事業(ha)	構造改善事業(ha)	合計(ha)	61〜72年増加面積(ha)	造成事業依存度(%)	1972〜95年減少率(%)
大分	1,982	1,018	3,000	6,630	45.2	77.7
佐賀	862	849	1,711	10,110	16.9	61.7
鹿児島	88	1,489	1,577	3,680	42.9	69.7
長崎	382	1,121	1,503	11,170	13.5	62.8
静岡	732	559	1,291	5,500	23.5	58.8
熊本	365	849	1,214	9,680	12.5	50.4
和歌山	780	316	1,096	6,690	16.4	33.3
宮崎	264	919	1,183	5,120	23.1	77.0
高知	655	171	826	2,170	38.1	84.0
香川	589	224	813	3,400	23.9	66.1
福岡	225	554	779	5,470	14.2	64.2
愛媛	495	333	828	13,120	6.3	55.3
山口	358	340	698	2,900	24.1	56.5
三重	472	118	590	2,000	29.5	42.1
広島	124	424	548	4,350	12.6	56.0
他県	525	848	1,373	8,043	17.1	56.9
全国計	8,898	10,132	19,030	100,033	19.0	58.8

注）対象としたのは，1961〜72年に着工し1983年度までに完了した事業である。
資料：農用地開発事業総覧，農業構造改善事業実績総覧，果樹生産出荷統計．

表2　商業集積地の階層区分
Table 2　Hierarchical levels of retail agglomeration places

階層水準	規模（店）	商業集積地数 計	区部	多摩地域	店舗数（%）
SH	2,000〜6,657	10	9	1	34,412 (20.0)
H	1,000〜1,999	13	11	2	17,039 (9.9)
U	500〜999	46	41	5	31,267 (18.1)
M	100〜499	269	223	46	57,859 (33.5)
L	20〜99	805	591	214	31,827 (18.5)

左：川久保篤志（2000）戦後わが国における政策主導型みかん産地の崩壊とその要因―大分県東国東郡国東町を事例に．経済地理学年報，46(3)：246-265．
右：高阪宏行（2011）タウンページデータベースを利用した商業集積地の設定と規模・機能構成・分布の分析―東京都を事例として．地理学評論，89(6)：572-591．

(2) 属性が3つ以上ある／属性ごとに単位が異なる

　属性が複数ある地理行列を図表にする場合，属性（列の数）が2つであれば，集合棒グラフ（リンク 66-67ページ）や積み上げ棒グラフ（リンク 68-69ページ），散布図（リンク 42-47ページ）などを用いて図にすることもできるが，属性が3つ以上ある場合は表にした方が分かりやすいことが多い。特に，属性ごとに単位が異なる場合（人口＝人，金額＝円，比率＝％など）は，2つまでならば2軸の折れ線（リンク 86-87ページ）を使って図にすることができるが，3つ以上の場合は図にすることができないので，次ページの例のように表にして各属性のラベルに括

弧つきで単位を記入する。

表 2　人口集中地区の規模的特性
Table 2　Scale features of densely inhabited districts in 2005

DID 規模	計	平均人口 (人)	人口増加率 (%)	平均面積 (km^2)	人口密度 (人/km^2)
A　90万人以上	9	5,900,328	1.44	688.6	8,568
B　30~90万人	17	424,881	1.92	71.8	5,918
C　10~30万人	58	186,361	0.69	38.7	4,818
D　5~10万人	62	73,697	0.85	17.0	4,346
E　2~5万人	148	31,071	0.59	7.0	4,434
F　1~2万人	185	14,004	-0.72	3.5	4,045
G　0.5~1万人	209	6,906	-2.58	1.8	3,840
合　計	688				

人口増加率 (2000~2005 年) は 2005 年の人口集中地区面積に対する算術平均を示す．
(総務省統計局「我が国の人口集中地区」(平成 17 年国勢調査) により作成)．

森川洋 (2009) 都市システムの変化と過疎地域対策．地理学評論，82(5)：167-187．

(3)　数値が整数で値が小さい

整数で値が小さい場合は，図にすると冗長な表現となってしまうので，左下の例のようにそのまま表形式とするか，右下の例のように記号を用いた表にする方がよい（リンク 98-99 ページ）。

第2表　地方議員（経験者・立候補経験者）である県人会会長数
（単位；人）

	1970	1975	1980	1985	1990	1995
県人会数	21	20	17	18	18	12
現職議員	4	2	2	1	—	1
尼崎市議会	3	1	1	—	—	1
兵庫県議会	1	1	1	1	—	—
議員経験者	1	1	1	1	2	—
立候補経験者	1	—	—	—	1	1

注）　県人会数は尼崎各県人会連合会に加盟するものを示す．
資料：『産業郷土会館まつり』，『尼崎市選挙結果調』，各年分

第4表　魚の購買地と交通手段

交通手段＼購買地	瑞穂町内 三日市	瑞穂町内 下谷所	石見町	吉田町 千代田町
自動車・バイク	○○●●●●●●	○○	○	○
家族等による送迎	●●●●●●			
徒歩・自転車	○○○○			
患者輸送車	●●●●			
町営バス	●●			

資料：聞き取り調査．
注：○淀原一集落 (10人)，●後木屋集落 (19人) を指す．

左：山口覚 (1999) 都市における県人会の設立と活動―尼崎高知県人会を中心に．地理科学，54(1)：21-44．
右：三谷今日子 (1997) 過疎山村における高齢者の生活行動―島根県瑞穂町の2集落を事例として．地理科学，52(1)：43-59．

(4)　テキスト（文字列や記号）データを含む

データに文字列や記号が含まれる場合は図にすることができないので，下の例のように表形式とする。

第1表　都心11区に通勤する就業者の増加率
（1975~95年）
Table 1.　Rate of increase of workers commuting to 11 wards of Tokyo from 1975 to 1995.

従＼常	埼玉	千葉	都区	多摩	神奈川
千代田	＋−	＋−	−−	−−	＋−
中央	＋−	＋−	−−	−−	＋−
港	＋−	＋＋	＋−	＋−	＋−
新宿	＋＋	＋＋	＋−	＋＋	＋＋
文京	＋＋	＋−	−−	＋＋	＋＋
台東	＋−	＋−	−−	＋＋	＋＋
墨田	＋＋	＋＋	＋−	＋＋	＋＋
江東	＋＋	＋＋	＋−	＋＋	＋＋
品川	＋＋	＋＋	＋−	＋＋	＋＋
渋谷	＋＋	＋＋	＋−	＋−	＋＋
豊島	＋＋	＋−	−−	＋＋	＋＋

＋＋　絶対増・相対増
＋−　絶対増・相対減
−−　絶対減・相対減
資料：国勢調査より作成．

第10表　持家を取得したシングル女性

	属性					住居				ローン		補助制度	
ID	年齢	結婚	学歴	出身	年収	現住都道府県	現住市区町村	通勤時間(分)	持家取得理由	優先	月額(万円)	ボーナス(回×万円)	融資制度	家賃補助
1	5	あり	高	福島	3	東京	板橋	50	1	住宅状況向上	4	2×13	2	3
2	4		短	東京	2	東京	葛飾	70	—	住宅状況向上	0.98	—	2	1
3	4		高	大分	3	千葉	我孫子	75	1	住宅状況向上	8	2×30	—	1
4	4		短	東京	3	東京	品川	30	1	通勤利便性	12	2×35	1	1
5	4		大	東京	2	東京	大田	30	1				3	1
6	5	あり	短	東京	3	東京	大田	60	1				2	1
7	4		短	千葉	2	千葉	千葉	70	2	親の死亡	3	6×6	2	1
8	3	あり	専	東京	2	東京	江東	40	1	住宅取得希望	6.5	2×29	1	1
9	3		高	神奈川	2	神奈川	海老名	95	1		7	2×11	2	2
10	4		高	東京	2	千葉	市川	40	1	住宅状況向上	6	2×18	1	3
11	3		大	神奈川	3	東京	江東	30	1	寮を出るため	6.5	2×15	2	1

年齢：5＝50歳代，4＝40歳代，3＝30歳代
学歴：高＝高校卒，専＝専門学校卒，短＝短大卒，大＝大学卒
年収：1＝299万円以下（該当なし），2＝300~599万円，3＝600~999万円
優先：現在の住居を決める際に最も重視した要因，1＝交通の利便性や周辺の環境，2＝建物や内装，設備の充実度，3＝家賃や値段が適当なこと（該当なし），から一つ選択
融資制度：1＝ありかつ利用している，2＝ありかつ利用していない，3＝なし
家賃補助制度：1＝ありかつ利用している，2＝ありかつ利用していない，3＝なし
資料：アンケート調査により作成

左：渡邊圭一 (2002) 東京大都市圏における就業者の産業別・職業別通勤パターンから見た分都市圏化．人文地理，59(4)：356-372．
右：中澤高志 (2003) 東京都心三区で働く女性の居住地選択．地理科学，58(1)：3-21

2 図の仕上げ

　作成する図表の種類が決まり，基本編にあるような手順通りに作図しても，すぐに論文に使えるような図表ができあがるケースは実のところ少ない。それは，基本的な作図のルール以外にも，表現として工夫すべき点がいくつかあり，最後の「仕上げ」の作業を必要とするからである。ここでは，仕上げの点で問題がある図表を例にしながら，いくつかのパターンを説明しよう。

(1) 凡例の位置や目盛り間隔を適切に設定する

　Excelでは特に設定を変えない限り，下の図のように凡例の位置が図の右側に置かれ，図の範囲が狭くなったり，縦軸の目盛り間隔が細かすぎたりすることが多い。このような場合は凡例部分をドラッグして図の中に入れるか，図の下などに位置を変えることが望ましい。また，軸を右クリックして［軸の書式設定］→［軸のオプション］から，目盛間隔に適切な値を入力する。さらに，数値が大きい場合（目安としては5桁以上），［軸のオプション］の表示単位で適切な単位を選び，表示される桁を少なくした方が見やすくなる。横軸の属性名も，図の範囲が狭いと下の図のように斜めに書き出されるので，［軸の書式設定］→［配置］→［ユーザー設定の角度］で適切な角度を設定する（リンク 33ページ）。

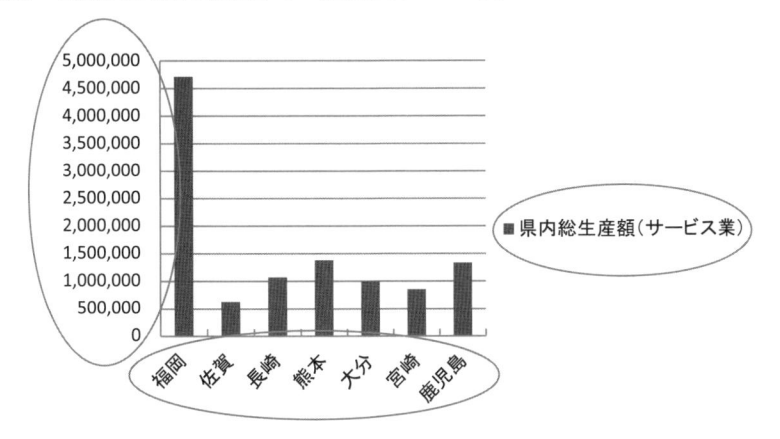

2) 軸の表示範囲を適切に設定する

　下の図は縦軸の範囲の設定が不適切なため，数値の変化の様子が分からなくなっている。この場合は，軸を右クリックして［軸の書式設定］→［軸のオプション］から，最大値と最小値に適切な値を入力して，表示される範囲を調整する。ただし，これによって必要以上に差異や変化を強調することがないように注意したい。

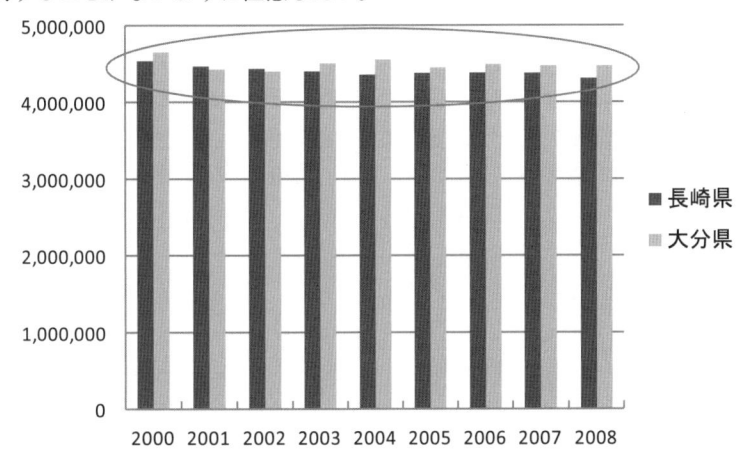

(3) 時系列データは横軸を時間軸にする

　下の図は，地域ごとに数値の推移を示したものであるが，このような場合，横軸は地域ではなく年次などの時間軸にして，地域ごとに折れ線グラフを描くことが一般的である。ここではグラフの種類を変更するとともに，グラフエリア内を右クリックして［データの選択］から［行／列の切り替え］ボタンを押せば修正される。

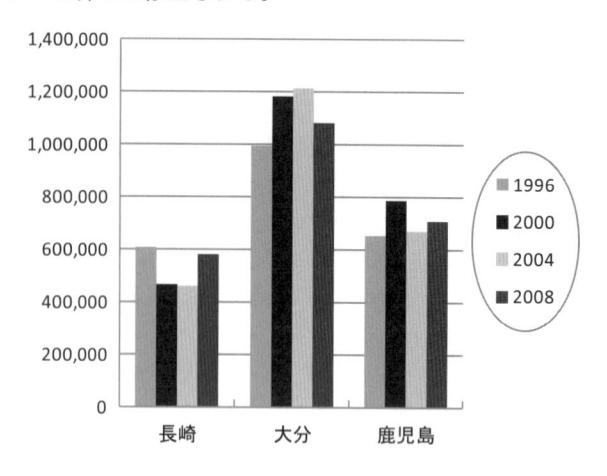

(4) 図に適していないデータは表にする

　左下の図は，系列ごとに絶対量が違いすぎて小さい方の数値や変化の様子が分からなくなっている。右下の図は，属性の数が多すぎて各属性の変化の様子が読み取りにくくなっている。先に説明したように，こうしたデータは表にすべきである。

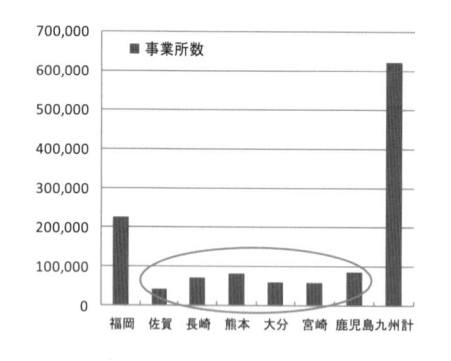

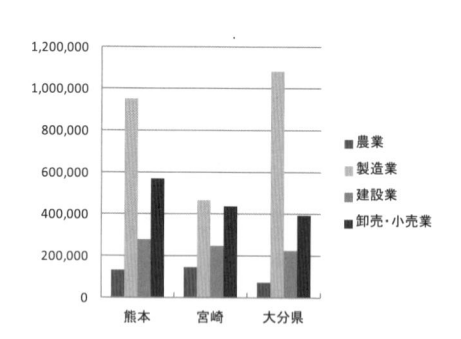

3　Wordでの図表のレイアウト

　Wordは文章の中に図表を組み込む「レイアウト」という作業には必ずしも適していない。たとえば，一通り図表のレイアウトを終えた後，改めて図表の大きさや位置を修正すると，修正した図表より後段の文章や図表のレイアウトもすべて変わってしまう。そのため，図表のレイアウトは文章がすべて確定した段階で行う必要があり，論文に掲載する順番でWordに貼り付けをしていく。

Step①　図表をコピーする

　貼り付けをしたいExcelの図の余白を右クリックしてグラフ全体が選択された状態で［コピー］する。表の場合は，表全体が含まれるようにセルを選択した状態で［コピー］する。

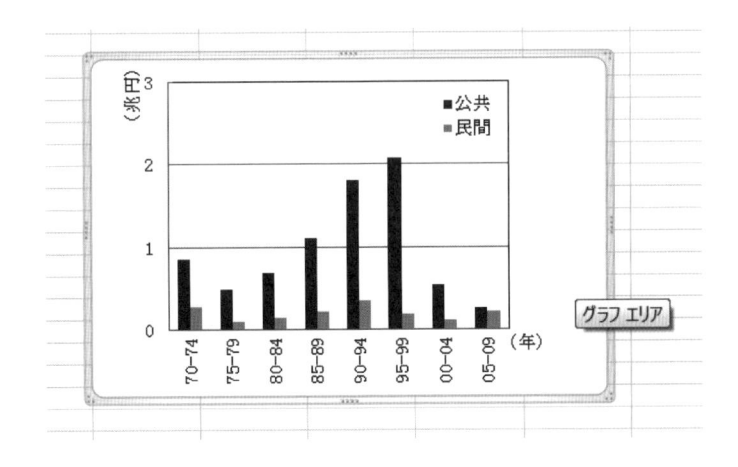

Step② 挿入位置を決める

貼り付け先のWordファイルを開いて，図表を挿入する位置でカーソルを点滅させる。Wordでは，貼り付け時のカーソルの位置が図表の位置として記憶されるので，文章の途中などは避ける。

Step③ 形式を選択して貼り付ける

［ホーム］→［クリップボード］→［貼り付け］（▼の部分）をクリックし，［形式を選択して貼り付け］を選択する。［形式を選択して貼り付け］を選ぶと，下の図のような複数の形式から選んでグラフを貼り付けることができる。これらの形式のうち，基本的には「Microsoft Excel グラフ オブジェクト」（表の場合は「Microsoft Excel ワークシート オブジェクト」）と「図（拡張メタファイル）」の2つが選択肢となる。

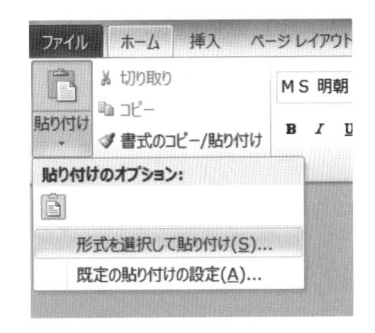

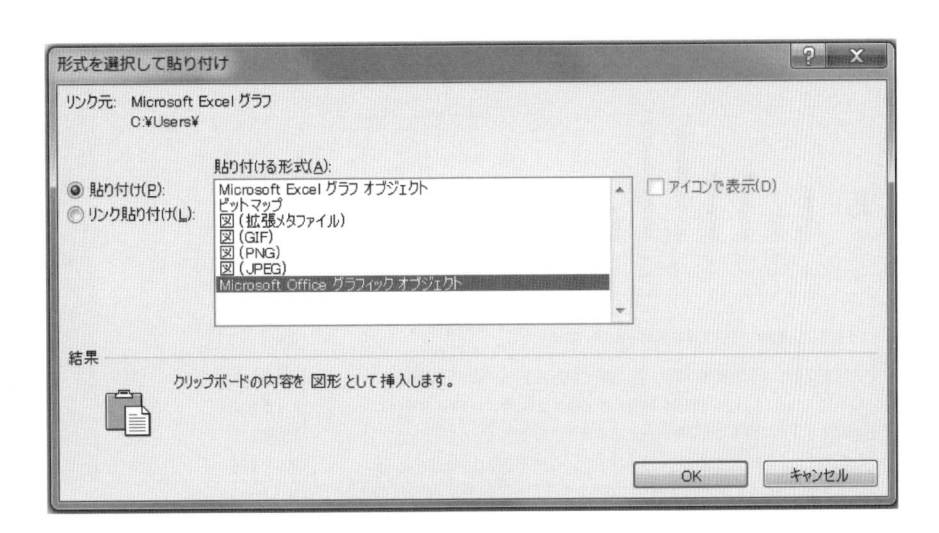

次ページのコラムにあるように，Microsoft Excel グラフ オブジェクト（ワークシート オブジェクト）には，貼り付け後も編集可能という利点があるが，Wordファイルの容量が大きくなること，レイアウト作業は論文の最終段階であることなどを考えると，図（拡張メタファイル）の形式で貼り付ける方が実用的な選択肢となる場合もある。

> ☞ グラフオブジェクトと拡張メタファイルの違い

［貼り付ける形式］のうち，JPEG や GIF などは画像のファイル形式であるが，「グラフオブジェクト」と「拡張メタファイル」は，それぞれ次のような特性を持っている。

Microsoft Excel グラフ オブジェクト（ワークシート オブジェクト）
元となる Excel ファイルのデータが Word に埋め込まれるので，図や表をダブルクリックすると，「グラフツール」が起動し，Excel と同様の編集が可能となる。また，［形式を選択して貼り付け］の際に，左側の「リンク貼り付け」を選んでおくと，元となる Excel ファイルのデータの変更が，Word に貼り付けた図表にも連動して反映される。

図（拡張メタファイル）
選択した図表が図（画像）として貼り付けられるので，貼り付けた後は図表の編集はできない。なお，図として貼り付ける形式は複数あるが，他の形式も同様である。

Step④ 文字列の折り返しを指定する

貼り付けた図表は，大きさや形によって，テキスト（文章）との位置関係を調整する必要がある。この作業を「レイアウト」という。レイアウトをするためには，図表を選択後に右クリックで［文字列の折り返し］を選ぶ（グラフオブジェクトで貼り付けた場合などは，［文字列の折り返し］が表示されないので，その場合は［オブジェクトの書式設定］や［図の書式設定］から［レイアウト］タブを選ぶ）。

文字列の折り返しにはいくつかのパターンがある。［背面］や［前面］を選ぶと，図表はテキストに重なるが，テキストを改行して余白をつくれば，図表の位置は自由に調整できるので，最も扱いやすい方法となるだろう。テキストを図表の左右に回り込ませるには，［四角］を，図表の左右に文章を配置させない場合は［上下］を選ぶ。

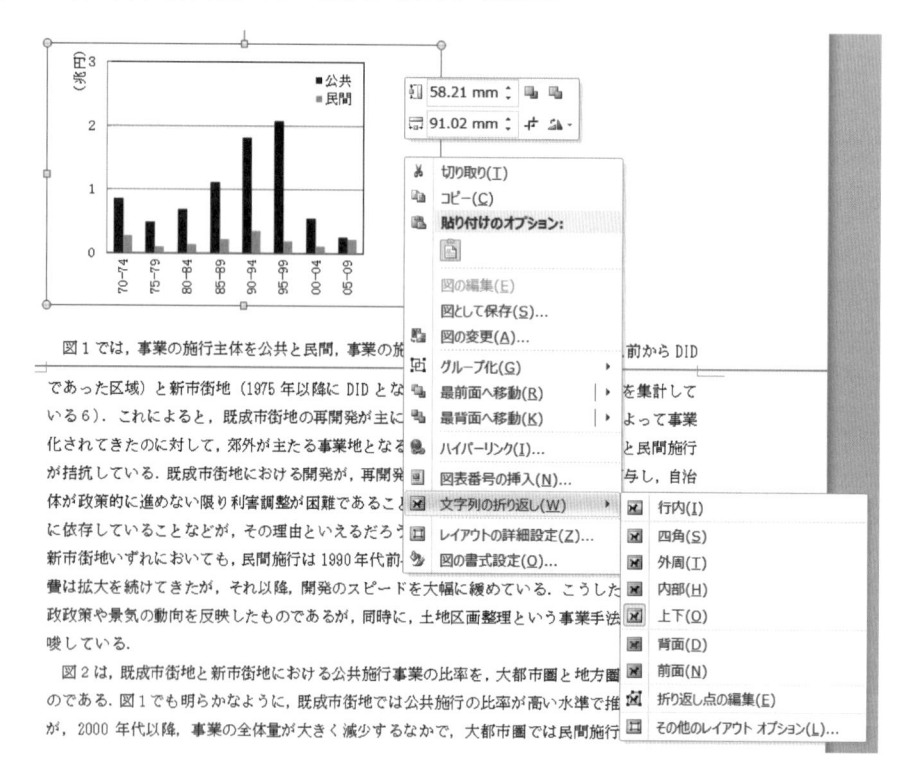

Step⑤　図表のタイトルをつける

　最後に図表のタイトル（図表番号，題名，出所，注など）をつける。表の場合，図表番号と題名は表の上に，出典と注は表の下に配置する。図の場合は，すべて図の下に配置する。図表のタイトルは，本文中に空欄の行を設けて入力してもよいが，テキストボックスとして入力した方が，レイアウトは自由になる。［挿入］→［テキスト］→［テキストボックス］（▼の部分）をクリックし，「横書きテキスト ボックスの描画」を選んで新たに作成したテキストボックスにタイトルを入力する（あわせてテキストボックスの中の文字列をセンタリングする）。

　次に，テキストボックスの幅を図表の幅と揃えたうえで，図と同様に右クリックで［文字列の折り返し］から［四角］を選ぶ。さらに，右クリックで［図形の書式設定］を選び，［線の色］タブで［線なし］を選ぶ。

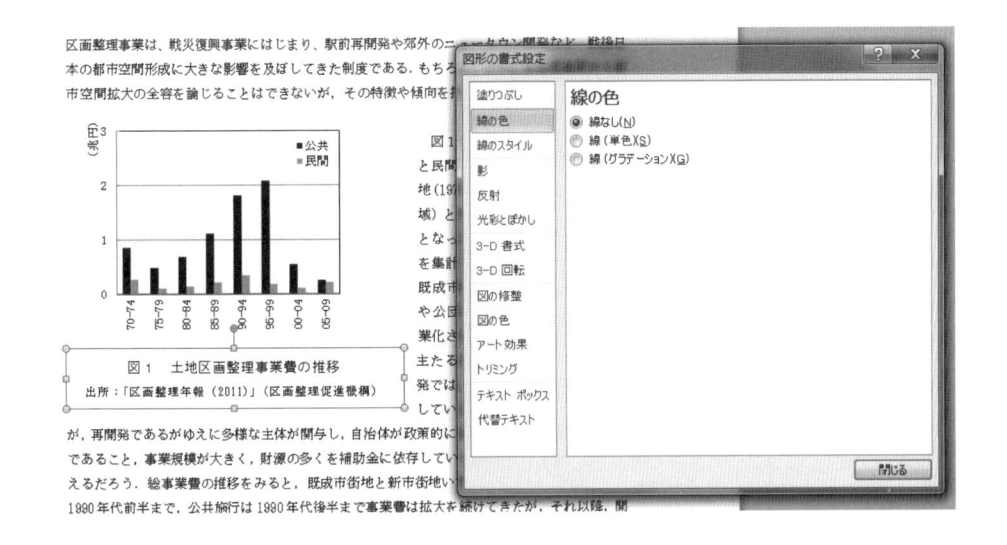

☞ **論文の中での図表の説明方法**

　完成した図表は，論文の中で筆者の主張を裏付ける証拠として示されることになる。論文の中での図表の説明の仕方は，図表番号を主語にして述べる場合と，該当する説明の最後に括弧で図表番号をつける場合とに分けられる。図表番号を主語にする例としては，「図1によれば」「表1から〜〜であることが分かる」「図1は〜〜であることを示している」など，説明の最後に括弧で示す例としては「〜〜となっている（図1）」「〜〜の推移を示している（図1）」などがある。いずれの場合も，図表を見れば明らかな内容についての記述は最低限にとどめ，読み取るための着眼点，図表から導かれる主張などを中心に述べることが重要である。

4　図表から論文のプロットを考える

　私たちは論文を書くにあたって，いくらデータや図表がそろっているからといって，いきなり文章を書き出すことはしない。まず最初に「あらすじ」を考えることが普通だろう。最も基本的なあらすじは，問題意識や仮説などが述べられた「序論」，データが提示されて分析や解釈がなされる「本論」，結論や課題を論じる「結論」の順で構成される。このうち，論文の約70〜80％ほどを占める本論では，統計やアンケートから作成された図表，インタビューや資料から作成されたテキストなど，さまざまなデータが示されるが，これらをバラバラに並べて

もあらすじとはいえない。それぞれのデータが論理的に結びつけられ，体系化され，結論までの道すじが分かるようにデータが並べられて，はじめてあらすじとなるのである。

　これと似たような考え方に，「プロット」がある。プロットとは，物語の構成のことであるが，物語は一般に出来事が起きた順に記述されるわけではない。たとえば，「車社会化が進み，郊外にたくさんの大型店できて，古くからの商店街の衰退が加速した」という文は，おおむね出来事を時間的な順序に沿って記述しているが，順序を入れ替えて，「古くからの商店街の衰退が加速した。それは車社会化が進んだ結果，郊外にたくさんの大型店ができたからだ」という記述もあり得る。このように，物語にはいくつもの出来事が含まれるが，それをどういう順序で，どのような視点で描くかにプロットの妙味がある。そして，そこには当然ながら上手下手の違いもでてくる（このあたりに興味があるひとは，石原千秋ほか『読むための理論——文学・思想・批評』世織書房を参照するとよい）。

　プロットについて，少し別の角度から説明してみよう。本や新聞にかぎらず，さまざまな情報の編集方法について書かれた松岡正剛著『知の編集技術』（講談社現代新書）には，映画の編集技術について，下の「①刀を構えるサムライ」「②水に流れている1枚の紙」「③2つに切られた紙」「④一瞬光る刀」という4つのカットを用いた説明がある（イラスト原図の出典は山口猛編『映画編集とは何か—浦岡敬一の技法』平凡社）。松岡は読者に対して，この4枚を適当に並べて簡単な物語を作成せよという課題を与え，いくつかの解答例を示している。次にあげたものは，そのうちの2つの例である。

【解答A】

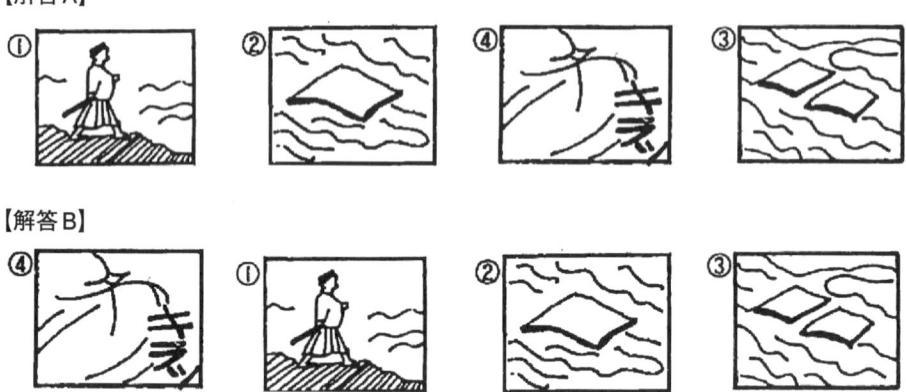

【解答B】

　解答Aは一般的な解答例である。川辺に立ったサムライが，川を流れる紙を見て，刀を振り抜いて，紙が切れる，という流れである。一方で，解答Bはどうだろうか。順序を入れ替えただけだが，こちらは「サムライが剣の達人のように見える」と評されている。つまり，最初に刀が振り抜かれ，その刀を収めたサムライが静かに映る。そして，何が起こったのかと思うと，流れに浮く1枚の紙がクローズアップされて，ハラリと真っ二つに切れるという展開である。

　このような映画編集の例は，プロットの重要性をよく表している。制作者の伝えたいことや表現したいことが視聴者や読者に伝わるかどうかは，プロットの仕方しだいで大きく変わってくる。論文の構成を考える作業も，事情は同じである。調査した成果をどのようにプロットするかによって構成は異なり，論文としての説得力も変わってくるのである。

　察しのよい読者はすでに気がついているだろうが，図表とは，ここでいう映画編集のカットに相当するものである。図表は調査を通じて得られたデータを分析した成果であり，論文全体の中でポイントとなるような結果は，図表化されることが多いだろう。しかも，完成度は別と

して，図表は文章を執筆する前にひと通りそろっているはずである。したがって，図表のプロット，すなわち図表をどのような順序や構成で見せていくかを考えることは，論文の構成を考えることに極めて近い作業となる。

　それでは，実際にどのようにプロットをすればよいのか。論文によって準備される図表は多様なので，ここで具体的な手順まで示すことは不可能だが，いくつかの共通する枠組みはある。

　その前提となるのは，論文は「時間」から自由であるということである。私たちは，調査や分析をした順に論文を書くことはほとんどない。たとえば初期の調査で結論的な事実をつかんだとしても，それが提示されるのは論文の「山場」になるだろう。また，都市の拡大，工場の集積，農地の縮小など，私たちが調査対象とする現象には何らかの変化や動きを持つものがほとんどであるが，だからといって，歴史や変化の時間軸に忠実に沿って論文を構成しなくてもよい。このように，私たちには調査や現象の「時間」から離れて，論文を構成するという操作が許されている。ここではじめて，論文におけるプロットの可能性がでてくる。

　では，共通の枠組みとは何か。第1に，図表間のまとまり（グループ）を考えてみることである。たとえば，ある都市の財政について，財政力指数，経常収支比率，起債制限比率の推移をそれぞれ図表化した場合，各指標の図表は，その都市の財政状況を示しているという意味では同列の関係でまとめられる。また，2つの都市について人口密度の分布図を作成した場合には，分布図どうしは対の関係としてまとめられる。あるいは，2つの図表が示す事実が原因と結果の関係となる組み合わせのように，因果の矢印で結ばれるグループもある。たとえば，「自家用車の保有台数の推移」を示したグラフと，「郊外における大型小売店の出店動向」をまとめた表は，車社会化が小売店の郊外化をもたらしたという意味で，因果関係にあるといえるだろう。このように，「同列」「対」「因果」など，図表間の関係性に着目することによって，図表をいくつかのグループに整理することができる。こうしたグループ化は，情報が雑多な状態にある初期段階においては有効な作業となる。特に大量のアンケート票やデータベースを用いたピボットテーブルの分析を行った場合は，作成される図表の数も多いため，グループ化によって「部分的な意味のまとまり」を発見しておくことが重要になる。

　第2に，図表間の順序を考えてみることである。図表を並べる順序には，過去から現在，原因から結果，全体から部分など，いろいろな基準がある。たとえば，地域の概要について説明した図表の後に，個別のテーマに関する図表を示すことは，全体から部分という順序にしたがっているし，地域の産業構造の変化について，古い産業の図表から順に示したり，年代順に図表を示したりすることは，過去から現在という順序にしたがっている。もっとも，順序には正しい「向き」があるわけではない。結果を示す図表の後に，その要因を分析した図表を示してもよいし，部分的な説明の図表を積み重ねて，最後に総括的な図表を示すこともよくあるパターンである。さらに，A地域に関するX指標の図（AX）とY指標の図（AY），B地域に関するX指標の図（BX）とY指標の図（BY）があった場合，AX→AY→BX→BYと，AX→BX→AY→BYのどちらの順序で説明するかは，状況や文脈によるだろう。このように，図表間の順序には1つの正解があるわけではないが，順序の基準や向きを変えることによって，論文のプロットも大きく変わってくる。

　第3に，第1と第2の作業を組み合わせて，図表のグループ間の順序を考えることである。この作業は，全ての図表をつなげ合わせることになるので，上の2つの作業よりも少し目線を変えて，俯瞰的な視点から論文の全体像を見つめる作業となる。全体像が見えてくると，次の2つの作業も可能となる。1つは図表の追加である。全体像が見えると，プロットに欠けているカット＝図表も見えてくるだろう。もう1つは，図表の選択である。一般的に調査や分析に基づいて作成した図表のすべてを使うことはない。論文に用いられる図表は氷山の一角である（この「捨てられた図表」の数が，論文の質を左右するといっても過言ではない）。下の表は，学術誌『地理学評論』に掲載された論文について，1つの論文で使われた図表の数をまとめた

ものである．これを見ると，図と表がほとんどない文献研究などの特殊な論文を除外すれば，図と表あわせて5～15程度が標準的な使用数といえる．地理学評論に掲載される論文の文字数は平均して2万字程度なので，自分の書く論文の文字数を想定しながら，必要不可欠な図表を見極めたい．

表　雑誌『地理学評論』における図表の数（2000～2010年）

		表の数									
		0	1	2	3	4	5	6	7	8	9	10～
図の数	0	9	7		3				2	1		1
	1	4	1	2	5	5	2				1	
	2	1		1	2	3			2	2		1
	3	1	1	3	3	3	4	3	1	1	3	
	4	1	1	5	4	4	2	3	2	3		1
	5		2	3	3	6	1	6	2	1		
	6	2	2	3	8	3	1	4	1	1	2	1
	7		2	5	2	3	5	3	1	1	2	
	8	2	3	3	3	4	6	1	3	1	1	
	9		1	4	3	3	2					
	10～	3	3	3	3	5	2		1			

注：4以上を網掛けで示している．

5　地図化のためのナビゲーション

　地域分析として説得力を持たせるためには，結果を図や表としてだけではなく，地図として表現することも有効な手段となる．しかしコンピュータ上で見やすい地図を作成するには，これまで見てきたExcelやWordといった一般的に利用されているソフトウェアだけでは難しい．多くの場合には専用のソフトウェアを使うこととなるが，ここでは具体的にどのようなソフトウェアを利用することになるか見ていこう．

（1）　ドローイングソフトを使った手法

　そもそもコンピュータがなかった時代には，地図はどのように作成されていたのだろうか．最も基本的な手法はトレースとよばれるもので，簡単にいえば「透かして写す」手法だった．ベースとなる地図（販売されているものなど）を敷き，その上にトレース用紙という薄い紙を載せ，必要な線をペンでなぞっていくというものである．

　コンピュータで地図を作成するにあたっても，このやり方は非常に参考になる．つまりベースとなる地図をドローイングソフト上に表示させ，その上に「レイヤー」といういわば透明な用紙を重ね，必要な線をペンツールでなぞっていくと，手作業でやっていた時代と同様の手法でコンピュータ上での地図作成が可能となる．この手法では「Illustrator」（アドビシステムズ）や「Canvas」（ACDシステムズ）といったドローイングソフトが多く利用される．「Photo Shop」（アドビシステムズ）や「Paint Shop Pro」（コーレル）などのフォトレタッチソフトでも不可能ではないが，機能の違いもあるために利用に適しているとはいえない．

　ドローイングソフトの画像はベクタ形式とよばれる方法で作成されるが，フォトレタッチソフトはラスタ形式とよばれる方法で作成される（Photo Shopなどベクタ形式を利用できるソフトもあるが，機能としてはドローイングソフトには及ばない）．ベクタ形式はいわば曲線の集合として図形が表現されるもので，どこまで拡大してもなめらかな輪郭を保つ特徴がある．一方のラスタ形式は色の違うタイルを敷き詰めたように画像が表現されるため，拡大や縮小と

いった編集には適さない。また，ベクタ画像で地図を作成した場合には，道路や県境をそれぞれ独立したものとして管理できるため，後から海岸線の色だけを変更したり，道路の幅や線種を変更したり，記号の大きさを変更したりと，さまざまな点で容易に編集できる。最終的に紙に印刷する際にも，滑らかな線で出力されるというメリットがあり，地図の作成にはドローイングソフトが適しているといえる。

(2) 白地図データを使った手法

上で紹介したドローイングソフトを利用した手法は，思い通りの地図をつくれるというメリットがある一方で，手間がかかるという欠点もある。そこで一から自分で作成するのではなく，他から白地図を入手するという手法も一般的である。

インターネット上には自由に利用できる白地図を公開しているサイトがいくつもあるが，望んでいる地域のものが公開されいるとは限らない。そのような場合には白地図作成ソフトを利用するとよい。たとえば「ハイマップマイスター」（帝国書院）というソフトは，日本国内の白地図を描画するだけではなく，さまざまな投影法の世界地図も描画することができる。さらに人口や農産物の生産など簡単な統計データ，気候区分や農業区分といった基本的なデータも用意されており，地図に反映させることも可能である。

そのほかにも国内の地図に限れば，「KenMap」などの無料で利用できる白地図作成ソフトも公開されている。

(3) GISソフトを使った手法

ここまでに紹介した手法は基本的に手作業で作図するもので，あまりにもデータ量が膨大なものになってしまうと対処できない。仮に全国の市区町村すべてのデータ（約1,800にもなる）を地図として作成するとしたら，とても手作業でできるものではない。

そのような場合にはGISソフトを利用することが有効な手法である。GISソフトは分析のためのツールともいえるが，強力な地図描画機能も備えている。代表的なソフトとしては「ArcGIS」（ESRI）があるが，高機能ではあるものの操作法が専門的で利用しやすいものとはいえない（操作に慣れれば細かいところまでカスタマイズした地図を作成できる）。また価格も高く地図作成のためだけに導入することは現実的ではない。個人でも利用しやすいGISソフトとして，「MANDARA」が利用されることが多い。無料で公開されているソフトではあるが，Excelで作成した統計データをコピーするだけで，簡単に市区町村別の地図を作成できる。近年ではオープンソースソフトウェアとして，無料ながら高度な分析と地図描画機能を備える「QGIS」が注目されている。

あえて切り分けて説明してきたが，実際にはこれらの手法を組み合わせて地図を作成することが多い。作業上の問題として白地図ソフトやGISソフトでは必要な地図をそのまま得ることは難しいため，あくまで素材を得るところまで利用するものとし，細かい修正はドローイングソフトで行う。そのため見やすい地図の作成には一定のセンスが必要となる。また地図には地図の文法ともいうべきルールが存在しており，これらを無視しては支離滅裂な地図を作成することになってしまう。やや専門的になってしまうためここで触れることはできないが，地図化に欠かせないいくつものルールがあるということも，心にとめておいてほしい。

ブックガイド──あとがきにかえて

　地域分析に関わる学問分野には，地理学，経済学，社会学，歴史学，人類学，都市・地域計画などがある。共通して学ぶべき内容としては，地域データの取得・分析方法，地域調査の方法などがある。本書と関連し，地域分析をさらにステップアップで学んでいくうえで有益となる代表的な日本語の文献について，統計分析，地域調査，地理情報システム（GIS），その他，に分けて紹介する。

〈統計分析〉
(1) 大友篤『地域分析入門（改訂版）』東洋経済新報社，1997年。
(2) 村山祐司・駒木伸比古『新版 地域分析―データ入手・解析・評価』古今書院，2013年。
(3) 吉岡茂・千歳壽一『地域分析調査の基礎』古今書院，2006年。

　(1) は地域分析の全般的な手法を学ぶことのできる名著であり，一度は目を通しておくことを勧める。それぞれの分析手法について事例も豊富にあげられており，本書と補完的に利用することで地域分析の基礎を固めることができる。(2) は地域分析に関するさまざまな情報源と分析手法がコンパクトにまとまったテキストである。(3) は地域調査の方法や地域分析の背景にある統計学的基礎にまでふれており，(1) とあわせて参考にすれば学部レベルの統計手法はほぼマスターできる。

　地域分析に関わる統計学的知識を学ぶには，(4) と (5) がまとまっている。読み進めるには高校数学の知識があれば十分であるが，統計学の初学者にはやや難解な箇所があるので簡単な統計学の入門書を読破したうえで参考にするとよい。基本統計量，検定，多変量解析の考え方などを理解することが肝要である。統計学の基礎知識があれば，(6) や (7) などの中級書を参考にして，地域分析からより発展的な空間解析の分野へと進むことができる。(8) は計量地理学の成果をベースにした空間解析の専門書である。

(4) 東京大学教養学部統計学教室編『統計学入門』東京大学出版会，1991年。
(5) 東京大学教養学部統計学教室編『人文・社会科学の統計学』東京大学出版会，1994年。
(6) 奥野隆史『計量地理学の基礎』大明堂，1977年。
(7) 杉浦芳夫『立地と空間的行動』古今書院，1989年。
(8) 杉浦芳夫編『地理空間分析』朝倉書店，2003年。

〈地域調査〉
　(9) は地域調査に関する具体例とノウハウが詰まっており，人文地理学や地域研究の専攻で地域調査に関心のある初学者向けとしてお薦めである。(10) は経済学系のフィールドワーク入門で，テーマごとに調査・研究の進め方がまとまっており，オリジナルなデータを取得する方法としてアンケート票のサンプルなども掲載されている。社会学では (11) と (12)，都市・地域計画の分野では (13) が入門書として有益である。

(9) 梶田真・加藤政洋・仁平尊明編著『地域調査ことはじめ―あるく・みる・かく』ナカニシヤ出版，2007年。

（10）上野和彦編『地域研究法―経済地理入門』大明堂，1990年。
（11）轟亮・杉野勇編『入門・社会調査法（第2版）』法律文化社，2013年。
（12）佐藤健二・山田一成編『社会調査論』八千代出版，2009年。
（13）西村幸夫・野澤康編『まちの見方・調べ方―地域づくりのための調査法入門』朝倉書店，2010年。

　地域調査に参考になるガイドブックとして，先にあげた（3）をはじめ，（14）や（15）が参考になる。どちらも地理学専攻の学部生向けに書かれたものであるが，地域調査の方法をはじめ，文献や統計の収集方法，地図類の知識など，有益な情報源がまとまっている。特に（15）は初学者に必要なほとんどの情報を網羅している。（16）は歴史地理の分野で有益なガイドブックである。地域調査の際にはどのような既存統計が利用できるかを知ることが重要であるが，（17）はそれぞれの分野の既存統計について実施元や統計内容が網羅的にまとまっており大変参考になる。ただし，やや情報が古いので，適宜e-Statなどを参照するとよい。

（14）高橋伸夫・溝尾良隆編『実践と応用』古今書院，1989年。
（15）野間晴雄ほか編著『ジオ・パルNEO―地理学・地域調査便利帖』海青社，2012年。
（16）有薗正一郎編『歴史地理調査ハンドブック』古今書院，2001年。
（17）木下滋・森博美・土居英二編『統計ガイドブック―社会・経済（第2版）』大月書店，1998年。

〈論文・レポートの書き方〉
（18）木下是雄『レポートの組み立て方』筑摩書房，1994年。
（19）戸田山和久『新版 論文の教室―レポートから卒論まで』NHK出版，2012年。
（20）吉田健正『大学生と大学院生のためのレポート・論文の書き方』ナカニシヤ出版，2004年。
（21）小浜裕久・木村福成『経済論文の作法―勉強の仕方・レポートの書き方』日本評論社，2011年。

　論文やレポートを執筆するうえで，（18）から（21）のような指南書や教則本を一冊読み込むとよい。文章の書き方だけでなく，図表の作成と活用，文献や資料の記述方法などを学ぶことが肝要である。

〈地理情報システム（GIS）〉
　近年，地図のデジタル化や空間解析の発展にともない地理情報システム（GIS）の利用が進んでいる。GISのソフトウェアとして，初心者にはフリーソフトのMANDARAが使いやすい。MANDARAの基本的な使い方を学習するには（22）がよい。（23）はMANDARAの作成者による「取扱説明書」とでもいうべき網羅的なテキストである。GISの市販ソフトウェアで最も使用されているのはESRI社のArcGISシリーズである。ArcGISのテキストブックとしては，（24）がまとまっており，分析事例をまとめたものとしては（25），（26），（27）があげられる。その他のGISソフトウェアについては（28）を参考にするとよい。オープンソースソフトウェアのQGISについては（29）と（30）が手引書となる。

（22）後藤真太郎ほか『MANDARAとEXCELによる市民のためのGIS講座―フリーソフトでここまで地図化できる（第三版）』古今書院，2013年。
（23）谷謙二『フリーGISソフトMANDARAパーフェクトマスター』古今書院，2011年。
（24）橋本雄一編『（四訂版）GISと地理空間情報―ArcGIS10.3.1とダウンロードデータの活用』古今書院，2016年。

(25) 高橋重雄ほか編『事例で学ぶGISと地域分析――ArcGISを用いて』古今書院，2005年。
(26) 高阪宏行・関根智子『GISを利用した社会・経済の空間分析』古今書院，2005年。
(27) 河端瑞貴『経済・政策分析のためのGIS入門－ArcGIS10.2＆10.3対応』古今書院，2015年。
(28) 岡部篤行・村山祐司編『GISで空間分析――ソフトウェア活用術』古今書院，2006年。
(29) 今木洋大・岡安利治編著『QGIS入門（第2版）』古今書院，2015年。
(30) 朝日孝輔ほか『（オープンデータ＋QGIS）統計・防災・環境情報がひと目でわかる地図の作り方』技術評論社，2014年。

　地理情報システムの学問的基礎や基盤的な考え方，応用例については，(31)から(36)が参考になる。(31)は平易な記述の入門書，(32)はやや古典的ではあるが，基本的な考え方を学ぶうえで参考になる。(33)はGISの最近の成果をまとめた専門書，(34)は研究だけでなく実務分野での実践例をまとめた叢書，(35)はGISの基盤的知識と技術を辞書的にまとめた上級書である。(36)はGISの最近の動向までを整理した学部向けの包括的な教科書である。

(31) 古田均ほか編著『基礎からわかるGIS』森北出版，2005年。
(32) 菅野峰明・高阪宏行・安仁屋政武『地理的情報の分析手法』古今書院，1987年。
(33) 村山祐司『地理情報システム』朝倉書店，2005年。
(34) 村山祐司・柴崎亮介編『シリーズGIS（全5巻）』朝倉書店，2008年～2009年。
(35) 高阪宏行『地理情報技術ハンドブック』朝倉書店，2002年。
(36) 浅見泰司ほか編『地理情報科学――GISスタンダード』古今書院，2015年。

〈その他〉
　本書では最も使用されている表計算ソフトのExcelを利用したが，統計分析用のソフトウェアは日進月歩で発展してきている。代表的な市販ソフトウェアには，SPSS，SAS，Stataなどがある。Excelに飽き足らなくなった中級者以上を対象として，ここではさまざまなカスタマイズが可能で汎用性の高いフリーソフトのRについて，地域分析に関連する発展的なテーマの(37)と(38)を紹介しておく。

(37) 谷村晋『地理空間データ分析』共立出版，2010年。
(38) 古谷知之『Rによる空間データの統計分析』朝倉書店，2011年。

　最後に，図表のつくり方に関する参考文献を2冊あげておく。(39)はExcelで描画できるグラフについて基本的なものから難解なものまで作成方法を丁寧に説明したものである。本書の実践編で取り上げた図表に加え，三角グラフや等高線グラフなども含まれる。また，(40)はさまざまな図表を形態別に集めたものであり，刊行は古いものの類書はなく，貴重な文献である。本書の実践編はこの2冊へのオマージュともいえる。

(39) 早坂清志『達人が教えるExcelグラフテクニック101』毎日コミュニケーションズ，2009年。
(40) 佐藤甚次郎『統計図表と分布図』古今書院，1971年。

サムネイル出典リスト

		著者	発行年	論文・図書名	雑誌名	巻号	ページ
1-1 集合棒グラフ	左	堀内千加	2009	京都市中心部におけるマンション開発と人口増加の動向	経済地理学年報	55(3)	198
	右	後藤拓也	2004	日本商社による鶏肉調達の国際的展開と調達拠点の形成	人文地理	56(5)	538
1-2 積み上げ棒グラフ	左	田口 淳	2001	北総線開業による千葉ニュータウン入居者の居住地移動と通勤行動の変容	地理学評論	74(6)	310
	右	川久保篤志	2000	戦後わが国における政策主導型みかん産地の崩壊とその要因—大分県東国東郡国東町を事経例済に	経済地理学年報	46(3)	249
1-3 100%積み上げ棒グラフ	左	中澤高志・佐藤英人・川口太郎	2008	世代交代に伴う東京圏郊外住宅地の変容—第一世代の高齢化と第二世代の動向	人文地理	60(2)	155
	右	千葉 晃	2002	冬季の東北日本における0℃および3℃を閾値とした気温の出現率	季刊地理学	54(4)	231
1-4 3D棒グラフ	左	水野真彦	2001	企業間ネットワークから生まれるイノベーションと距離—自動車産業を事例とする特許データの地理的分析	人文地理	53(1)	30
	右	宮澤 仁	1998	東京都中野区における保育所へのアクセス可能性に関する時空間制約の分析	地理学評論	71(12)	871
1-5 積み上げ折れ線グラフ	左	半澤誠司	2005	家庭用ビデオゲーム産業の分業形態と地理的特性	地理学評論	78(10)	611
	右	林紀代美	2007	地域水産業振興を考える—地域水産物と消費者との接点に注目して	経済地理学年報	53(1)	79
1-6 100%積み上げ折れ線グラフ	左	宮澤 仁	2006	福島県西会津町における健康福祉のまちづくりと地域活性化	人文地理	58(3)	242
	右	高柳長直	2006	フードシステムの空間構造論—グローバル化の中の農産物産地振興	筑波書房		171
1-7 補助縦棒付き円グラフ	左	国土交通省編	2011	平成23年版　国土交通省　日本の水資源			第Ⅱ編第1章
	右	国土交通省編	2009	観光白書　平成21年版　図1-2-1-10			第Ⅰ部第2章第1節
1-9 ヒストグラム		中澤高志・佐藤英人・川口太郎	2008	世代交代に伴う東京圏郊外住宅地の変容—第一世代の高齢化と第二世代の動向	人文地理	60(2)	154
1-10 2軸の折れ線グラフ	左	川久保篤志	2008	1990年代以降のアメリカ合衆国カリフォルニア州における柑橘産地の変貌—日本のオレンジ輸入自由化と絡めて	人文地理	60(2)	175
	右	小林恒夫	2013	地域農業構造変動論—佐賀平野と上場台地	昭和堂		198
1-11 棒と折れ線の複合グラフ	左	稲垣 稜	2008	1990年代以降の大都市圏郊外における若年者の就業行動—名古屋大都市圏及び高蔵寺ニュータウン居住者を例に	経済地理学年報	48(2)	148
	右	堀内千加	2009	京都市中心部におけるマンション開発と人口増加の動向	経済地理学年報	55(3)	199
1-14 多重ドーナツ	左	国土交通省編	2006	観光白書　平成18年版　図2-2-7			36
	右	国土交通省編	2012	国土交通白書：平成23年度年次報告図表147			96
1-15 円記号図	左	斎藤丈士	2003	北海道の大規模稲作地帯における農地流動と農家の階層移動	経済地理学年報	49(1)	23
	右	後藤拓也	2002	トマト加工企業による原料調達の国際化—カゴメ株式会社を事例に	地理学評論	75(7)	464

サムネイル出典リスト

		著者	発行年	論文・図書名	雑誌名	巻号	ページ
1-16 記号を含んだ表	左	後藤拓也	2003	輸入鶏肉急増下における北東北ブロイラー養鶏地域の存続メカニズム	人文地理	55(1)	14
	右	佐々木達	2009	宮城県亘理町における農業特性と複合農業の再編	季刊地理学	61(1)	6
2-1 人口ピラミッド	左	遠藤匡俊	2008	1800年代初期のアイヌの社会構造と命名規則の空間的適用範囲	地理学評論	77(1)	25
	右	香川貴志	2000	都心周辺部における住宅立地―バンクーバー市ウェストエンド地区の事例	季刊地理学	52(1)	37
2-2 対数グラフ	左	山神達也	2003	日本の大都市圏における人口増加の時空間構造	地理学評論	76(4)	195
	右	作野広和	1996	過疎的農山村における低次中心地の存立構造―岡山県真庭地方を例として	人文地理	48(6)	532
2-3 樹形図	左	山口岳志	1985	世界の都市システム―新しい地誌の試み	古今書院		102
	右	山口岳志	1985	世界の都市システム―新しい地誌の試み	古今書院		120
2-4 OD表	左	山川充夫	1979	経済地域の重層構造とその設定―最近の経済地理学の動向から	経済地理学年報	25(1)	6
	右	荒木一視	2002	フードシステムの地理学的研究	大明堂		84
2-5 流線図	左	朴倧玄	1998	国際通話量から見た韓日間の国際的都市システム	地理学評論	71(8)	604
	右	寺阪昭信	2009	観光地理学―世界と日本の都市と観光	古今書院		5
2-6 バブルチャート	左	佐藤英人・荒井良雄	2003	オフィスの郊外立地に伴う就業者の住居選択―大宮，幕張，横浜を事例として	地理学評論	76(6)	459
	右	久保倫子	2008	水戸市中心部におけるマンション購入世帯の現住地選択に関する意思決定過程	地理学評論	81(2)	51
2-7 面積グラフ	左	中田哲也	2004	食料の総輸入量・距離（フード・マイレージ）とその環境に及ぼす負荷に関する考察	農林水産政策研究所レビュー	No.11	12
	右	内閣府	2012	平成24年度　年次経済財政報告　図3-3-8			309
2-8 暦（こよみ）図	左	佐々木緑	2003	宮城県田尻町における環境保全型稲作の存続システム	地理学評論	76(2)	94
	右	山寺里子・新井祥穂	2003	米政策転換期における新潟県稲作農家の生計戦略―北蒲原郡中条町を事例に	地理科学	58(1)	38
2-9 変遷図	左	藤井佳子	1992	広島県を中心とする自動車1次部品メーカーの立地展開と存立構造	人文地理	44(5)	613
	右	山本耕三	1998	わが国における紙・パルプ工業の生産体制とその変化―王子製紙を事例として	人文地理	50(5)	493
2-10 工程図	左	高木亮	2005	生産と流通からみた日本の醤油醸造業と醤油嗜好の地域性	季刊地理学	57(3)	124
	右	小田宏信	2005	現代日本の機械工業集積―ME技術革新期・グローバル化期における空間動態	古今書院		219

索　引

ア行
アクティブセル　18

e-Stat（政府統計の総合窓口）　13
移出産業　136
一次統計　3
一般統計　6
因子得点　152
因子負荷量　152
因子分析　152

ウィーバー法　133
ウォード法　155

円記号図　96
円記号による主題図　96
円グラフ　57

オーダーメイド集計　11
OD表　108
オートシェイプ　96
オートフィル　141
折れ線グラフ　36

カ行
回帰係数　150, 151
回帰直線　150
回帰分析　150
階層的クラスター分析　154
加工統計　3
片対数グラフ　104
カテゴリカルデータ　10
カテゴリデータ　145
株価チャート　80
間隔尺度　9, 145

基幹統計　4
記号を含んだ表　98
記述統計　144
記述統計量　144
軌跡のある散布図　92
基盤産業（ベーシック産業：basic industry）　136
基本統計量　144
客観的な根拠に基づく意思決定（evidence-based decision making）　2
共通因子　153
業務統計　3

空間的相互作用　138
クラスター（cluster）　154
クラスター分析　154

グラフエリア　35
群平均法　155

経済センサス　11
決定係数　146

工業　120
工程図　121
公的統計　4
コーホート　124
コーホート分析　124
コーホート変化率法　125
コーホート要因法　127
国勢調査　6

サ行
最小値　81
最大値　81
最短距離法　155
最長距離法　155
栽培歴　116
産業構造要因　134
産業分類　6
散布図　42

シート（Sheet）　21
GPS（Global Positioning System）　83
システム　156
質的データ　10, 145
ジニ係数（Gini's Coefficient）　128
シフトシェア分析　134
社会ネットワーク分析　156
重回帰　150
集合棒グラフ　66
重心法　155
修正ウィーバー法　132
従属変数　150
重力モデル　138
樹形図　106
主成分得点　152
主成分分析　152
純移動（数）　124
順序尺度　9, 145
商圏　142
職業分類　9
人口ピラミッド　100

図（拡張メタファイル）　182
推測統計　144
垂直的ネットワーク　156
数値データ　145

3D 棒グラフ　72

説明変数　150
セル　18
全国成長要因　134

相関係数　146

タ行
第1四分位点　81
第3四分位点　81
対数グラフ　104
代表値　144
多重ドーナツ　94
多変量解析　152
単回帰　150

地域特殊要因　134
地域分析　3
中央値　81
調査統計　3
地理行列　2
地理情報システム（Geographic Information Systems: GIS）　83

積み上げ折れ線グラフ　74
積み上げ棒グラフ　68

データの信頼性　12

統計書　3
ドーナツ図　59
特殊因子　153
匿名データ　11
独立変数　150
都市化指標　152
都市システム　106
度数分布表　84, 85
特化係数　122
届出統計　6

ナ行
2軸の折れ線　86
二次統計　3
日本標準産業分類　6

ネットワーク　156
ネットワーク分析　156

ノード（node）　156

ハ行
箱ひげ図　80
ハフモデル　142
バブル図　60

バブルチャート　112

BN 比　137
B/N 分析　136
非基盤産業（ノンベーシック産業：non-basic industry）　136
ヒストグラム　84
被説明変数　150
ピボットテーブル　172
100% 積み上げ折れ線　76
100% 積み上げ棒グラフ　70
表　48
標準回帰係数　151
比率尺度　10, 145
比例円グラフ　90

フードマイレージ　114
フェイスシート　162
フォーム　168
プロット　184
プロットエリア　35, 43

変遷図　118

棒グラフ　28
棒と折れ線の複合グラフ　88
補助縦棒付き円グラフ　78
POS システム（Point of Sales Systems）　83

マ行
Microsoft Office Excel グラフオブジェクト（ワークシートオブジェクト）　182

名義尺度　9, 145
面グラフ　58
面積グラフ　114

目的変数　150

ラ・ワ行
流線図　110
両対数グラフ　104
量的データ　10, 145
リンク（link）　156

レイアウト　182
レーダーチャート　61

ローレンツ曲線（Lorenz Curve）　129, 131

ワークシート　21

執筆者紹介（五十音順，＊は編者）

池田真志（いけだ まさし）
拓殖大学商学部教授
担当：実践編①-2, 6, 9~11, ②-8, 10

近藤章夫＊（こんどう あきお）
法政大学経済学部教授
担当：準備編(3)，基本編(4),(5)，実践編①-4, ④-1, 4, 6,
　　　ブックガイド

佐藤英人（さとう ひでと）
高崎経済大学地域政策学部教授
担当：コラム（83頁, 149頁）

佐藤正志（さとう まさし）
静岡大学教育学部准教授
担当：実践編①-5, 12, 15, ②-4, 6, ③-4, ④-2

外枦保大介（そとへぼ だいすけ）
九州大学基幹教育院准教授
担当：実践編①-14, 16, ②-3, 5, 9, ③-1

中澤高志（なかざわ たかし）
明治大学経営学部教授
担当：発展編(1)，コラム（172頁, 173頁, 175頁, 176頁）

濱田博之＊（はまだ ひろゆき）
麻布中学校・高等学校教諭
担当：準備編(1)，基本編(2)，実践編②-7, ③-5, ④-6, 発
　　　展編(2)-5, コラム（11頁, 13頁, 39頁, 62頁）

半澤誠司＊（はんざわ せいじ）
明治学院大学社会学部教授
担当：はしがき，準備編(2)，基本編(1)，実践編④-3,
　　　コラム（17頁, 26頁, 31頁, 33頁, 34頁, 45頁,
　　　54頁, 141頁, 151頁）

武者忠彦＊（むしゃ ただひこ）
信州大学経法学部教授
担当：基本編(3), (4)，実践編④-5, 発展編(2)-1~4, コラ
　　　ム（50頁, 53頁, 55頁, 182頁, 183頁）

村井昂志（むらい たかし）
みずほ情報総研株式会社　社会政策コンサルティング部
主任コンサルタント
担当：実践編①-3, 7, 8, 13, ②-1, ③-2

與倉　豊（よくら ゆたか）
九州大学大学院経済学研究院准教授
担当：実践編①-1, ②-2, ③-3, 6~8

本書実践編のデータファイルについては以下 URL からダウンロードいただけます。
http://www.meijigakuin.ac.jp/~shanzawa/Jissen_data.xlsx

地域分析ハンドブック
Excel による図表づくりの道具箱

2015 年 6 月 15 日	初版第 1 刷発行	（定価はカヴァーに表示してあります）
2022 年 12 月 15 日	初版第 5 刷発行	

編 者　半澤誠司
　　　　武者忠彦
　　　　近藤章夫
　　　　濱田博之
発行者　中西　良
発行所　株式会社ナカニシヤ出版
〒606-8161　京都市左京区一乗寺木ノ本町 15 番地
　　　　　Telephone　075-723-0111
　　　　　Facsimile　075-723-0095
　　Website　http://www.nakanishiya.co.jp/
　　Email　iihon-ippai@nakanishiya.co.jp
　　　　　郵便振替　01030-0-13128

装幀＝白沢　正／印刷・製本＝ファインワークス
Copyright © 2015 by S. Hanzawa, T. Musha, A. Kondo, & H. Hamada
Printed in Japan.
ISBN978-4-7795-0917-9

本書のコピー，スキャン，デジタル化等の無断複製は著作権法上の例外を除き禁じられています。本書を代行業者等の第三者に依頼してスキャンやデジタル化することはたとえ個人や家庭内での利用であっても著作権法上認められていません。